长安文化与中国文学研究

宋代文体学研究论稿

任竞泽　著

商務印書館

2011年·北京

图书在版编目(CIP)数据

宋代文体学研究论稿/任竞泽著. — 北京：商务印书馆，2011
(长安文化与中国文学研究)
ISBN 978-7-100-07189-5

Ⅰ.①宋… Ⅱ.①任… Ⅲ.①文体论—研究—中国—宋代
Ⅳ.①H152

中国版本图书馆 CIP 数据核字(2010)第 098471 号

国家"211 工程"三期重点学科建设项目
《长安文化与中国文学研究》
陕西师范大学人文社会科学重点项目基金资助

长安文化与中国文学研究
宋代文体学研究论稿
任竞泽 著

商务印书馆出版
(北京王府井大街36号 邮政编码 100710)
商务印书馆发行
三河市嘉科万达彩色印刷有限公司印刷
ISBN 978-7-100-07189-5

2011 年 11 月第 1 版 开本 880×1230 1/32
2011 年 11 月北京第 1 次印刷 印张 12¾

定价:32.00 元

《长安文化与中国文学研究》
工作委员会

总　　序

长安是中国历史上建都朝代最多、历时最久的都市，先后有13个王朝建都于此，绵延1100余年，形成了辉煌灿烂的长安文化。长安文化具有多种特性。首先，它是一种颇具特色的地域文化，以长安和周边地区为核心，以黄土为自然生存环境，以雄阔刚健、厚重质朴为其主要风貌，这种文化精神一直延续到今天，仍然富有强大的生命力。20世纪中国文学的“陕军”、中国艺术的“长安画派”等，显示出独特的魅力，可以称之为“后长安时代”的文化。其次，它是一种相容并包的都城文化，既善于自我创造，具有时代的代表性，又广泛吸纳其他地区、其他民族的文化，也善于吸纳民间文化，形成多元化的特点。复次，它是中国历史鼎盛时期的盛世文化，尤其是周秦汉唐时期，是中国历史上的盛世，其所产生的文化以及对外的文化交流，代表了华夏民族的盛世记忆，不仅泽被神州，而且惠及海外。第四，它是历史时期全国的主流文化。由于长安是历史上许多王朝的都城，是当时政治文化的中心所在，以长安为核心形成的思想、文化，辐射到全国各地。第五，它是中国文化的源头，产生于中国历史的早期，是中国文化之根，对中国文化以及中华民族共有家园的形成具有不可估量的影响。

对长安文化进行研究,一直受到人们的重视,近年来更有了新的起色,尤其是"长安学"、"西安学"的提出,为长安文化的研究注入了新的时代因素,并受到海外学者的关注。陕西师范大学地处古都长安,研究长安文化是学术团队义不容辞的责任。为了深入挖掘长安文化的内在价值,探讨长安文化在中国文化、世界文化史上的地位,陕西师范大学文学院借国家"211 工程"三期建设重点学科之机,以国家重点学科中国古代文学为龙头,全面整合文学院学术力量,申报了"长安文化与中国文学"研究项目,获得国家教育部的支持。本项目的研究,一方面是要发挥地域文化的优势,进一步推动长安文化的研究,并且为当代新文化建设贡献力量;另一方面也为研究中国文学找到一个新的切入点和突破口,使文学研究有坚实的文化根基。这是一种新的视野和新的尝试,我们的研究主要有以下三个方向:

第一,长安文化与中国文学的演变

立足文学本位,充分发挥地理优势,以长安文化为背景,对中国文学进行系统研究。1. 长安文化与中国文学精神。主要研究长安文化的内涵、产生、发展、特征以及对中国文学精神所产生的影响。2. 汉唐文学研究。主要研究长安文化形成时期以《史记》和汉赋为代表的盛世文化的典型特征以及对后来长安文化的奠基作用,研究唐代作家作品、唐代文化与文学、唐代政治与文学等,探讨汉唐时期长安文化与中国文学之间的内在联系及其在中国文学史上的价值与意义。3. 汉唐文学的域外传播。主要对汉唐文学在域外的传播、汉唐文学对域外文化的影响、长安文化对域外文化的接受等问题进行全面研究。4. 古今文学演变。以长安文化为切入点，探讨长安文化辐射下“后长安时代”中国文学的发展规律以及陕西文学的内在演变。

确立本研究方向的依据在于，长安文化从本质上说是以周秦汉唐为代表的中国传统文化，具有深刻的内涵。本项目首先需要从不同的层面对长安文化进行理论总结和阐释，探讨长安文化对中国文学精神的渗透，在此基础上进一步探讨长安文化对中国文学演变所产生的重要影响。汉唐时代是中国文化的转折期，也是长安文化产生、发展乃至鼎盛的重要时期。所谓“汉唐雄风”、“盛唐气象”就是对这个时期文学的高度概括。不仅如此，汉唐文学流播海外，对日、韩等汉语文化圈国家文化产生了深远影响，研究域外传播，可以从新的角度认识汉唐文学及长安文化的价值意义。今天的古城长安（西安）以新的面貌出现在世界舞台，形成新的文化特征。通过古今文学演变研究，探讨、总结中国文学和陕西文学的发展规律，进而为长安学（或西安学）的研究奠定良好基础。

第二，长安与西北文化

立足于长安文化，突出地域文化特色。主要有：1. 西北重点方言研究。关中方言从汉代开始即对西北地区产生辐射作用，这种作用在唐代以后持续不断，明清两代更有加强。因此，西北方言与关中方言的关系极其密切。从古代直到现代，西北的汉语方言与藏语、阿尔泰语系诸语言发生接触，产生了一些重要的变异。对这些问题的研究是我们的任务之一。2. 秦腔与西北戏曲研究。在长安文化的大视野下研究长安文化对秦腔及西北戏曲形成发展的影响；同时以秦腔及西北戏曲为载体，研究戏曲对传播长安文化所起的作用,从而显现长安文化在西北民族文化精神铸造中的巨大作用。3. 西北民俗艺术与文化遗产保护与利用研究。主要研究西北民俗文化特征、形态以及对精英文化的影响,研究如何保护和利用文化遗产并为当代文化建设服务。

确立本研究方向的依据在于,加强西北地区代表性方言的研究,对西北方言史、官话发展流变史、语言接触理论研究等,都具有重大的理论和现实意义。秦腔是我国现存最古老的戏曲剧种之一,号称中国梆子戏家族的鼻祖,是长安文化的活化石。秦腔诞生于陕西,孕育于秦汉,发展于唐宋,成熟于明末清初,受到西北五省(区)人民的喜爱,已经入选我国首批非物质文化遗产推荐项目。西北民俗的中心在陕西,陕西民俗文化是西北民俗文化的发源和辐射中心地。陕西民俗文化作为民族传统文化形式,对社会个体和整个社会都有重要意义。同时,陕西曾是中国文化的中心之一,作为最早的游牧文化与农耕文化的交汇点,留下了许多宝贵的文化遗产,这包括物质文化遗产和非物质文化遗产两方面。对于这些遗产的整理、保护以及利用,不仅可以加速社会文化、经济等各方面的发展,也可以构建和完善中国文化的完整性。

第三,长安文化经典文献整理与研究

对长安文化经典文献进行整理与研究,主要内容有:1.“十三经”的整理与研究。主要完成《十三经辞典》的编纂任务。之后,再进一步进行“十三经”的解读与综合研究,探讨经典文化在中国文学发展中的重要意义。2. 与长安文化有关的文学文献整理与研究。本项目拟对陕西尤其是关中地区的古代文学文献进行系统的整理(如重要作家的诗文集等),在此基础上进行综合研究。

确立本研究方向的依据在于,“十三经”与长安文化关系密切,保存了先秦时期的重要文献,尤其是《诗》、《书》、《礼》、《易》几部经典中的绝大部分内容,属于以丰镐为都城的西周王朝的官方文献。“十三经”既是早期长安文化的标志性成果,也是秦汉以来长安文化和中国文化的理论基础和思想渊源,内容涉及古代文化的许多方面,诸如天人合一的思维模式、天下为公的大同理想、以民为本的治国原则、和谐人际的伦理主张、自强不息的奋斗精神、重视德操的修身境界等等。这些思想、精神渗透在民族的性格与心理之中,具有强大的凝聚力。另外,长安文化形成时期,产生了许多经典文献,经、史、子、集均有保存。许多文人出生于长安,或游宦到长安,创作了大量的文学作品,对长安文化的形成起了重要作用,这是研究长安文化的基础,需要进行细致的整理。

围绕以上三个方向的研究,我们期望能对长安文化进行较全面的认识,尤其是对长安文化影响中国文学的诸多问题有开拓性的认识。在商务印书馆、中华书局、中和化德传媒有限公司、三秦出版社、陕西人民出版社等单位的大力支持下,我们拟把研究成果以不同的丛书形式出版,目前已启动的有《长安文化与中国文学研究》、《长安文献资料丛书》、《陕西方言重点调查研究》等。《十三经辞典》已经出版十卷,我们将抓紧时间完成其余工作,使其成为完璧。总之,通过“长安文化与中国文学”项目的实施,我们要在学术上创出新特色,在队伍上培养出新人才,使我们的学科建设再上一个新台阶,同时也为国家与地方文化建设及文化遗产保护做出一定的贡献。

“长安文化与中国文学研究”工作委员会

2009年11月22日

目　录

下编　宋代文体形态个案研究

序

任竞泽博士的《宋代文体学研究论稿》书稿杀青之后，向我索序，我欣然应允，乐于向学界同行们介绍一下竞泽的这部著作，以及谈谈自己的一些不成熟的看法。

竞泽是我带过的文艺学专业中国古代文论研究方向的博士生，他于 2005 年至 2008 年在中国社会科学院研究生院文学系攻读博士学位，毕业之后，又进入陕西师范大学文学院博士后流动站，跟随张新科教授作项目研究，出站后便留在陕西师范大学文学院文艺学教研室任教，专门从事中国古代文论专业的教学和研究工作。

竞泽在硕士阶段学的是宋代文学专业，记得在他来北京报到入学之后，我和他有过一次长谈，主要是藉以了解他的专业知识背景以及研究兴趣所在。在攻读硕士学位期间，竞泽在唐宋断代文学史和古典文献学方面得到了很好的学术训练，打下了较为坚实的基础，亦有颇为敏锐的理论批评意识，而这正是研习中国古代文学理论批评史所需要的一种比较理想的学习背景和知识结构。在交谈的过程中，我还得知，竞泽对于唐宋集部有较大的兴趣，尤其是对其中的总集、选集类典籍，更是下过一番功夫。除此之外，竞泽对于唐宋文学理论批评中的辨体批评，也有着较足的研究劲头,颇有独到见解的研读心得。这亦是从理论批评的层面研究中国古代文体学所需之重要的前提条件之一。因此,我们便商定,他在博士生研习期间,以及博士学位论文的选题,主要集中在宋代文体批评现象和文体学思想这一范围,力争使将来的博士学位论文成为一部宋代文体批评和文体学思想观念方面的专著,并且在学术上有所推进,有所创新。

竞泽在攻读博士学位的3年学习期间里,就是始终瞄准着这一学术目标而展开自己的研读和思考的。现在即将要出版的这部《宋代文体学研究论稿》,就是他博士毕业进入陕西师范大学文学院博士后流动站之后,又以数载的功夫,在自己的博士学位论文的基础上,加以扩充、修订而成的。所以,这部专著从酝酿、选题策划,到收集、分析文献资料和构思框架提纲,再到具体的撰写、修改、扩充,以及书稿杀青前的最后校订,全部过程持续了将近7年之久。对于竞泽来说,这无疑是一次道途上充满了荆棘、峭壁的学术攀登,攀越过程之艰险与辛劳自不待言,确切地说是对他的信心、耐力的一大考验。但是,唯其如此,方能于险绝处发现风光,于曲折处发现峰回路转。同时,更重要的意义还在于通过这一磨炼,竞泽的学术自信心得以树立,学术理念和方法初步得以确认,以及研究能力得到提高,从而使得自己在学术研究领域迈上了一个新的台阶,而这正是我所感到欣慰之处。

自20世纪90年代后期以来,中国古代文体学研究逐渐兴盛起来,成为一个颇具前沿性的热门课题,成果斐然,为中国文学史研究提供了一个新的学术生长点,而断代文体学研究,也是其中一个值得充分关注的层面。关于断代文体学研究,研究的热点主要集中在汉魏六朝及明代这两个文体“总集大成”历史时段,而对于宋代文体学的研究,相对而言,则关注的不足,现象层面的描述和理论层面的阐释均不够全面、深入。而在中国传统文体演化的过程之中,宋代的文体现象、文体批评、文体思想观念演变,实际上起了一个承前启后的作用。在宋代,文体形态、文体分类、文体理论批评等都有丰富的现象呈现,所流传下来的这些方面的大量文献资源,可以为我们的研究奠定一个坚实的基础。因此,宋代文体学研究的学术空间很大,也亟须深入开掘。竞泽的宋代文体学研究,就是本着这一认识而展开的,他试图从宋代文体理论批评、文体分类、文体文献、文体形态个案等不同视角出发,选取一些具有代表性的论题进行研究,力图通过有限的研究来透视出宋代文体学的全貌和总体特征。应该说,他的这一研究路径的选择,贯彻了当初我们一起讨论时所认同的意旨:从现象入手,坚持个案、专题性研究,不做单纯的面面俱到的介绍和描述,避免写成仅仅可用为讲义的概论或通论式著作。

愚意以为,竞泽的这部著作,在关于宋代辨体批评、总集和类书编纂与文体分类、文体个案研究这三个方面所取得的学术成就,值得肯定和关注。首先,宋代虽然没有出现像《文心雕龙》那样系统的文体理论著作,但诸如王安石、黄庭坚、张戒、倪思等“文章以体制为先”的辨体批评言论,以及诗文之辨、诗词之辨等文学论争,实际上推进和充实了中国古代的辨体批评理论,而严羽《沧浪诗话》中之辨体批评,则更见系统,并且贯穿、应用于他的整个诗学理论批评的话语系统之中,应该说是宋人辨体理念的集大成者。宋人辨体批评理论既是宋人文学思潮、文学流派论争的反映，反过来也成为文学流派和文学思潮论争的依据和评判标准。宋人的辨体批评还体现在总集编纂的辨体意识上。对此，竞泽在该书上编之中，分别通过严羽《沧浪诗话》之辨体批评、王应麟《辞学指南》和《玉海·艺文》的辨体批评思想、总集和类书编纂所体现的辨体意识等专题，进行了较为深入的研究，有诸多发现。其次，我们知道，总集、类书编纂，与文体分类密切相关，而以《文苑英华》、《唐文粹》、《宋文鉴》、《文章正宗》四大总集为代表的宋人的总集编纂，在中国古代诗文选本的发展史上又处于承上启下的地位，而中国古代文体分类学自其诞生之日起，在分类方法上便从分类和归类两方面齐头并进。在宋代，《文苑英华》、《唐文粹》和《宋文鉴》继承了《文选》文体分类渐趋繁复琐细的传统，而《文章正宗》则以其“辞命、议论、叙事、诗赋”四分法之化繁为简的文体归类在中国文体分类史上影响深远。除此之外，唐宋文体批评的理论贡献，在类书中“文部”的纂述体例方面也有重要的体现。唐宋类书和总集一样，不但在文体分类和指导写作方面都具有重大的文体学价值，而且《北堂书钞》、《艺文类聚》、《太平御览》、《古今事文类聚》、《玉海》等最重要的几部唐宋类书中的“文部”，其纂述体例基本符合刘勰《文心雕龙》中“原始以表末，释名以彰义，选文以定篇，敷理以举统”的文体研究思路。《艺文类聚》和《古今事文类聚》“文部”体例中“序题加选文”的编纂方式则上承挚虞《文章流别志论》和下启明吴讷《文章辨体》、徐师曾《文体明辨》的文体总集编纂体例。此外，各大类书丰富的文体文献史料汇辑对当下学术界的文体研究也大有益处。对于这些重要的现象进行深入的研究，可以为传统文体学研究开启一扇重要的窗口，而竞泽在本书上编中的相关研究，对于宋代文体学思想研究而言，事实上具有创新性的学术拓展意义。其次，文体个案研究是文体学研究的基础。唐宋新创文体类目很多，学术研究空间很大。其可以从以下三方面看出：一、前代产生或定型，但在宋代成熟和兴盛的文体。最典型的是词，已成为“一代有一代之文学”的宋代文学的代表文体。其他如集句、笔记、语录、杂文、宫词等也是如此；二、宋代产生或衍变，但在元明清成熟和达到极盛。这主要以小说、戏剧为主；三、宋代始创和兴盛的文体。如诗话、帖子词、乐语、学记、日记体、题跋、上牌文、口宣、右语、笏记、御札、义（制义、经义）、说书（经筵进讲）、表本等。在该著下编之中，竞泽对于词、小说、戏剧、诗话、笔记等前人研究已经非常充分的文体，基本从略，不再涉及，而对于学术界至今仍较少关注的如帖子词、乐语、学记、语录、杂文、宫词等若干文体，则分别进行了个案研究，并且力求从中总结出宋代文体盛衰的一般性规律。竞泽对于这些文体的个案研究，成为该著内容的重要特色之一，其学术价值也是可以期待的。

以上简略地谈了谈笔者对竞泽该著的一些肯定性的评价，但是这并不意味着竞泽的此项研究已经达到了圆熟、完美的程度，事实上，该书还存在着如下几个方面的不足或曰缺憾：一、《导论》部分过于就事论事，理论穿透力较弱，尤其是应该有一个站在相当的理论高度、问题意识突出、对于宋代文体学思想发展演进及其特点呈现宏观整体上的阐述；二、竞泽在该书中所体现出来的学术视野，应该说是较为开阔的，尤其是将批评史话语与文学史话语融合得很好，但是在开拓更为广阔的学术视野方面，比如从

“国学”视野出发的“大文论”的角度来分析、阐释有关文体现象方面，也还是有所欠缺的，在理论方面尚可以进一步提升；三、下编之文体个案研究，在阐述有关文体现象时，应该对于所研究的这些文体体现出来的文体衍生、文体变异等现象，在理论层面多加阐发，因为这种文体衍生、文体变异现象，在传统文体演变过程中，往往具有风标性质的作用，可以从中发现许多具有文学史意义的语言学转向或功能价值转向的内容。这里特意提出这三点近乎于苛求的意见，实际上体现了我本人对于竞泽今后的学术研究的一种期望。当然，关于本书在文献、史实，以及立论方面的具体评价，尤其是一些具体的文学史细节问题的学术评价，应该由更加熟悉宋代文学和文献典籍的专业人士来进行，而我本人则是力所不能从心的。

竞泽性情纯厚，勤奋好学，在治学方面，聪颖但不浮躁，质朴但不酸寒。我想，只要如现在这样一直坚持努力下去，他在学术研究上一定还可以取得更大的成绩，而这也正是我所期盼于他的。

是为序。

党圣元

辛卯年九月于京北寓所

导　言
——论宋代文体学承前启后的地位和意义

宋代文学在中国文学史上处于承上启下的关键地位,这尤其体现在文体学的“盛衰升降过程中”。中国古代文体学是当下学术界研究的热点之一,其研究的焦点主要集中在汉魏六朝和明代两个历史时段,对唐宋的研究则相对薄弱。宋代正处于两个文体集大成的历史时段中间,其承上启下的链条作用是显而易见的,这样,对宋代文体学研究的重要性也便突出起来。宋代文体学研究的学术空间很大,也亟须深入开掘。文体学作为一门学科体系,包含诸如文体学史、文体分类、文体理论批评、文体纂述体例和文体形态个案等极为丰富的内容。宋代文体学也一样,其承上启下的地位和意义是由文体学体系中诸多方面反映出来的。

第一节　中国古代文体学的研究现状及其对本书的启示

近些年来,中国古代文体学越来越成为学术研究的热点,其研究领域逐渐扩大,科研成果层出不穷。其中,以吴承学先生《中国古代文体形态研究》和郭英德先生《中国古代文体学研究论稿》

为龙头,以一大批博士论文和博士后工作报告(很多已经出版)为羽翼,对中国古代文体学进行了多维度的深入研究和论证,使得这一古老而新兴的学科逐渐成熟和体系化。尤其吴、郭两位学者的杰出贡献,在文体学研究上具有方法论的启示意义。两位学者都有文体学学科建设方面的宏大构想。① 虽然构想不尽相同,但大体上可归纳为文体形态学、文体分类学、文体理论批评、文体学史和文体文献史料学等几个研究方向,近期的研究成果基本不出此范围,或主攻一面,或综融诸点。现在我们对中国古代文体学研究的状况进行一个简要的梳理和总结,从中归纳出它们对本书的启示作用和本书的研究思路。

一、文体形态学研究。郭英德先生指出:"文体形态学可以说是文体源流学、文体分类学、文体风格学、文体文化学的前提和基础。"②吴承学先生亦云:"文体形态不断地创造和融合,更新与超越,也是中国古代文学史演变的主要原因和线索之一。"③百年来文体形态的研究主要从"文学"(或者文学中的边缘文体)和"非文学"文体两个维度来展开。诗、文、赋、词、曲、小说、戏剧等文学文体的研究构成了中国文学史、分体文学史和文学批评史的研究主线,这毋庸置言。诸如韩高年《诗赋文体源流新探》、郭建勋《辞赋文体研究》、黄金明《汉魏晋南北朝诔碑文研究》之类以"文体"

---

① 参见吴承学、沙红兵:《中国古代文体学学科论纲》,《文学遗产》2005 年第 1 期;郭英德:《中国古代文体学论稿》"后记"部分,北京大学出版社 2005 年版,第 217 页。

② 郭英德:《中国古代文体学论稿》,北京大学出版社 2005 年版,第 22 页。

③ 吴承学:《中国古代文体形态研究》"绪论"部分,中山大学出版社 2000 年版,第 1 页。

名书的著作是这类文学史或分体文学史研究的深化。而诸如何文汇《杂体诗释例》、鄢化志《中国古代杂体诗通论》、汪小洋、孔庆茂《科举文体研究》等则属于文学文体中边缘文体形态的专题研究。一直以来,边缘文学文体和“非文学”的实用性文体研究是中国古代文体形态研究的薄弱之处,吴承学先生《中国古代文体形态研究》一书可以说在很大程度上弥补了这个学术空白,其研究视角具有方法论上的启示作用。他说:“本世纪以来,我们的文学史研究主要是受到西方学术的影响,而在古代文体形态的研究对象和范围往往未能从实际出发,对中国古代原来非常重要的一些文体形态相当忽视。因为以现在的眼光看,古代许多重要的一些文体形态是‘非文学’的文体形态,但是在中国古代,实用文体形态与文学文体形态是浑成一体的。”[①]他在此书中便选取了《汉魏六朝挽歌》、《诗题与诗序》、《题壁诗》、《谣谶与诗谶》、《集句》、《宋代隐括词》等不太为人所关注的边缘文学文体和《先秦的盟誓》、《唐代判文》等“非文学”的实用性文体,视角独特,一新学界耳目。吴先生着力于众多“陌生”的文体个案研究,[②]对当下文体学研究颇有启示,具有方法论意义。唐宋以来新增文体很多,一些边缘性文学文体和实用性文体尤多,文体形态研究的空间很大。本书便从宋代众多的新创文体中选取几个典型的“陌生”文体进行研究,做一些具体而微的实证性研究。

---

① 吴承学:《中国古代文体形态研究》“绪论”部分,中山大学出版社 2000 年版,第 2 页。

② 党圣元、陈志扬:《读吴承学〈中国古代文体形态研究〉》,《文学评论》2004 年第 5 期。

二、文体分类学研究。近一个世纪以来的文体分类学研究主要从传统的中西结合和现代的本土总结两个维度上来展开。诸如钱仓水《文体分类学》、徐召勋《文体分类浅谈》、吴调公《文学分类的基本知识》等著作,其中虽也涉及古代文体分类的一些问题,但更多受西方文体分类学的影响。这种趋势表明了“一个世纪以来,学界对中国古代文体分类的特殊形式,不是从民族性上去体认,而是极力向西方靠拢”。相反,郭英德先生“《论稿》一书沉潜于我国传统的文学分类,揭示我国文体分类方式形成的思维特征,剔抉其精义要眇的价值,从这一点来说,《论稿》一书在精神上是与郭绍虞先生相通的”。[①]《中国古代文体学论稿》一书立足于《汉书》和《文选》类总集进行文体分类和排序的规律总结,在中国古代文体分类学上具有方法论上的重大意义。“他对于古代文体实践规律的总结,采用问题—文献—历史—理论四位一体、依次递进的学术路数,这种学术研究范式的有效性并不仅限于此书,而是具有普遍的意义。在笔者看来,这一研究范式具有方法论的意义,它所昭示给学界的也许要比书中的一些具体论述更有价值与魅力。”[②]本书上编中的一些章节诸如《宋人总集编纂的文体学贡献和文学史意义》、《真德秀〈文章正宗〉“四分法”在中国古代文体分类史上的地位》等便受此学术路数启发。

三、文体理论批评研究。这可从中国古代文体理论的研究和文体的理论研究两个维度来看。文体理论的研究指对《文心雕

---

① 党圣元:《评郭英德〈中国古代文体学论稿〉》,《文学评论》2007 年第 4 期,第 209 页。

② 同上,第 210 页。

龙》、《独断》、《文章缘起》、《古赋辨体》、《诗源辨体》等古代文体理论著作的研究，这尤以《文心雕龙》的文体研究为代表，如李长徽《文心雕龙的文体论》等。文体的理论研究指对文体学的理论批评方面进行或宏观整体的全面研究、或具体而微的专题归纳。如童庆炳先生《文体与文体的创造》、陶东风先生《文体演变及其文化意味》以及金振邦先生《文体学》等通过综合比较研究中西古今文体学，进而归纳总结出文体的功能演变等诸多方面的发展规律，对文体理论问题做了系统的、全方位的考察。除了这种宏观把握，还有对文体学概念范畴术语的阐释分析，如对"文体"、"辨体"、"破体"、"尊体"等文体学基本概念的内涵阐释。尤其对"文体"范畴的界定可以说是所有文体学研究者的首要任务，也因而众说纷纭，歧异百出。这类研究，以吴承学《中国古代文体形态研究》最后几章的理论研究为代表。本书《严羽〈沧浪诗话〉之辨体批评》及王应麟的文体学思想便是受此启发的结果。

四、文体学史研究。这可从文体概论通史和断代文体学研究两个维度来看。前者包括褚斌杰先生《中国古代文体概论》、许嘉璐先生《古代文体常识》以及蒋伯潜《文体论纂要》、施畸《中国文体论》、薛凤昌《文体论》等通论概论著述。断代文体学研究则是当下学术界最普遍的研究方式，以博士论文和博士后工作报告为主要阵地。如于雪棠《先秦两汉文体研究》、杨东林《汉魏六朝文体论与文体观念的演变》、唐磊《汉晋文体变迁及其机制考察》、李士彪《魏晋南北朝文体学》、贾奋然《六朝文体批评研究》、史伟《南宋的诗歌辨体理论》、邓新跃《明代前中期诗学辨体理论研究》、陈志扬《清代中后期文体学研究》等等，通过这一系列断代的文体学研究,构成了一个纵向的完整的文体学研究,呈现出文体学发展史的清晰脉络,从而具有某种文体学研究通史的集成意味。这些文体学研究著作的主要命名方式是以时代为断限,其内容和视角则各有不同,基本包括文体形态、文体分类、文体理论批评、文体文献史料学等各有侧重的各个方面。本书以《宋代文体学研究论稿》为名,显然可归入这一研究板块。

五、文体文献史料学。吴承学先生在阐述文体学学科的基本内涵与对象时,把"古代文体史料学研究"放在首位,认为"这是文体学学科的基础,主要内容是收集、考辨和运用文体理论方面的史料和各种文学体裁方面的史料"。并认为"古代的大量类书就收集了文体史料"。[①] 而郭英德先生《中国古代文体学论稿》则"资料性与实证性"相结合,"采用问题—文献—历史—理论四位一体、依次递进的学术路数",是思辨色彩与文献史料相结合、打通文学史与文献学的典范之作,也是当下古代文体学研究最基本的学术路数。本书中《唐宋类书"文部"的文体文献学价值》便属于这一研究向度。

第二节　宋代文体学承上启下的地位和作用

宋代文学在中国文学史上处于承上启下的关键地位,这尤其体现在文体学的"盛衰升降过程中"。闻一多《文学的历史动向》中说:"是的,中国文学史的路线南宋起便转向了,从此以后是小

① 吴承学、沙红兵:《中国古代文体学学科论纲》,《文学遗产》2005 年第1 期。

说戏剧的时代。”[1]王水照先生也说：“宋代文学正处于由‘雅’向‘俗’的倾斜、转变时期，在整个文体盛衰升降过程中，处于一个承前启后的阶段。”[2]可以看出，两位学者的视角和着眼点是相同的，都从宋代文体盛衰升降，即小说、戏剧、词等文体形态的兴起和对传统诗文的强烈冲击，来看宋代文体学承前启后的地位。文体形态研究是文体学研究的基础。除了作为“一代有一代之文学”的宋词明显发挥着文体发展史的链条作用，即汉赋、六朝文、唐诗、宋词、元曲、明清戏剧小说的衔接作用外，宋人话本小说、宋杂剧在中国小说、戏剧发展史上的承上启下地位，也早已为现当代学人所认识和认同。此外，唐宋新增文体类别极为丰富，有很大的学术研究空间。这可从三方面来看：1. 前代产生或定型，但在宋代成熟和兴盛的文体。最典型的是词，已成为“一代有一代之文学”的宋代文学的代表文体。其他如集句、笔记、语录、杂文、宫词等也是如此。2. 宋代产生或宋代是其演变的重要时期，但在元明清成熟和达到极盛。这主要以小说、戏剧为主。3. 始于宋代和在宋代产生并兴盛的文体，如诗话、帖子词、乐语、学记、日记体、题跋、上牌文、口宣、右语、笏记、御札、义（制义、经义）、说书（经筵进讲）、表本等。对于词、小说、戏剧、诗话、笔记等文体前人论述研究已多，兹略。本书只选取几个现今学界较少关注的文体个案来进行研究，其典型性又足以从中总结和透视出宋代文体学与诸如文化机制、政治运动、文学思潮等关乎文体盛衰的因素的关系来，

① 闻一多：《闻一多全集》第1册，三联书店1982年版，第201页。

② 王水照主编：《宋代文学通论》，河南大学出版社1997年版，第51页。

如帖子词、乐语、学记、语录、杂文、宫词等。

上述闻一多、王水照先生所言以及本文下编的文体形态研究，仅仅是从文体形态即文体体类上着眼来看宋代文体学承前启后之地位的。而我们知道，文体学作为一门学科体系，包含诸如文体学史、文体分类、文体理论批评、文体纂述体例等极为丰富的内容。宋代文体学也一样，其承上启下的地位和意义是由文体学体系中很多方面反映出来的。下面我们就从文体学史、文体分类、文体纂述体例、文体批评等方面来综合分析宋代文体学承前启后的地位和意义，这也是本书的研究框架和研究思路。

一、文体学史上的承前启后。前面已经提到，宋代处于汉魏六朝和明代两个文体集大成时段中间，其承上启下的链条作用是显而易见的。这样，对宋代文体学研究的重要性也便突出起来。只有深入研究宋代文体学，才能使中国古代文体学的研究史有一个更清晰的史的脉络，从而变得更完整、更系统。六朝和明代是中国古代文体学的两个"集大成"时代，首先加以研究和总结是非常必要的。罗根泽、于北山先生云："南朝刘勰《文心雕龙》的上编二十五篇，如他自己在《序志》篇所说，'论文叙笔''囿别区分'，吸收了李充、挚虞及其他各家的论著，成为文体论的总集大成之作。隋唐以后，陆续地产生了一些新文体，也陆续地有人对文体有所论列。到了明代又有了文体论的总集大成之作，就是吴讷的《文章辨体》和徐师曾的《文体明辨》。"①明许学夷的《诗源辨体》

---

① 吴讷著，罗根泽点校：《文章辨体序说》，徐师曾著，于北山点校：《文体明辨序说》，人民文学出版社1962年点校本，第1页。

也是诗学(文体学)的集成之作。[1] 我们简略综述一下当今文体学热点和冷清不一的研究现状,以见宋代文体学研究的价值和需要。先看学界研究的热点——汉魏六朝和明代两个巅峰时代。单论著和博士论文粗略统计就有如下十几部:于雪棠《先秦两汉文体研究》、杨东林《汉魏六朝文体论与文体观念的演变》、唐磊《汉晋文体变迁及其机制考察》、李长徽《〈文心雕龙〉文体论研究》、李士彪《魏晋南北朝文体学》、贾奋然《六朝文体批评研究》、傅刚《昭明文选研究》、黄金明《汉魏晋南北朝诔碑文研究》、邓新跃《明代前中期诗学辨体理论研究》、陈志扬《清代中后期文体学研究》、简劲松《胡应麟〈诗薮〉辨体论》等等,其他相关文体的研究和论文也大多集中在这两个时段。宋代与之相比,则仅有史伟《南宋的诗歌辨体理论》、孙耀武《〈论学绳尺〉与南宋论体及南宋论学》、谷曙光《宋代文体学研究》等寥寥几部。其他宋代文体学研究除了在一些文学理论批评史著作及分体文学史著作中的简要论述外,还主要有如下几方面:1. 宋人总集、类书研究中的文体研究,如凌朝栋《文苑英华研究》,郭勉愈《唐文粹研究》,郭英德收在《中国古代文体学论稿》中对历代文选类总集研究的文章,其中选择了《文苑英华》、《唐文粹》、《宋文鉴》三部总集为例等。2. 文类文体个案式研究。如汪小洋、孔庆茂《科举文体研究》中的《宋代的策论》、《唐宋的律赋》、《南宋的经义与论》三篇文章;曾枣庄《宋代文学与宋代文化》中的"宋代文体"研究,其中包括《论宋代的骚体辞》、《论宋代仿汉大赋》、《论宋代律赋》、《论宋代文

---

[1] 蒋寅:《金陵生小言》,广西师范大学出版社 2004 年版,第 132 页。

赋》、《论宋代的赠序文》、《论宋代的字序》等六篇文章，对宋代一些文体进行了较为集中的研究。吴承学《中国古代文体形态研究》中的《集句》和《宋代隐括词》等。3. 文体理论批评研究，如吴承学《中国古代文体形态研究》中的《辨体与破体》、《破体之通例》；邓新跃《论宋代的诗学辨体理论》等等。可以发现，除了一两部论著外，上述相关的宋代文体学研究大多是在某个论题下对宋代文体有所涉猎，并非是全景主体式研究，所以，宋代文体学研究的学术空间很大，也亟需深入开掘。

二、文体分类上的承上启下。总集编纂与文体分类密切相关，宋人总集编纂在中国古代诗文选本的发展史上处于承上启下的地位，以宋人四大总集（包括北宋《文苑英华》、《唐文粹》和南宋《宋文鉴》、《文章正宗》）为代表。同样，宋人总集选本在中国古代文体学史上也意义重大，起着承上启下的作用。褚斌杰先生在《中国古代文体概论》一书附录《古代文体分类》之于我国历代主要文体分类方面的资料选编中，选录了六朝至近代历代总集 20 部，《文选》、《文心雕龙》以后选录了宋人总集《文苑英华》、《乐府诗集》、《唐文粹》、《沧浪诗话》、《宋文鉴》五部，足见宋人总集的重要地位。最具代表性的是郭英德先生的《中国古代文体学论稿》一书，该书通过对历代《文选》类总集的考索分析，对诸如文选类总集的“编纂体例与选文范围”、分体归类（基本类型、命名方式、分合异同、类分与类从）、体类排序的规则与体例以及中国古代文体分类的体式与原则等方面作了全面细致的考索和总结。其具体方法是对《文选》、《文苑英华》、《唐文粹》、《宋文鉴》、《元文类》、《文章辨体》、《明文衡》、《文体明辨》、《明文在》九部历代总集进行列表比较分析,得出上述文体分类方面规律性的结论。可以看出,其中宋人总集不但在时代位置上承上启下,而且数量上也三分其一,故而宋人总集的文体分类学价值和意义是不言而喻的。

《文选》的文体研究成绩斐然,这使得紧随其后的宋人总集文体研究及其与《文选》的比较研究也颇为引人注目。宋代一些《文选》类总集的编纂体例大多参照《文选》。如明胡维新《重刻文苑英华序》云:"坟经义貌,词华郁蔓,延刘汉而接萧梁,昭明之《选》备矣。《苑》之集,始于梁,而部系类分,悉宗《选》例,非嗣文以承统乎?"[①]《四库全书总目》之《文苑英华》提要云:"梁昭明太子撰《文选》三十卷,迄于梁初。此书所录,则起于梁末,盖即以上续《文选》。其分类编辑,体例亦略相同,而门目更为繁碎,则后来文体日增,非旧目所能括也。"[②]姚铉《唐文粹序》云:"岂唐贤之文,迹两汉,肩三代,而反无类次,以嗣于《文选》乎?铉不揆昧懵,遍阅群集,耽玩研究,掇菁撷华,十年于兹,始就厥志。……以类相从,各分首第门目,止以古雅为命,不以雕篆为工。故侈言蔓辞,率皆不取。"[③]吕祖谦《缴进文鉴札子》云:"寻将秘书省集库所藏本朝诸家文集及于士大夫家宛转假借,旁采传记它书,虽不知名氏,择其文可录者,用《文选·古诗十九首》例,并行编纂。"[④]真德

① 李昉等:《文苑英华》卷首,影印文渊阁四库全书本。

② 永瑢等撰:《四库全书总目》,中华书局1965年版,第1691页。

③ 陶秋英编选,虞行校订:《宋金元文论选》,人民文学出版社1984年版,第36页。

④ 转引自祝尚书:《宋人总集叙录》,中华书局2004年版,第113页。

秀《文章正宗序》云："自昔集录文章者众矣，若杜预、挚虞诸家，往往堙没弗传。今行于世者，惟梁《昭明文选》，姚铉《文粹》而已。由今视之，二书所录，果皆得源流之正乎？……故今所辑，以明义理、切世用为主。"[①]以上宋代四大文章总集的编纂中，有三部依仿承继《文选》体例，《文章正宗》虽标新立异，但仍以《文选》为参照系，则《文选》在宋代之影响，于此可见一斑。宋代"《文选》学"整体走向衰落，其衰落的原因有古文运动、科举罢诗赋以及宋代总集编纂的繁荣等，这些都能从文体的角度加以解释。

中国古代文体分类学自其诞生之日起，其分类方法上便以分类和归类两种方法齐头并进。《文选》和《文心雕龙》分别是两种方法的代表和滥觞。在宋代，《文苑英华》、《唐文粹》和《宋文鉴》继承了《文选》文体分类渐趋繁复的传统，而《文章正宗》则以其"辞命、议论、叙事、诗赋"四分法之化繁为简的文体归类在中国文体分类史上影响深远。真氏"四分法"是对前人的融合继承，如蔡邕《独断》的文体分类、曹丕《典论·论文》文体"四科"的文体并类模式、目录学中"经史子集"四分法、孔门"德行、言语、政事、文学"四科以及《诗经》"风雅颂"三分的简约分类方式等，都可能对真氏《文章正宗》的"四分法"有所启迪。真氏四分法不但在理论上普遍为人们所认识、所称道，最为重要的是，这种文体分类上的归类方法在实践中也影响深远，历宋元明清不乏效仿者。如元刘

① 陶秋英编选，虞行校订：《宋金元文论选》，人民文学出版社 1984 年版，第 378 页。

履《风雅翼》“其去取大旨本于真德秀《文章正宗》”。元陈仁子《文选补遗》“盖与刘履选诗补注皆私淑《文章正宗》之说”。如果说这还主要是在选文标准上因袭《文章正宗》,那么在“四分法”体例上则有明程敏政《新安文献志》,其选诗文“略依真德秀《文章正宗》之例,分类辑录”。黄宗羲《明文海》卷二二五之李维桢《新安文献续志序》也称“其大体次第,准真西山《文章正宗》,首辞命而以诗余附诗杂体之后”。在清代,《御选古文渊鉴》亦“用真德秀《文章正宗》例”。其中最与“四分法”相契合者当属明王心所编《郴州文志》七卷,其《四库全书总目》提要云:“集古今之文为郴而作者,勒成此集,以辅郴志。其以命制、纪载、议论、咏歌四类分编,略仿真德秀《文章正宗》之例。”除了明王心编《郴州文志》分命制、纪载、议论、咏歌四门与真氏同出一辙外,清人李兆洛和曾国藩之“三门”法也大体依从真氏的分类方法,无疑受到了《文章正宗》四分法的深刻影响。此外,真氏“四分法”已与西方“三分法”和中国现代文学分类中的“四分、五分、六分”法等方法相契合,对现代文体学分类方法不无启发。

三、文体纂述体例上的承上启下。宋代文体学的最大贡献是其文体纂述体例上的承上启下,这主要表现在类书中“文部”的纂述体例上。唐宋类书和总集一样,不但在文体分类和指导写作方面都具有重大的文体学价值,而且《北堂书钞》、《艺文类聚》、《太平御览》、《古今事文类聚》、《玉海》等最重要的几部唐宋类书中的“文部”纂述体例基本符合刘勰《文心雕龙》中“原始以表末,释名以彰义,选文以定篇,敷理以举统”的文体研究思路。《艺文类聚》和《古今事文类聚》“文部”体例中“序题加选文”的编纂方式又上承挚虞《文章流别志论》和下启明吴讷《文章辨体》、徐师曾《文体明辨》的文体总集编纂体例。此外，各大类书综罗文体文献和文体史料汇辑的功劳，对学术界的文体研究也大有益处。

《玉海》亦为类书，《玉海》、《辞学指南》纂述体例的承上启下作用尤为显著。《玉海·艺文》与《辞学指南》在体例上大同小异，是对《文心雕龙》和挚虞《文章流别志论》的继承和创新。具体地说，《玉海·艺文》各体都以简略的“释名以彰义”开头，中间按时代先后顺序将“选文以定篇”和“原始以表末”相结合，也是整个文体论的主体，最后“敷理以举统”，这与《文心雕龙》体例相似。《辞学指南》则是融蔡邕《独断》、挚虞《文章流别志论》和刘勰《文心雕龙》三家文体著述体例之长，更侧重模仿《独断》之体例，其意义在文体学史上可谓重大。挚虞《文章流别志论》是“选本”与“文体序论”相结合，明代吴讷、徐师曾便依此例。其后，《文选》仅以选文，具备《文章流别集》之体；《文心雕龙》又只是文体论，具《文章流别志论》的体例，虽然在“各为之论”时也“选文以定篇”，但仅著篇名而非选本。到了《辞学指南》则融《文选》和《文心雕龙》体例于一体，某种程度上继承并还原了早已亡佚的挚虞的文体著述体例，即“选”“论”结合，选本而具文体著作的性质。《玉海》、《辞学指南》，尤其《辞学指南》“启后”的意义在于对明代吴讷《文章辨体序说》和徐师曾《文体明辨序说》两书之体例的影响。学界普遍认为，中国古代文体论始自《独断》、《翰林论》、《文章流别志论》、《文章缘起》、《文选》等，《文心雕龙》为文体论的集大成之作。“到了明代又有了文体论的总集大成之作，就是吴讷的《文章辨体》和徐师曾的《文体明辨》。”[①]并认为这两部“文体论的集大成者”之体例源于挚虞。如果正如罗根泽、于北山二先生所判断的那样，吴讷、徐师曾二书体例之“一方面分体选文，一方面依体序说”是直接继承挚虞而来，或许未受王应麟《辞学指南》的影响还说得通的话，那么吴氏《文章辨体》中推尊真德秀《文章正宗》，并大量引述真德秀、朱熹、吕祖谦等宋人文体言论，与《辞学指南》中同样大量引述吕祖谦、朱熹、真德秀三人的文体言论相吻合，则绝非偶然之事，从中可以看出吴、徐之文体理论和著述体例当更直接受王应麟《辞学指南》的启示和濡染。吴讷于《文章辨体凡例》中明确指出其“序题”是“仍宋先儒成说，足以鄙意”，这与王应麟“会集群言而以己意发之”的治学方法不谋而合。对于《文章辨体》“仍宋先儒成说”，我们初步统计如下：共引真德秀20次，朱熹8次，吕祖谦6次，其余宋儒如楼昉、王应麟、洪迈、刘克庄、黄山谷等合计20余次。其他引述《文心雕龙》、《文章缘起》、《乐府诗集》等文体著作数量不等。我们知道，《辞学指南》的最大特点便是，除了“综罗”前代诸如蔡邕、挚虞、刘勰、萧统、任昉、李翰等人的文体文献外，最主要的则是大量引述本朝大儒吕祖谦、朱熹、真德秀、楼昉等人文体言论来相印证。统计如下：吕祖谦16次，朱熹11次，真德秀19次，其他宋儒诸如楼昉、倪思等共约20次。相较之下，王应麟引真德秀最多，这与吴讷引真德秀最多相同。二书俱引“宋儒成说”，并以真德秀、吕祖谦、朱熹

① 吴讷著，于北山点校：《文章辨体序说》，徐师曾著，罗根泽点校：《文体明辨序说》之《校点前言》，人民文学出版社1962年版，第1页。

三大儒为最，而吴讷所引大都来自《辞学指南》。显而易见，吴讷对王应麟《辞学指南》的熟悉和继承是毋庸置疑的。

综上所述，王应麟《玉海》、《辞学指南》，尤其《辞学指南》上承汉晋六朝文体名家名著《独断》、《文章流别志论》、《文心雕龙》的编纂体例和理论成果，又创造性地融合了宋代本土文体大家诸如朱熹、吕祖谦、真德秀等的文体理论作补充和对照，不但使宋代大量的文体史料得以保存，并显示出宋代文体学独特的成就和地位。更重要的是，《辞学指南》还以文体编纂体例和宋儒文体史料文献，直接启示了明代"集文体之大成"的吴讷《文章辨体》和徐师曾《文体明辨》的形成，其在中国文体史上承前启后的地位和作用可谓举足轻重。

四、宋代文体批评发达，虽没有像《文心雕龙》那样系统的文体理论著作，但诸如王安石、黄庭坚、张戒、倪思等"文章以体制为先"的辨体言论以及诗文之辨、诗词之辨等文学思潮，则为古代辨体理论的先声。其后，历元明清，如祝尧、吴讷、徐师曾、贺复征、许学夷等辨体著作才逐渐多了起来。而现代学者的辨体研究也基本都从宋人的辨体批评观念出发，如王水照《尊体与破体》，吴承学《辨体与破体》等等研究，都是立足于宋人的辨体批评来研究的。上述都是宋人诗话笔记中散见的辨体言论片段，严羽《沧浪诗话》之辨体批评则更见系统，而且贯穿应用于其整个理论体系中，是宋人辨体理念的集大成者。其辨体批评理论上承钟嵘《诗品》、殷璠《河岳英灵集序》，下启明许学夷《诗源辨体》。如蒋寅先生云："许学夷《诗源辨体》为明代诗学集成之作。其学远宗严羽，近承胡应麟二家，而独树一帜者……论诗以兴趣、造诣为主，先正变而后深浅，先体制而后工拙。”[①]宋人辨体批评理论既是宋人文学思潮、文学流派论争的反映，是从实践中总结出来的，如严羽《沧浪诗话》之辨体批评就是对宋代江西派“以文为诗”的“诗文之辨”的总结，反过来也成为文学流派和文学思潮中论争的依据和评判标准。此外，宋人的辨体理念还体现在总集编纂的辨体意识上。宋人总集编纂大多从辨古今源流正变上来作为选文评文的标准和依据。

第三节　本书的研究思路方法及理论实践意义

宋代以前的文体研究领域主要包括以《文心雕龙》为代表侧重于文体理论批评的研究和以《文选》为代表侧重于文体分类的研究。唐宋以来文体日增的事实使得文体形态研究的重要性也突出起来。以上领域在宋代都有丰富的文体文献史料作基础，文体学的研究有着纵深开拓的文献资源和广阔前景。

本书在研究方法上充分借鉴综融现有成果的不同研究视角。1. 文体文献史料学研究。在广泛检阅宋代文史古籍文献资源的基础上，寻找发现具有文体研究价值的文献史料，从中选取最具典型的文体史料进行研究，力求通过这些具有代表性的文体文献研究，能够较鲜明地凸现出宋代文体学的主要特征和总体面貌。2. 文体学比较研究。首先立足于宋代文体学史料的丰厚土壤，同

---

① 蒋寅：《金陵生小言》，广西师范大学出版社 2004 年版，第 132 页。

时着眼于唐代这个紧邻的朝代，进而瞻前顾后，与六朝、明代这两个兴盛和集大成的文体时代进行对比，具体包括与刘勰、萧统、祝尧、许学夷、贺复征、吴讷、徐师曾、姚鼐、曾国藩等人的文体著作或文体总集进行对比，以见宋代文体学在整个中国古代文体学史中的地位及其研究的价值和意义。3. 文学文体学和文化文体学研究。文学文体学是指将宋代文体学的研究与宋代文学史（文学思潮、文学流派、文学运动等）及文学批评史研究结合起来，发现他们互相影响、互相促进的规律，从而使宋代文体学研究不再是独立的研究，并作为一个研究方法更深入地观照宋代文学史和批评史上的某些文学现象及其产生缘由。文化文体学是指深入挖掘所选文体研究论题背后的文化机制，具体来说，就是指把这些文体研究纳入宋代政治、哲学、经济、社会、文化等时代背景下，联系起来考察这些文体除了自身发展的本质规律外，还有哪些促使其演化形成的客观原因。4. 文体形态个案研究。对下编所选取的六个文体采取刘勰“原释选敷”的论述方法，但力求更详细全面地着眼于这种文体产生和兴盛的文化原因，并对其发展演进作出纵向的历史描述。当然，以上研究方法都是综合地运用于每个研究论题之中而各有侧重，不见得全面，但努力做到有理有据，细致周密。

本书论题的选定努力做到多方面考察求证，以求尽量接近某种程度上的原创性或开拓性研究，并选择在宋代文体史料学中属典型、有代表性的文献，通过这些论题的研究，期望可以勾勒出宋代文体学状况的全貌。在六朝、明朝两段文体兴盛而成为研究热点的情形下，对宋代这个颇受冷落的地带进行整体全面的研究，进而使中国古代文体学研究的一个很重要而薄弱的环节得到加强，也使宋代文体学承上启下的链条衔接作用得以突出。从宋代文体批评、文体分类、文体个案这三大块不同的视角来进行研究，这样便能够在有限的时间、篇幅条件下，尽量透视出宋代文体学的全貌。研究方法上，文献史料学与比较文体学及文体文化学等批评方法综合使用，可以使论题研究的结论观点避免某种程度上的主观偏颇。

研究中也产生了一些矛盾，遇到一些难题。首先，各部分之间整体性、系统性方面的欠缺。尽管竭力从“文体批评、文体分类、文体个案”等几方面来构筑显示某种文体体系，但具体操作中，各个论题互相之间的关系似乎不是很密切，各自独立成篇，而且每一个板块的研究方法和论述程式也几乎截然不同，从感觉上总有一种不能一线贯穿的缺憾。当然此为弊也为利，可以使研究方法不显得单一板滞。正如党师圣元先生评价《宋代文体学论稿》所云：“本书行文方式上较为独特：全书由一组文稿组成，每章各自独立，故曰‘论稿’。专题论文的写作让郭英德得以摆脱为追求建构体系而不得不‘宏大叙事’的沉重负担，获得了符合自己学术心性的方法论的自由，而且这种研究方式确实可以摆脱‘体系’的掣肘而易于深入。”①本书名为“论稿”亦有此意。当然，宋代文体学研究本身便是一个大的课题，想在有限的条件下建立一个完整的体系，确非一人一时之力所能为。本书所作的只是宋代文体

① 党圣元：《评郭英德〈中国古代文体学论稿〉》，《文学评论》2007 年第 4 期，第 209 页。

学整个体系中的一部分,并力图能有某种开创性或建设性的构想,至于使其成为一个具有有机联系的整体,则需假以时日和精力。此外,毕竟所有论题从未离开过“宋代”、“文体”这两个限定词,那么“宋代”、“文体”无疑可以成为本书论题的核心和联结点。具体操作时,尽力在每一个论题中都包含“文体内涵、辨体批评、文体分类”等方面的综合论述,并且把时代背景诸如宋代政治、经济、文化、哲学等共同的大气候环境来作为纽带,从而使联系性更强一些。其次,研究的步骤大体是大量翻检宋代文献史料,发掘与文体相关的文献资源并构想和确立一系列自以为有研究价值和能够成立的论题。由于时间精力、才识学力及篇幅等条件的限制,在实际写作中,如何在这众多未成型的半成品论题中选择更有价值、更具典型的论题作为论文的主干组成部分,便出现了怎样取舍方能更有效地利用和产生最好的预期效果或成果的问题。本书从中选出十二个论题进行研究,另外一些自觉有价值的想法以后会补充进来。

上述对宋代文体文献史料的抉剔梳理,进而上升为文体本质规律的综合探究,具有一定的理论和实践意义。首先,在六朝文体成熟、明朝文体集大成从而使这两个时段成为学界研究热点的情形下,对宋代这个颇受冷落的地带进行整体全面地研究,无疑可以使中国古代文体学研究的一个很重要而薄弱的环节得到加强,也使宋代文体学承上启下的链条衔接作用得以突出。其次,经过对某些学术著作进行集中的文体研究,可以换一个视角来重新观照、透视这些学术著作的价值,起到某种程度深化强化认识的重要作用。如严羽《沧浪诗话》的辨体批评,王应麟《辞学指南》和《玉海》的文体学思想等。第三,一些论题结合文学文体学、文化文体学来研究,这样便使文体学的研究不再拘执于一个孤立领域内,让文体研究渗透到当时的文学思潮、文学运动及经典作家作品的背景研究之中,显然对宋代文学史、批评史的纵深研究大有裨益。

上　　编

宋人文体批评及总集类书的文体学研究

第一章　严羽《沧浪诗话》之辨体批评

20世纪学术界对严羽及其《沧浪诗话》的研究堪称炙手可热，亦硕果累累。研究的焦点基本不出"妙悟"、"兴趣"、"熟参"、"别材别趣"及"尊李杜还是崇王孟"等传统学术主题，[①]对于其辨体批评的探讨则甚为寥落。这种冷清的局面明显与辨体批评在其理论体系中的重要地位很不相称。对《沧浪诗话》辨体批评研究的重要性在于：首先，严羽的辨体批评，不但受宋人辨体风气的熏染，对时人习见之论如"尊体得体，诗文各有体，本色当行"等有所沿袭，而且独辟蹊径，以"辨白是非，定其宗旨"这一独特的辨体批评方法为主线，一脉贯穿于其整个理论体系，并在辨体批评的理论构建、运用上与"文学价值观念体系"这一文学基本原理契合无间，显示了强烈的理论意识。其次，严羽的辨体批评理念贯通于他的整个理论体系之中，在"辨体"理念的笼罩之下，诸如"熟参、妙悟、兴趣、以盛唐为法、以禅喻诗"等重要概念范畴都被聚拢在它的周围，互为参照印证，从而使辨体批评成为理解这些概念范畴及整个理论体系的关键。

① 参见程国斌：《二十世纪严羽〈沧浪诗话〉研究》，《文献》1999年第2期。

更为重要的是，我们在对严羽辨体批评的剖析、整理过程中，对“以禅喻诗”和“诗之宗旨”这两个重要论题的界定，与传统主流学术的观点出现了一定分歧；并在严羽对其“辨体”的“自负”和“以禅喻诗”的“自矜”问题上，也与某些学者有不同的看法。对此，我们运用全面、辩证的观点来分析观照，庶几可以澄清这种分歧和差异，令其圆融自洽了。

第一节　辨体批评的内涵

作为中国古代诗歌批评史上第一位真正意义上的成熟的批评家，①严羽最主要的批评方法便是辨体批评。严羽的辨体批评主要体现在《诗辨》和《答吴景仙书》两章中。前者是严羽《沧浪诗话》的理论总纲，后者则是对《诗辨》中主张的补充和重申，二者互文见义，参照印证，同为我们走进并观照其辨体理论的门窗。纵剖两文，可析其辨体内涵为二。其一，辨白是非，定其宗旨。主张“辨尽诸家体制，辨家数如辨苍白”，重在诗歌本身体制之间的优劣、高下界分。这里辨的是文体风格。其二，尊体得体，本色当行。主张“诗文各有体，当以体制为先”，重在诗、文两种体裁各自体制规范不同的强调。这里辨的是文类文体。二者不可混为一谈，又有相通之处。以下分而论之。

一、辨白是非，定其宗旨

严羽辨体批评内蕴之一，便是“辨尽诸家体制”。《诗法》云：

---

① 参见蒋寅：《作为批评家的严羽》，《文艺理论研究》1998 年第 3 期。

"辨家数如辨苍白，方可言诗。"①《答吴景仙书》中的论述则更为集中、鲜明：

> 作诗正须辨尽诸家体制，然后不为旁门所惑。今人作诗差入门户者，正以体制莫辨也。世之技艺，犹各有家数，市缣帛者，必分道地，然后知优劣，况文章乎？仆于作诗不敢自负，至识则谓有一日之长，于古今体制，若辨苍素，甚者望而知之。来书又谓"忽被人捉破发问，何以答之？"仆正欲人发问而不可得者，不遇盘根，安别利器。我叔试以数十篇诗，隐其姓名，举以相试，为能别得体制否？

这里，"辨体制、辨家数"就是辨析《诗体》章的"以人而论"和"以时而论"之中的各种诗体风格。理解其涵义可以由表及里：浅层是辨别诸家体制的不同界限，其目的重在从体貌特点的不同上区分开来，不必分优劣、高下。如"我叔试以数十篇诗，隐其姓名，举以相试，为能别得体制否？"深层则是示学者以门径，使学者"不为旁门所惑"，避免"差入门户"，目的是"知优劣"，这可精练为"辨白是非，定其宗旨"。《答吴景仙书》开篇云：

> 仆之《诗辨》，乃断千百年公案，诚警世绝俗之谈，至当归一之论。其间说江西诗病，真取心肝刽子手，以禅喻诗，

① 严羽：《沧浪诗话》，清何文焕：《历代诗话》本（下册），中华书局 1981 年版，第 685—708 页。按后面引述严羽《沧浪诗话》之语均本此，不再另注。

莫此清切。……高意又使回护，毋直致褒贬。仆意谓辨白是非，定其宗旨，正当明目张胆而言，使其词沉着痛快，深切著明，显然易见，所谓不直则道不见，虽得罪于世之君子，不辞也。

其中，"辨白是非，定其宗旨"，扼要而明确地道出了《诗辩》一章以"诗辨"为名的本意，即"辨白诗之是非"，以"定其宗旨"，准确地说，是"辨尽诸家体制之是非、优劣、高下"，以"定诗之宗旨"，这显然也是《诗辨》一章的总纲。那么，"其宗旨"是什么呢？饶有意味的是，这段文字可以说是《诗辨》最后一席话的重复和强调。《诗辨》文末总结道：

故余不自量度，辄定诗之宗旨，且借禅以为喻，推原汉魏以来，而截然谓当以盛唐为法后舍汉魏而独言盛唐者，谓古律之体备也。虽获罪于世之君子，不辞也。

比较两段话发现，短短数言，便有"以禅喻诗"，"借禅以为喻"；"辨白是非，定其宗旨"，"辄定诗之宗旨"及"虽得罪于世之君子，不辞也"，"虽获罪于世之君子，不辞也"三处相同的论断。不管作者有意或无意，都不可否认它们在严羽理论体系尤其是辨体批评中的重要位置。可以看出，严羽论"诗之宗旨"，是"以盛唐为法"，并且是通过"借禅以为喻，推原汉魏以来（诸家体制优劣）"而"定"的。正如蒋凡先生所云："由于辨体的结果，严羽不仅接触了诗歌的流变，进一步又看到了诗歌的历史发展。他定诗之宗旨,'截然谓当以盛唐为法'。"①这就是说,"以盛唐为法"的这一"诗之宗旨"的确立,是经"辨白是非"和"借禅以为喻,推原汉魏以来"而得出的结论。二者关联密切,功能相似。也就是说"以禅喻诗"的所谓"大乘正法眼,声闻、辟支之果"、"大乘禅,小乘禅"、"悟第一义,落第二义"、"透彻之悟,一知半解之悟"等"禅宗"之"邪正、大小、南北"之分,与"辨白是非",也即"辨白诸家体制之是非、高下、优劣"相似,正是为了说得诗透彻,以见"汉魏盛唐"大乘正法眼之"是","近代诸公"及"江西、四灵、江湖"声闻、辟支之果之"非",从而"以盛唐为法"来定"诗之宗旨"的。

"辨白是非,定其宗旨"这一总纲体现并贯穿于《诗辨》全文中,我们下面便根据这样的总纲形式规律来重新观照《诗辨》的行文和主旨,并作深入地批判解析。我们知道,《诗辨》可分两部分,一以"禅家者流"开头,一以"夫诗有别材"为首。研究发现,这两部分如一个循环,各自实践了一次"借禅以为喻;辨白是非,定其宗旨;以盛唐为法"这一总纲程序。

先看前者——"禅家者流"。这部分开首便称"论诗如论禅",并以禅宗"大乘正法眼与声闻、辟支果"类的"邪正、大小、第一义、第二义"等来喻诗体之是非、高下、优劣。结果称"是"者为"汉魏晋盛唐","非"者为"大历以还之诗,晚唐之诗"。接下来以禅道之"妙悟"来喻诗道之"妙悟",以"透彻之悟"与"一知半解之悟"的深浅分限来喻诗体之是非。结果,"是"者为"谢灵运至盛

---

① 蒋凡:《严羽〈沧浪诗话〉》,顾易生、蒋凡、刘明今:《宋金元文学批评史》(上册),上海古籍出版社 1996 年版,第 411 页。

唐诸公”,“非”者为“他虽有悟者,皆非第一义也”。接下来说:“若以为不然,则是见诗之不广,参诗之不熟耳。”言外之意,作者上述“以禅喻诗”得出的结论,即肯定了“汉魏晋盛唐”或“谢灵运至盛唐诸公”,那是作者本人“见诗之广,参诗之熟”而得出的。所以,任可人都必须“熟参”与“辨尽诸家体制”,才能“辨白是非”,从而“定其宗旨”。也就是:

试取汉魏之诗而熟参之,次取晋宋之诗而熟参之,次取南北朝之诗而熟参之,次取沈宋王杨卢骆陈拾遗之诗而熟参之,次取开元、天宝诸家之诗而熟参之,次独取李杜二公之诗而熟参之,又取大历十才子之诗而熟参之,又取元和之诗而熟参之,又尽取晚唐诸家之诗而熟参之,又取本朝苏黄以下诸家之诗而熟参之,其真是非自有不能隐者。

不难看出,“熟参”就是“辨尽”,熟参之后,“其真是非自有不能隐者”,便是“辨尽诸家体制”、“辨白是非”。这样,通过熟参汉魏至本朝苏黄以下诸家之诗,进而来辨识诸家体制之是非、优劣、高下,“其真是非”便水落石出了。辨白的结果,“是”者为汉魏晋盛唐之诗,“非”者为开元、天宝以下人物。于是,下文接下来“辄定诗之宗旨”为“以汉魏晋盛唐为师,不作开元天宝以下人物”,说:

学诗者以识为主,入门须正,立志须高,以汉魏晋盛唐为师,不作开元、天宝以下人物。若自退屈,即有下劣诗魔入其肺腑之间，由立志之不高也。行有未至，可加工力。路头一差，愈骛愈远，由入门之不正也。

在上文熟参、辨识汉魏以下诸家体制后，再言“入门须正，立志须高”；“由立志之不高也”；“由入门之不正也”云云，正与上引《答吴景仙书》中所说“作诗正须辨尽诸家体制，然后不为旁门所惑。今人作诗差入门户者，正以体制莫辨也”同一个意思。

再看后者——“夫诗有别材”。此段开首从诗之本质出发，先点出“是”，即“盛唐诸公，惟在兴趣”；次点出“非”，即“近代诸公”之“以文字为诗，以才学为诗，以议论为诗”。其后，“借禅以为喻”，称“盛唐诸公”为“大乘正法眼者”，此为“是”；称东坡、山谷、江西宗派、四灵、江湖诗人只入“声闻、辟支之果”，此为“非”。“是非”既清，“辄定诗之宗旨”而截然“谓当以盛唐为法”。

总之，“辨白是非，定其宗旨”这一《诗辨》总纲，其重要性在于：严羽为了定其论诗之宗旨，一方面把“辨白是非”也即“辨体”作为重要的手段和方法，在此手段方法的运用过程中，其他概念范畴如“以禅喻诗、熟参、妙悟、兴趣”等，或因此而产生，并与之相伴而行；或因此而深化，并越发透明清朗。一方面让“辨体”一脉贯穿，环环相扣。《沧浪诗话》是一部旨在救时弊并示学者以途径的著作，这需要首先熟参、辨识汉魏晋盛唐以至苏黄等近代诸公诗歌体制之是非、优劣、高下而取其“是”者、“优”者、“高”者作为学者入门之正路。“辨体”的结果，认为汉魏盛唐为“是”，但汉魏“不假悟”，无法学，遂“以盛唐为法”作为学诗者的“宗旨”。

二、尊体得体，本色当行

“宋人生唐后，开辟真难为。”[①]王水照先生云：“唐诗的灿烂辉煌反而激活了宋人自成一家的创新意识……‘以文为诗’正是他们突破唐贤、自成宋调的一大法门。赵翼《瓯北诗话》卷五云：‘以文为诗，自昌黎始，至东坡益大放厥词，别开生面，成一代之大观。’”[②]黄庭坚及“江西诗派”则最终使“以文为诗”的宋调完全确立。但是，伴随着苏黄“破体”的成就斐然，提倡“尊体”的反对之音也呼声不断，尤其“在南宋，强化诗体特征、辨析诗文体制差异的诗学批评进一步发展”。[③] 严羽《沧浪诗话》正是欲矫学昌黎“以文为诗”的苏黄及“江西宗派”之弊，以实现他的“尊体”主张的。这里，“辨体”即“尊体”，意为“坚持文各有体的传统，主张辨明和严守各种文体体制，反对以文为诗，以诗为词等创作手法”。[④]严羽的“尊体”论大致有以下几种表述方式和内容：

第一，先体制而后文之工拙。《诗法》云：“荆公评文章，先体制而后文之工拙。”黄庭坚之语更详细：“荆公评文章，常先体制而后文之工拙。盖尝观苏子瞻《醉白堂记》，戏曰：‘文词虽极工，然不是《醉白堂记》，乃是韩白优劣论耳’。”[⑤]荆公讥子瞻不守“记”体以描写、叙述为主的体制规范，而杂以议论，遂出现了名“记”实

① 蒋士铨：《忠雅堂诗集》卷13，清嘉庆二十二年刻本。

② 王水照：《尊体与破体》，王水照主编《宋代文学通论》，河南大学出版社1997年版，第71页。

③ 邓新跃：《论宋代的诗学辨体理论》，《江淮论坛》2005年第1期。

④ 吴承学：《辨体与破体》，《中国古代文体形态研究》，中山大学出版社2002年5月新1版，第408页。

⑤ 黄庭坚：《书王元之〈竹楼记〉后》，《豫章黄先生文集》卷26，四部丛刊本。

“论”的弊端。可见，严羽之“先体制而后文之工拙”，正是要求“尊体”之意，也即严守各种文体体制规范。补充一点，《诗法》中这句话除了在《诗人玉屑》中是作为正文出现的外，[①]他本均作为“辨家数如辨苍白，方可言诗”的小字自注出现的。若依此，则两句话意义相同。其实，二者虽有关联，但依照上述辨体内涵的两层涵义，我们更倾向于将其分开来谈，故而认同《诗人玉屑》的版本。

其他论及此意的，如《诗法》首条：“学诗先除五俗：一曰俗体，二曰俗意，三曰俗句，四曰俗字，五曰俗韵。”《诗辨》云：“诗之法有五：曰体制，曰格力，曰气象，曰兴趣，曰音节。”二说均“以体制为先”。对于前一条，唐殷璠《河岳英灵集序》云：“夫文有神来、气来、情来，有雅体、野体、鄙体、俗体。编纪者能审鉴诸体，安详所来，方可定其优劣，论其取舍。”[②]其所谓“雅体俗体，审鉴诸体，定其优劣，论其取舍”云云，既是严羽“辨尽诸家体制优劣”的辨体滥觞，又可作为其“以体制为先”的说明；对于后一条来说，钱锺书先生的解释可以加深我们对严羽“先体制而后文之工拙”的理解。《谈艺录》之六“神韵”条云：

> 而按《沧浪诗辨》，则曰：“诗之法有五：体制、格力、气象、兴趣、音节”……胡元瑞《诗薮》内编卷五曰：“作诗大要，不过二端：体格声调、兴象风神而已。体格声调，有则可循；兴

① 参见魏庆之：《诗人玉屑》卷1，上海古籍出版社1987年版。

② 殷璠：《河岳英灵集序》，周祖譔编选：《隋唐五代文论选》，人民文学出版社1990年版，第143页。

> 象风神，无方可执。”惜抱本此意，作《古文辞类纂序目》云：“所以为文者八，曰：神理、气味、格律、声色。神理、气味者，文之精也；格律、声色者，文之粗也。然苟舍其粗，则精者亦胡以寓焉。”此沧浪说之注脚也。[①]

显然，依据严羽“体制、格力、气象、兴趣、音节”说法的顺序，沧浪“兴趣”说的提出应是先“辨体”的结果；而且，作诗之法应“先体制、格力”等“有则”和“文之粗者”，以达“气象、兴趣”等“无方”和“文之精者”。故所谓“精”、“粗”、“有则”、“无方”云云，确实可作沧浪“先体制而后文之工拙”的注脚。

第二，得诗之体。《答吴景仙书》云：

> 又谓盛唐之诗“雄深雅健”，仆谓此四字但可评文，于诗则用“健”字不得。不若《诗辨》“雄浑悲壮”之语为得诗之体也。毫厘之差，不可不辨。坡谷诸公之诗，如米元章之字，虽笔力劲健，终有子路未事夫子时气象。盛唐诸公之诗，如颜鲁公书，既笔力雄壮，又气象浑厚，其不同如此。只此一字，便见我叔脚跟未点地处也。

这里，严羽以讥吴氏评“诗”一字之差，表明他严辨“诗、文”文体规范的态度，而且再次从贬斥坡、谷“破体”而“以文为诗”，肯定了盛唐诸公的“兴趣”之作为“得诗之体”。“书法”之喻也反

---

① 钱锺书：《谈艺录》，中华书局1984年版，第40—42页。

映了他的辨体、破体观。吴承学先生云：

> 破体，原是书法术语。书法上的“破体”指不同正体的写法。《书断》谓“王献之变右军行书，号曰破体”。指行书的变体。戴叔伦《怀素上人草书歌》云：“始从破体变风姿”，可见破体的特点是“变”，是对正体的突破，也是一种有创造性的字体。[①]

也就是说，王右军行书为“正体”，王献之行草、怀素草书为“破体”。我们知道，米元章“行草得力于王献之”；[②]颜真卿以楷书、行书这种正体名家。依此可以得出，坡、谷“以文为诗”即“破体”，而盛唐诸公的“兴趣”之作则为“正体”、“得诗之正体”了，这都是为了说明吴景仙不懂“先体制而后文之工拙”这种诗文辨体理论乃评论诗文的基础，足见其“脚跟未点地处也”。

第三，本色当行。严羽《诗法》云：“须是本色，须是当行。”胡应麟《诗薮·内编》卷一云：“文章自有体裁，凡为某体，务须寻其本色，庶几当行。”[③]王水照先生对此解释道：“强调的‘本色’即是文体的质的规定性。”[④]“尊体，要求遵守各类文体的审美特性、形制规

---

① 吴承学：《辨体与破体》，《中国古代文体形态研究》，中山大学出版社 2002 年 5 月新 1 版，第 424 页。

② 王大亨、欧阳恒忠：《刘熙载〈书概〉笺注》，广西师范大学出版社、漓江出版社 1990 年版，第 223 页。

③ 胡应麟：《诗薮》内编卷 1，上海古籍出版社 1958 年版，第 11 页。

④ 王水照：《尊体与破体》，王水照主编《宋代文学通论》，河南大学出版社 1997 年版，第 63 页。

范,维护其‘本色’、‘当行’。”[①]严羽《诗辨》中以韩愈、孟浩然作比论“妙悟”一段,集中体现了他关于“诗”体如何方具“本色”、“当行”之审美规定的主张和见解。《诗辨》云:“大抵禅道惟在妙悟,诗道亦在妙悟。且孟襄阳学力下韩退之远甚,而其诗独出退之之上者,一味妙悟而已。惟悟乃为当行,乃为本色。”韩愈“以文为诗”,故虽学力深湛,仍难比孟浩然之“妙悟”得诗之“本色当行”。其“兴趣”说之所以与“妙悟”说一样精彩绝妙,影响深远,便是因为其同样道出了诗歌要“本色当行”这一审美特性的质的规定性。学术界对盛唐诗歌风貌的“妙悟”、“兴趣”及苏黄近代诸公“以文字、才学、议论”为诗的褒贬是非乃最为着力之处,此不赘述。

要之,将严羽辨体内涵一分为二,是为了清晰起见;二者既不可混为一谈,又有相通之处,实际是一个问题的两个方面。不可混为一谈,是因为前者“辨白是非”,要求“熟参”进而辨识汉魏至近代诸公体制,尤其是看到了苏黄诸公、江西宗派、江湖、四灵虽号为“宗唐”,实则宗唐走上邪路,令大乘正法眼无传,故而大声呼吁“以盛唐为法”这一学诗门径的“入门之正”、“立志之高”,其所面对的是苏黄、江西、江湖、四灵等入宗唐邪径的众多宗派;而后者“尊体破体”,在讲究“诗文各有体”这一严守诗文体制规范的宋代辨体大环境下,看到苏黄诸公对诗之独特审美规定性作奇特解会,遂有“以文字为诗,以才学为诗,以议论为诗”的“破体”之弊,因而振臂一呼,高举“盛唐”之“兴趣”、“透彻之悟”、“言有尽

---

① 王水照:《尊体与破体》,王水照主编《宋代文学通论》,河南大学出版社 1997 年版,第 77 页。

而意无穷”的大纛以矫之，其所面对的主要是苏黄与江西宗派。前者重在诗体之间的辨识，是对《诗体》章中诸家体制从整体风貌上来把握其特征，区分是非优劣，进而针对江湖、四灵宗唐之“入门不正”时弊，遂定“诗之宗旨”为“以盛唐为法”；后者“尊体得体”，则重在诗、文两种文体个性特征的界分，要求对诗文各自独特稳定的体制规范严格遵守，是针对苏黄、江西宗派等“以文为诗”而违背诗歌本质、混同诗文界线的时弊，进而归纳出诗歌审美本质之“妙悟”、“兴趣”特性。此外，前者重体制中的综合因素，如时代、个人等文体外部规律；后者则更重诗、文各自的审美特性、文体规范等文体内部规律。

二者又有相通之处，是说严羽在构建、实践其辨体理论时，上述两义往往是互相包容、相伴而行的。我们上文对“辨白是非，定其宗旨”在《诗辨》中分两个段落、两次循环的贯穿作用作过交代分析，而“妙悟”和“兴趣”这两个通过“诗、文辨体”而得出的范畴分别镶嵌在“辨白是非”的两次循环过程中，从中也可看出严羽之“辨体”两义是相辅相成的。“辨白是非”之“是”即“尊体得体”，“尊”盛唐诗体之“妙悟”、“兴趣”审美特质而得诗之体；“非”即“破体失体”，指苏黄、江西宗派等“以文为诗”，打破了诗歌的文体规范。此外，“诗、文”文类文体之辨是诗体风格之辨的基础。正是针对宋人“以文为诗”的时弊，看到诗文审美特性的不同并严辨、严守诗、文文体规范，才使得“辨白”诸家体制之优劣是非，进而“以盛唐为法”这一“诗之宗旨”得以确立。

然而，二者是否便不分轩轾呢？从严羽辨体批评的价值和沿革上来看，当有分别。前者是沧浪“实证实悟者，自家凿破田地者”,后者则是“傍人篱壁,拾人涕唾得来者”。这在本章第三节有详细论述。这样,如果着眼于对中国古代文体理论批评的独创性贡献这一层面上,严羽这两种辨体内涵已高下分明了。

第二节 辨体批评的运用

我们在阐释严羽辨体内涵的过程中,对“以禅喻诗”、“诗之宗旨”以及严羽在其“辨体”的“自负”和“以禅喻诗”的“自矜”等重要论题的界定上,与传统主流学术的观点出现了一些分歧。对此,如果运用我们对严羽辨体内涵的不同定义来重新观照,便可以澄清这种分歧和差异,令其圆融自洽了。是为笔者的运用。此外,严羽的辨体批评不但主要构建和实践于《诗辨》和《答吴景仙书》两章中,而且还使其辨体批评一脉贯穿,具体运用于整个理论体系之中。是为严羽的运用。

第一,澄清学术分歧。

1. 以禅喻诗。在谈到严羽的“以禅喻诗”时,大多学者都将目光聚焦在“参、熟参”、“悟、妙悟”两个范畴上。如郭绍虞先生云:“《沧浪诗话》之重要,在以禅喻诗,在以悟论诗。”①“大抵沧浪以禅喻诗之旨,不外妙悟。”②蒋凡亦云:“《沧浪诗话》论诗方式的一个特点是‘以禅论诗’,它成了后代诗论家议论的热门话题……宋代禅学在知识分子中盛行,禅宗术语也成为不少人的口头语

---

① 郭绍虞:《中国文学批评史》,上海古籍出版社1979年版,第268页。
② 严羽著,郭绍虞校释:《沧浪诗话校释》,人民文学出版社1961年版,第20页。

言,'悟'、'参'等佛学用语经常借来论诗。"[①]随后列举了苏轼、黄庭坚、李之仪、韩驹、吴可等人以"参"、"悟"喻诗的大量言论,并对"参"、"悟"做了细致的解释。这大体可为学界的代表。

然而,我们在阐释严羽的辨体理论过程中却发现,在确立"以盛唐为法"这一诗之宗旨时,"借禅以为喻"与"辨白是非"的作用与功能是相似的,即"借禅以为喻"是借禅宗之"大乘正法眼"、"声闻辟支果"类的邪正、大小之分来比喻和服务于"辨白是非"的。也就是说,"以禅喻诗"的目的是"辨白是非",其重心在"大乘正法眼"和"声闻辟支果"的邪正、大小、第一义、第二义的辨析上,而非"熟参"和"妙悟"。有两个理由可以证明。

其一,从上下文语境中来获得。书中论及"以禅喻诗"的地方有三处,分别以"论诗如论禅"、"借禅以为喻"和"以禅喻诗"的表述方式出现。现引列于下作比较,并与"辨白是非"对照来看:

> 禅家者流,乘有大小,宗有南北,道有邪正,学者须从最上乘,具正法眼,悟第一义。若小乘禅,声闻、辟支果,皆非正也。论诗如论禅,汉魏晋与盛唐之诗,则第一义也。大历以还之诗,则小乘禅也,已落第二义矣。晚唐之诗,则声闻、辟支果也。学汉魏晋与盛唐诗者,临济下也。学大历以还之诗者,曹洞下也。(《诗辨》)
>
> 至东坡、山谷始自出己意以为诗,唐人之风变矣。山谷

---

① 顾易生、蒋凡、刘明今:《宋金元文学批评史》(上册),上海古籍出版社1996年版,第405页。

> 用工尤为深刻，其后法席盛行，海内称为江西宗派。近世赵紫芝翁灵舒辈，独喜贾岛姚合之诗，稍稍复就清苦之风。江湖诗人多效其体，一时自谓之唐宗，不知只入声闻、辟支之果，岂盛唐诸公大乘正法眼者哉？嗟乎！正法眼之无传久矣，唐诗之说未唱，唐诗之道或有时而明也。今既唱其体曰唐诗矣，则学者谓唐诗诚止于是耳，得非诗道之重不幸邪！故余不自量度，辄定诗之宗旨，且借禅以为喻，推原汉魏以来，而截然谓当以盛唐为法，虽获罪于世之君子。不辞也。(《诗辨》)

> 仆之《诗辨》，乃断千百年公案，诚警世绝俗之谈，至当归一之论。其间说江西诗病，真取心肝刽子手，以禅喻诗，莫此清切。是自家实证实悟者，是自家闭门凿破此片田地，即非傍人篱壁，拾人涕唾得来者。高意又使回护，毋直致褒贬。仆意谓辨白是非，定其宗旨，正当明目张胆而言。(《答吴景仙书》)

不难发现，“论诗如论禅”与“借禅以为喻”两段上下文中的“禅喻”均是诸如“大乘正法眼，声闻辟支果”类的禅宗邪正、大小之分，且其后分别有“诗之宗旨”，即“以汉魏晋盛唐为师，不作开元天宝以下人物”和“推原汉魏以来，而截然谓当以盛唐为法”作结论。而第三段之“以禅喻诗，莫此清切”，无疑最能代表严羽“以禅喻诗”的真谛。这在文中是与“说江西诗病”为上下文的。通观《诗辨》，我们发现，“说江西诗病”处有二，一处为“近代诸公乃作奇特解会……诗而至此，可谓一厄也”。这明显非“以禅喻诗”。

另一处是“至东坡山谷始自出己意以为诗，唐人之风变矣。山谷用工尤为深刻，其后法席盛行，海内称为江西宗派”。其中“法席、宗派”云云均为禅宗术语。而“辟支，梵语独觉之义，谓并无师承，独自悟道也”。[1] 这正与“至东坡山谷始自出己意以为诗，唐人之风变矣”契合。也因此，严羽认为江西宗派遂“只入声闻、辟支之果，岂盛唐诸公大乘正法眼者哉”，并且最后结论一归“辨白是非，定其宗旨”。可见，三段引文如出一辙，均以“大乘正法眼”和“声闻辟支果”来喻诗之是非，且均未涉“参”、“悟”两术语。

需要说明的是，“论诗如论禅”后只隔数语，便接道：“大抵禅道惟在妙悟，诗道亦在妙悟。”其后大谈“悟”与“参”。这也屡屡成为研究者将“参”、“悟”作为“以禅喻诗”之主旨的依据。笔者以为，这里谈“悟”最终归结为“谢灵运至盛唐诸公之透彻之悟”与“但得一知半解之悟”的“悟”之浅深分限方面，其目的仍是对“大乘正法眼”、“声闻辟支果”之喻的补充强调。

其二，从严羽的“自负”和“自矜”中获得。严羽在《答吴景仙书》中曾两次“自吹自擂”：

仆之《诗辨》，乃断千百年公案，诚警世绝俗之谈，至当归一之论。其间说江西诗病，真取心肝刽子手，以禅喻诗，莫此清切。是自家实证实悟者，是自家闭门凿破此片田地，即非傍人篱壁，拾人涕唾得来者。

仆于作诗不敢自负，至识则自谓有一日之长，于古今体

① 严羽著，郭绍虞校释：《沧浪诗话校释》，人民文学出版社1961年版，第14页。

制，若辨苍素，甚者望而知之。

对于他的“自矜”和“自负”，郭绍虞先生言辞犀利：

> 沧浪此书，虽自矜为实证实悟、非傍人篱壁得来，实则任何人都不能不受时代影响，更不能不受阶级的限制，故于注释文中，特别重在沧浪以前之种种理论，以说明沧浪诗说之渊源所自。①
>
> 我诠释《沧浪诗话》每为代找出处，证明是宋时习见之论，亦因沧浪过于自负，似是独出流俗，丝毫不受时代影响，故特为找出来源，证明其言之妄。②

现在，需要澄清的是：严羽的“自负”和“自矜”并无不实之处，或许由于看问题视角的偏颇，郭先生的指责“其言之妄”实则背离了作者“自负”和“自矜”的本意。从上面引文中看出，郭先生所指责严羽的“自负”和“自矜”都是本着他的注释体例而从全书着眼的，即认为“沧浪此书”中所有观点都是宋人习见之论。但他注释中并未注出的，也即不属于宋人习见之论的地方，恰恰是严羽“自负”和“自矜”的真意所在。

先看“自负”。根据上引《答吴景仙书》中两段话的行文逻辑，严羽颇为“自负”者只在“于古今体制，若辨苍素”这一点上，并非就

① 严羽著，郭绍虞校释：《沧浪诗话校释》，人民文学出版社1961年版，第2页。
② 同上书，第68页。

全书而言;并且其“自负”者仅在辨体内涵之“辨白是非,定其宗旨”、“辨尽诸家体制”这一方面上,而不是“尊体得体,本色当行”。因为前者郭先生并未有注释,前人也绝少论述,严羽的“自负”不无道理。而“尊体得体”则确是宋人习见之论,郭先生对此注释极为丰富,本章第三节“辨体批评的价值”部分也有充分论述。

再看“自矜”。根据引文,严羽“自矜”者也非如郭先生所言的沧浪全书,而是仅指《诗辨》中的“以禅喻诗”,即仅指其“以禅喻诗”中的“大乘正法眼”和“声闻辟支果”,而非“熟参”和“妙悟”。这我们可用反向思维来证明。严羽声称其“以禅喻诗”为“实证实悟”者,对照看过郭绍虞、蒋凡等对宋时习见的以“参”、“悟”言诗的大量作家言论后,不得不承认,若“参”、“悟”确为严羽以禅论诗之原意和主旨,那他确实是狂妄呓语了。然而,事实果真如此吗?作为一个有见地的文学理论家,面对此前众多的大家诸如苏轼、黄庭坚、李之仪、韩驹、吴可、陆游等等均曾以“悟”、“参”喻诗而浑然不觉、视而不见,仍大言不惭地吹嘘是“自家闭门凿破”者,无疑是欺人以自欺的狂妄呓语了,显然这于情于理是很难讲得通的。想其也绝不至如此糊涂盲目!然而,借禅宗之“大乘正法眼”、“声闻辟支果”的邪正、大小之辨来辨白诗体之是非、优劣、高下,前人的确绝少提过,故而称其为“非傍人篱壁,拾人涕唾得来者”,确实是严羽的独得之见。

当然,上文论证了严羽“以禅喻诗”的主旨是“大乘正法眼”和“声闻辟支果”而非“参”和“悟”,但并不是说就因此否定了“熟参”和“妙悟”这种通行的提法。它们都是严羽“以禅喻诗”中独具意义和特色的因子,只不过严羽有所侧重而已。

2. 诗之宗旨。“妙悟”、“兴趣”说向为研究《沧浪诗话》的重点，大多研究者也将其作为严羽论诗之宗旨。如许志刚先生云：“在提出‘兴趣’说以确立论诗宗旨的同时，严羽还探讨了实现其宗旨的门径问题，于是提出了诗识和妙悟这两个理论范畴。”①蒋凡云：严羽苦心追求并坚持不懈的“诗之宗旨”是什么？一是“别材别趣”说，也即“兴趣”说，阐述了诗的艺术本质及其基本特征。……另一是以禅喻诗的“妙悟”说。②

前面在论“辨体”之“辨白是非，定其宗旨”内涵时，曾提到严羽论“诗之宗旨”是“以盛唐为法”，那么，“妙悟”、“兴趣”说与“以盛唐为法”这两种说法有何不同呢？哪种说法更合理呢？其实，两种说法虽然不无区别，但根本上是相通的，只是观察问题的角度不同而已。首先，出现不同说法，是由于辨体内涵不同所致。“辨白是非”的结果，看到了苏黄、江西、江湖、四灵等“宗唐”非“入门之正”，遂截然“以盛唐为法”以端正学者门径；尊体得体的结果，看到了苏黄、江西宗派“以文为诗”的“破体”之弊，遂标举盛唐诸公合于诗之审美本质的“妙悟”、“兴趣”宗旨以矫之。这可参见辨体内涵之结语部分。“以盛唐为法”为宗旨，侧重辨白是非，即辨识汉魏以来诸家体制的优劣高下，认为“谢灵运至盛唐诸公，透彻之悟也”、“盛唐诸公惟在兴趣”，也就是肯定了“妙悟、兴趣”说是辨体内涵之“辨尽诸家体制”的结果；以“妙悟”、“兴趣”为宗旨，侧重严辨诗、文体裁的不同规范，看到“以文字为诗，以才

---

① 许志刚：《严羽评传》，南京大学出版社1997年版，第191页。

② 顾易生、蒋凡、刘明今：《宋金元文学批评史》（上册），上海古籍出版社1996年版，第379页。

学为诗，以议论为诗"这一宋诗尤其是苏黄近代诸公的弊端，进而提倡"言有尽而意无穷"的盛唐诸公"兴趣"之作，是主张"尊体得体、诗文各有体"的结果。

其次，说二者是相通的，因为严氏通过"辨白是非"而确立"以盛唐为法"为其论"诗之宗旨"，在此过程中，正是由于"辨体"的结果，看到了盛唐诸公诗体"妙悟"、"兴趣"之审美特征的"是"处，也就是说，"以盛唐为法"即是以"妙悟"、"兴趣"为法。从对后世的影响上，二者不分轩轾；后人取其一面，发扬光大，便成文学思潮而流派俨然——明"前后七子"在学诗门径上重拟古复古，便生吞其"以盛唐为法"一面；清王士禛、袁枚重视诗与非诗的审美特性，故以"妙悟"、"兴趣"为圭臬。

不过，《沧浪诗话》一书主要是为了"示学者以门径"，故"以盛唐为法"为"诗之宗旨"更合适些，而从文中"辄定诗之宗旨，且借禅以为喻，推原汉魏以来，而截然谓当以盛唐为法。"的语意逻辑也如此。这可以张少康先生的话作结："严羽重在兴趣，以妙悟言诗，其最终落脚点是在'以盛唐为法'。"①

第二，辨体一脉贯穿。

"《沧浪诗话》具有较为完整的理论体系。……《诗辨》是全书第一部分，也是严羽集中阐述自己的理论观点的核心部分。……后四个部分基本是对第一部分所提出的理论在各个不同方面的直接运用。"②蒋凡也云："开篇《诗辨》是全书的总纲，阐

① 张少康、刘三富：《中国文学理论批评发展史》（下册），北京大学出版社 1995 年版，第 122 页。

② 许志刚：《严羽评传》，南京大学出版社 1997 年版，第 164 页。

述作者的基本理论主张。……《诗辨》从具体文学材料中抽绎出理论原则,阐明诗歌的本质,然后纲举目张;其他章节则分别从文体风格、创作方法、构思特色、历史发展各个不同的角度和层次,围绕着《诗辨》的理论主轴旋转,从而构行一个统一的理论体系。"[①]我们已知,《诗辨》既是严羽"辨体"理论的策源地,也是它的具体运用,这在"辨体内涵"中已作详细阐述,即"辨白是非,定其宗旨"这一总纲体现并贯穿于《诗辨》全文中。我们知道,《诗辨》可分两部分,一以"禅家者流"开头,一以"夫诗有别材"为首。我们根据这样的总纲形式规律来重新观照《诗辨》的行文和主旨,很容易发现,这两部分如一个循环,各自实践了一次"借禅以为喻";"辨白是非,定其宗旨";"以盛唐为法"这一总纲程序。下面我们对其余四部分逐章分析,看严羽是如何使其辨体批评一脉贯穿的。

《诗体》。严羽的辨体理论主要在《诗辨》中构建形成,接下来便以《诗体》紧随其后,作为其"辨体"理论的落实和体现。蒋凡云:"由于辨体的结果,他以时论诗,把唐诗分为唐初体、盛唐体、大历体、元和体、晚唐体。"[②]当然还包括"以人论诗",郭绍虞在注释《诗体》中云:"案沧浪《诗法》谓'辨家数如辨苍白,方可言诗'。以上所谓'以时'、'以人'诸体,即是家数之辨。"[③]可见,郭、蒋均视《诗体》章乃"辨体"的结果。统计发现,在《诗辨》及《答吴

---

① 顾易生、蒋凡、刘明今:《宋金元文学批评史》(上册),上海古籍出版社 1996 年版,第 373 页。

② 同上书,第 411 页。

③ 严羽著,郭绍虞校释:《沧浪诗话校释》,人民文学出版社 1961 年版,第 68 页。

景仙书》这两章中以各种方式出现的“诗体”，均能从《诗体》章“以时而论”和“以人而论”中一一对应起来。将“诗体”分为“以时而论”和“以人而论”，昭示了严羽“辨体”的独特目光，即他未将目光局限于传统的以严守文体形制规范为主的思维方式上，而是挖掘并开拓了文体形成的“时代”、“个人”因素，更注重辨体的全面综合视角和艺术个性特征。而且，由于辨体的结果，他“以时而论”与“以人而论”划分诗体，既体现了他的文学史观，同时也影响至巨，即便现代的大多文学史著作，也未脱这种既从纵向上论时代、政治、文化等背景（以时而论），又横向上讲作家作品及文学流派（以人而论）的框架。此外，这也可以说是辨体的另一内涵，可作专文研究。

《诗法》。此章首尾皆论辨体，足见其在“诗法”中的重要。合计共有五条，其中“学诗先除五俗”、“须是本色，须是当行”及“辨家数如辨苍白，方可言诗。荆公评文章，先体制而后文之工拙”。三条前已论述，兹略。首先阐释“看诗须着金刚眼睛，庶不眩于旁门小法。禅家有金刚眼睛之说”条。很清楚，这便是所谓“学诗者以识为主，入门须正，立志须高，以汉魏晋盛唐为师，不作开元、天宝以下人物”。（《诗辨》）《答吴景仙书》说得更透彻：“作诗正须辨尽诸家体制，然后不为旁门所惑。今人作诗差入门户者，正以体制莫辨也。”再看“诗之是非不必争，试以己诗置之古人诗中，与识者观之而不能辨，其真古人矣”条。这与“我叔试以数十篇诗，隐其姓名，举以相试，为能别得体制否？”（《答吴景仙书》）有异曲同工之妙，反映了严羽对古今诗体风格特点的烂熟于心和辨体的极端自信。似乎也有自相矛盾之嫌。不过也不难理解。前者之“己诗”与“识者”皆不必坐实为严羽本人,其意仅指“以汉魏晋盛唐为法”之“拟古”之作要酷肖古人而已,即所谓“拟古江文通最长,拟渊明似渊明,拟康乐似康乐,拟左思似左思,拟郭璞似郭璞……”后者则是其自负“识”力,即“仆于作诗不敢自负,至识则自谓有一日之长,于古今体制若辨苍素,甚者望而知之”。

《诗评》。严羽“评诗”的方式方法有几种,但均不离“由辨而评”这一中心。有时仅辨家数苍白,别体制界限,于“优劣、高下”未置可否,如“大历以前,分明别是一副言语;晚唐分明别是一副言语;本朝诸公分明别是一副言语。如此见,方许具一只眼”,“五言绝句,众唐人是一样,少陵是一样,韩退之是一样,王荆公是一样,本朝诸公是一样”。诸如此类,虽于“优劣、高下”未置可否,但在《诗辨》中实已“明辨是非”了。有时又以“气象”、“词理意兴”、“自然”、“风骨”、“高古”、“飘逸”、“沉郁”、“自得”、“集大成”、“豪逸”、“率然”、“金鳷擘海”、“香象渡河”、“尤妙”、“真味”、“本色”、“浑然天成”、“绝无痕迹”、“如肺肝间流出”、“能感动激发人意”及“粗拙”、“野狐外道”、“浅俗”、“虫吟草间”、“憔悴枯槁”、“局促不伸”、“和韵”等语词“直致褒贬”,如:

> 唐人与本朝人诗,未论工拙,直是气象不同。
>
> 诗有词理意兴。南朝人尚词而病于理,本朝人尚理而病于意兴,唐人尚意兴而理在其中。汉魏之诗,词理意兴,无迹可求。
>
> 顾况诗多在元白之上,稍有盛唐风骨处,冷朝阳在大历才子中为最下。

等等，于诸家体制家数（包括以人而论和以时而论）之优劣高下辨析毫厘，下语狠辣，不惧“获罪于世之君子”。其中所谓“气象”、“词理意兴”、“风骨”与“唐人”、“本朝人”之类的辨识和褒贬是非，显然是以辨体来定诗之宗旨，即用“妙悟”、“兴趣”与“以盛唐为法”的标准来“评”的。此外，或“以时而评”，或“以人而评”，上举例子中亦能见分晓。而无论“时”、“人”，重点皆在“唐宋”两朝间，且既分细微，亦辨大概。如“盛唐人诗，亦有一二滥觞晚唐者，晚唐人诗，亦有一二可入盛唐者，要当论其大概耳”，“李杜二公，正不当优劣。太白有一二妙处，子美不能道；子美有一二妙处，太白不能作”。上举例子仅是其荦荦大者，实则“以辨评诗”贯穿于整个《诗评》章中。

《考证》。“考证”即考辨，或依据辨识诸家体制的整体风貌及某方面突出特点的差异，来考辨是非和识分真伪。如：

> 《西清诗话》载：晁文元家所藏陶诗，有问来使一篇云：“尔从山中来，早晚发天目？我屋南山下，今生几丛菊？蔷薇叶已抽，秋兰气当馥。归去来山中，山中酒应熟。”余谓此篇诚佳，然其体制气象与渊明不类，得非太白逸诗，后人漫取以入陶集耳。
>
> 《文苑英华》有太白《代寄翁参枢先辈》七言律一首，乃晚唐之下者。又有五言律三首，集本皆无之，其家数在大历贞元间，亦非太白之作。
>
> “迎旦东风骑蹇驴”绝句，决非盛唐人气象，只似白乐天言语。今世俗图画以为少陵诗，渔隐亦辨其非矣，而黄伯思

编入杜集何也？

或以“古律”、“雅俗”等体制贵贱优劣来“辨白是非”，如：

《木兰歌》最古，然“朔气传金柝，寒光照铁衣”之类，已似太白，必非汉魏人诗也。

太白集中《少年行》，只有数句类太白，其他皆浅近浮俗，决非太白所作，必误也。

如此等等，不一而足。结论虽或有商榷之处，甚至为后人所诟病，但其有意识地用辨别体制的方法来考辨真伪是非并一以贯之，正表明了“辨体”在严羽诗论体系中的方法论意义。我们知道，由体制、体貌特征的不同来辨别、考证作品的真伪，这在唐宋以来的诗话、笔记杂著中不乏其例，但像严羽这样自觉地以辨体批评为考证方法，并有意识地把这种“辨章学术”的方法纳入到理论体系中，作为其理论体系的一部分，当属独创，仅此一点，其理论意义便非同凡响。至于这种方法是否科学，结论是否正确，原非本文话题，可以姑置不论。

第三节　辨体批评的价值

根据批评主体的不同，可从两个层面来观照和评估严羽辨体批评的价值。一是严羽作为批评主体，这需要将严羽辨体批评纳入到“文学价值观念体系”中来，从理论的高度更深入地把握其理论价值。一是我们作为批评主体，这需要将严羽辨体批评“放在历史发展的链条中加以考察，看他在哪些方面承继、沿袭了前人的话语，哪些方面提供了自己的话语，为文论史增添了新的内容，从而在文论史上给他一个准确的历史定位”。①

首先看其理论价值。我们知道，《沧浪诗话》是宋人诗话中最具理论体系之作，这不仅表现在其结构严谨（五章加一书），宗旨明确（以盛唐为法），方法独特（以辨体批评为手段），主线突出（辨体一脉贯穿）等；更重要的是，辨体批评本身的构建便符合“文学价值观念体系”这一文学基本原理，从而成为严羽理论体系的内核。在《文学价值论》一书中，党师圣元先生这样界定文学价值观念及其相关范畴：

> 接受主体在反复认知、反映与评价文学价值的过程中必然形成一系列对于文学价值的总观点、总看法，并且以较为固定的形态在主体的意识中呈现出来，这便是文学价值观念。文学价值观念一旦形成，就会在一定意义上成为评价的标准，反过来影响和制约主体进一步的文学接受活动和文学价值评价活动。②
>
> 其（文学价值观念）特点是对客体对象有无价值以及价值品位高下作出区分，具有一定的稳定性、模式性，实质上成为文学价值认知活动中主体内在性的评价标准、价值尺度、

---

① 党圣元：《主导多元，综融创新》，《文学评论》2003 年第 4 期。

② 敏泽、党圣元：《文学价值论》，社会科学文献出版社 1999 年版，第 264 页。

评价的思维框架。文学价值观念体系从其内在结构来看,是以价值思维方式为基础,以基本评价标准为“硬核”,包括许多要素在内的一个观念体系。①

对照前文所述可以发现:严羽所谓“熟参”汉魏至近代诸公之优劣、是非杂陈的诸家体制,便是“反复认知、反映与评价文学价值的过程”,准确地说,“评价文学价值的过程”便是“辨白是非”的过程,而“定其宗旨”便是“形成一系列对于文学价值的总观点、总看法”。这个“以较为固定的形态在主体的意识中呈现出来的文学价值观念”便是“以盛唐为法”、“妙悟”、“兴趣”,这“在一定意义上成为了评价的标准”。这样,作为一个文学价值观念体系的严羽辨体批评,其特点正是通过“辨白是非”、“辨尽诸家体制之优劣、是非、高下”,而得出“以盛唐为法”以及“妙悟”、“兴趣”等评价标准、价值尺度为“硬核”,并反过来影响和制约主体对“客体对象有无价值以及价值品位高下作出区分”。如此等等,皆足以验证严羽的辨体批评与此“文学价值观念体系”之契合。此外,党先生还指出:

在文学接受过程中,主体往往对一些优秀的文学作品的价值特点加以概括,将其中非常成功的、具有典范意义的文学价值创造事实转化为心理现实而形成一种参照模式,并进

---

① 敏泽、党圣元:《文学价值论》,社会科学文献出版社1999年版,第269页。

一步用来作为评价其它文学作品的标准和依据。①

接下来以宋人“将杜诗作为一种楷模，一种文学价值的参照物，就是说作为一种价值标准或尺度，来评价他人的作品”②为例，也与严羽所谓“论诗以李杜为准，挟天子以令诸侯也”（《诗法》）相吻。而“论诗以李杜为准”正是对“以盛唐为法”的具体概括，也就是以盛唐之“妙悟”、“兴趣”作为标准来辨白诸家体制之优劣、是非、高下。以上仅仅作一下粗略的分析，已自见出严羽辨体批评的理论品格及价值所在了。

其次看其创新价值。《沧浪诗话》产生于宋人“诗话”兴盛的土壤之中并更具理论体系，同样，其“辨体”批评也是宋人辨体风气的结果。他将零散的辨体观点提升整合，成为宋代辨体的集成之作。当然，严羽的辨体批评有沿袭，也有创获，并分别体现在他的两个辨体内涵上。其中，“尊体得体，本色当行”完全受宋人辨体风气的熏染，是“傍人篱壁，拾人涕唾得来者”，是为沿袭；而“辨白是非，定其宗旨”则为前人所未道，令作者颇为自负，显然是“自家凿破田地者”。是为变革。在这个意义上，严羽无疑为文体批评史作出了不可磨灭的贡献，为“文论史增添了新的内容”，这也是其辨体批评的独特价值所在。

我们先看“沿袭”。正如郭绍虞在注释《诗体》时所言：

---

① 敏泽、党圣元：《文学价值论》，社会科学文献出版社 1999 年版，第 275 页。

② 同上。

案论诗辨体亦是宋人风气。注中所引李之仪、张表臣、姜夔以及郭茂倩《乐府诗集》所言，均为沧浪辨体所资。吴曾《能改斋漫录》卷十引《西清诗话》谓蔡元长尝语条须知歌行吟谣之别，且言："近人昧此，作歌而为行，制谣而曲者多矣。虽有名章秀句，若不得体，如人眉目娟好，而颠倒位置可乎！"更足证在当时学古风气之下，诗体之辨，有其需要。[①]

从郭氏引吴曾语知其"辨体"是指严氏所谓"须是本色，须是当行"之意，也即尊体得体。"尊体与破体之争贯穿于整个宋代诗学批评的始终。"[②]对此，王水照、吴承学、邓新跃等学者均有过深入的论述，此不赘言。严羽是"尊体"论的坚定拥护者之一，即"强调诗文体性之辨，要求文学创作应该遵循特定的文体特征与规范，也就是'当行本色'"。[③] 为了明晰严羽辨体理论的渊源所自，我们择其要者罗列于下：

存中曰："韩退之诗乃押韵之文尔，虽健美富赡，然格不近诗。"[④]

诗文各有体，韩以文为诗，杜以诗为文，故不工尔。……退之作记，记其事尔；今之记乃论也。少游谓《醉翁亭记》亦

① 严羽著、郭绍虞校释：《沧浪诗话校释》，人民文学出版社 1961 年版，第 98 页。
② 邓新跃：《论宋代的诗学辨体理论》，《江淮论坛》2005 年第 1 期。
③ 同上。
④ 魏泰：《东轩笔录》卷 12，中华书局 1983 年版，第 141 页。

用赋体。……退之以文为诗，如教坊雷大使之舞，虽极天下之工，要非本色。①

诗非文比也。必诗人为之，如攻玉者必得玉工焉，使攻金之工代之琢，则窳矣，而或者挟其深博之学，雄隽之文，于是隐括其伟辞以为诗，五七其句读而平上其音节，夫岂非诗哉……谁敢违之乎？②

论诗文当以文体为先，警策为后。③

文章以体制为先，精工次之。失其体制，虽浮声切响，抽黄对白，极其精工，不可谓之文矣。④

迨本朝则文人多而诗人少。三百年间，虽人各有集，集各有诗，诗各自为体，或尚理致，或负才力，或呈辨博，少者千篇，多至万首，要皆经义策论之偶韵者尔，非诗也。⑤

以上不避繁冗，将人们耳熟能详之文献迤逦列出，是为了与前论严羽辨体内涵之"尊体得体"作比较，以见"沧浪尊体所资"。很清楚，倪思之"文章以体制为先，精工次之"及张戒之"论诗文当以文体为先，警策为后"显与严羽"荆公评文章，先体制而后文之

---

① 陈师道：《后山诗话》，清何文焕：《历代诗话》本（上册），中华书局 1981 年版，第 303—309 页。

② 杨万里：《黄御史集序》，陶秋英编选，虞行校订：《宋金元文论选》，人民文学出版社 1984 年版，第 259 页。

③ 张戒：《岁寒堂诗话》，丁福保：《历代诗话续编》本（上册），中华书局 1983 年版，第 459 页。

④ 倪思：《经鉏堂杂志》，吴讷：《文章辨体序说》，人民文学出版社 1962 年版，第 14 页。

⑤ 刘克庄：《竹溪诗序》，《后村先生大全文集》卷 94，四部丛刊本。

工拙”同一机杼；吴曾之“若不得体”与倪思之“失其体制”则为沧浪“得诗之体”先声；而沈存中、黄山谷、陈后山、杨万里、刘克庄等频频所谓“韩退之以文为诗”，“诗文各有体”，“要非本色”，“深博之学”，“尚理致”、“负才力”、“呈辨博”云云，更是严羽论“韩退之学力、孟襄阳妙悟”，进而强调“当行本色”与反对苏黄诸公“以文字为诗，以才学为诗，以议论为诗”之滥觞。不难发现，严羽这一“尊体得体，本色当行”、“诗文各有体”的辨体内涵，实为沿袭时人的熟腔滥调，为“傍人篱壁，拾人涕唾得来者”。

再看“创获”。《答吴景仙书》云：“仆于作诗不敢自负，至识则自谓有一日之长，于古今体制，若辨苍素，甚者望而知之。”很明显，严羽颇为自负之处正在于“于古今体制，若辨苍素”，即“辨白是非，定其宗旨”这一辨体内涵上。而这的确未见前人论述，且在郭绍虞先生的注释中也未作说明，故可以称之为“自家实证实悟者”。此外，“以禅喻诗”之“熟参”、“妙悟”是沿袭时人成说，而“大乘正法眼”和“声闻辟支果”则为严羽首创，是其“自家实证实悟者”，这在前面已经说过，此不赘言。还有，“辨体”论虽发源极早，并在宋代蔚为风气，但以“辨体制”、辨家数这种径以“辨体”为名的，严羽当是首创。其后，元明以“辨体”名篇的文体著作才多起来。如元祝尧的《古赋辨体》、明许学夷的《诗源辨体》、吴讷的《文章辨体》、徐师曾的《文体明辨》等，不能说不是受严羽的影响。严羽辨体批评理论上承钟嵘《诗品》、殷璠《河岳英灵集序》，下启明许学夷《诗源辨体》。如蒋寅先生云：“许学夷《诗源辨体》为明代诗学集成之作。其学远宗严羽，近承胡应麟二家，而独树一帜者……论诗以兴趣、造诣为主，先正变而后深浅，先体制而后工拙。”[1]在中国古代辨体批评史上具有承前启后的重要地位和作用。

要之，某种意义上说，严羽《沧浪诗话》是以“辨体”为中心的诗论著作，诸如“妙悟”、“兴趣”、“以禅为喻”、“以盛唐为法”等核心概念范畴，或服务于“辨体”，或在“辨体”的构建、运用过程中产生。只因这些概念范畴对后人影响（如明高棅、前后七子；清王士禛、袁枚等）之光环越来越大，反而遮蔽了严羽初创时的本来面目和初衷，令“辨体”在其理论体系中的主导地位渐趋黯淡。现在重提以彰其重，并希望通过对其辨体批评理论的论述，能换一个视角来重新观照这部重要的诗学著作。

① 蒋寅：《金陵生小言》，广西师范大学出版社 2004 年版，第 132 页。

第二章 真德秀《文章正宗》“四分法”在中国古代文体分类史上的地位

中国古代文体分类学自其诞生之日起，其分类方法上便以分类和归类两种方法齐头并进。总集是文体分类的渊薮，以总集为代表的中国古代文体分类从六朝《文选》、《文心雕龙》到赵宋《文苑英华》、《唐文粹》、《宋文鉴》再到明代《文章辨体》和《文体明辨》等等，都显示了文体分类日趋繁复琐碎的事实。与此同时，化繁为简、由博趋约的文体“合并归类”也同时进行着，其中最为重要的便是《文章正宗》“辞命、议论、叙事、诗赋”的“四分法”了。它不但为宋元明清以来一些总集分类者所效仿，同时其在分类史上的丰功伟绩也早为古今学者所注意到并屡有表述。《文章正宗》“四分法”之简约的文体分类方式已与近现代三分、四分、五分、六分等方法有暗合之处。真德秀的文体学思想可以从两方面来看：一是从《文章正宗纲目》所体现出来的，一是从王应麟《辞学指南》和吴讷《文章辨体》中所引真德秀文体文献中体现出来的。

第一节　《文章正宗》"四分法"的历史地位和深远影响

总集是文体分类的渊薮，以四大总集（《文苑英华》、《唐文粹》、《宋文鉴》、《文章正宗》）为代表的宋人总集是继《文选》后中国古代总集编纂的高峰和成熟时期，同时也代表了中国古代文体分类学的成熟和高峰。对此，郭绍虞先生早就指出："总集与文体分类学是有密切关系的。"[①]文体分类学专家钱仓水则叙述得尤为详切："自此（指《文选》和《文心雕龙》），一千四百多年以来，总集与分类结下了不解之缘，历代的总集大都有文必类，按类选文。举例而言：《古文苑》（相传是唐人旧藏本）把自东周起到南齐止的诗文分为二十类；《文苑英华》（北宋李昉等编纂）将梁末至唐的诗文分为五十五类；《唐文粹》（北宋姚铉编纂）把唐宋诗文分为十六类；《宋文鉴》（南宋吕祖谦编纂）将北宋诗文分为六十一类；《元文类》（元代苏天爵编纂）把元代诗文分为四十三类；《明文衡》（明代程敏政编纂）将明初至弘治时的诗文分为三十八类……它们互相接续，衔接为一个连续而无间断的总集系统。这其间，虽然不断出现一些单独探讨分类的论述，但是基本上是一个分类理论（主要是诗文）围绕着总集而展开的趋向。"[②]

可以看出，以总集为代表的中国古代文体分类从《文心雕龙》

① 郭绍虞：《提倡一些文体分类学》，《复旦学报》1981年第1期。

② 钱仓水：《文体分类学》，江苏教育出版社1992年版，第178页。

33类、《文选》38类以及上述列举的例子中都显示了文体分类日趋繁复的事实。到了“集文体之大成”（罗根泽语）的明吴讷《文章辨体》和徐师曾《文体明辨》更是分别达到了58类和127类，其琐碎庞杂早已为人所诟病，如四库馆臣就称《文体明辨》之文体分类“千条万绪，无复体例可求，所谓治丝而棼者欤？”①

与此同时，化繁为简、由博趋约的文体“合并归类”也同时进行着，尽管未成主流，却也不绝如缕。其中最为重要的便是《文章正宗》“辞命、议论、叙事、诗赋”的“四分法”了。它不但为宋元明清以来一些总集分类者所效仿，同时其在分类史上的丰功伟绩也早为古今学者所注意到并屡有表述。如钱仓水在《文体分类学》一书中便独具慧眼并由衷赞叹：“采取了文体并类办法的，当首推宋代朱熹的再传弟子真德秀的《文章正宗》……就文体分类来讲，却确乎是一个大胆的、极有意义的，甚至是雷电般地令人耳目一新的归并，开了后世分门系类的先例。”②郭英德在《历代〈文选〉类总集的编纂体例与选文范围》一文中也说：“历代《文选》类总集在诗文中，兼收实用性文体、说理性文体、叙事性文体和抒情性文体。南宋真德秀编纂《文章正宗》，曾将文章归纳为四大类：‘曰辞命，曰议论，曰叙事，曰诗赋’，这是从文体的表现方式（即体式）着眼，对文体形态的宏观把握，应该说基本上概括了中国古代所谓或‘文’或‘文章’的实际构成状况。因此，历代《文选》类总集

① 吴讷：《文章辨体序说》，徐师曾：《文体明辨序说》，人民文学出版社1982年点校本，第177页。

② 钱仓水：《文体分类学》，江苏教育出版社1992年版，第179页。

均兼收这四大类文体。”[①]赵逵夫先生也称：“这是我国文体分类上的一个很大的进步，具有开创的意义。……因为像‘议论’、‘叙事’这样的完全从形式和反映生活的方式上高度概括的划分，此前确实还没有过。”[②]三者都是通过古今纵横比较而得出的结论，故而既具有权威性也令人信服，深刻道出了真氏“四分法”在中国文体分类史上的意义和功绩。

当然，自《文章正宗》诞生之日起，其简明的分类思想便已为人所称道。如宋李耆卿云：“真希元集《文章正宗》，分作四体：辞命也，议论也，叙事也，诗赋也，井然有条。”[③]再如明王立道云：

> 迨宋儒真德秀氏乃独于兹而究心焉。于是尽取古人之文……序以世次，体以类分，而总其凡例有四：为辞之不可以已也，故首之以辞命；为议之可以见天下之心也，故次议论；为古记事之别有史，故次叙事；为诗所以言志也，故以诗赋终焉。夫则其辞命可以明民法，其议论可以尽变效，其叙事可以核故模，其诗赋可以章志。四体具而天下之文无余法矣。[④]

明郑真云：“以为世之为文者不过议论、叙事两端，而贵于识体，体制不立而别出新奇可乎？或蹈袭成言，支离骩骳，将焉用

① 郭英德：《中国古代文体学论稿》，北京大学出版社 2005 年版，第 114 页。
② 赵逵夫：《中国文章分类学研究序》，《西北民族学院学报》2000 年第 1 期。
③ 李耆卿：《文章精义》，四库全书本。
④ 王立道：《具茨文集》卷 4，四库全书本。

哉？”[①]元刘壎则从《文选》、《唐文粹》、《宋文鉴》、《文苑英华》等总集分类碎杂之弊端着眼，与真氏四分法比较以见《文章正宗》分类之简明有法。其云：

> 古今类编诗文如梁之《文选》，唐之《文粹》，宋之《文鉴》，虽篇帙浩博，可以考见众朝文字之盛，然俱无统纪。至近世真文忠公编类《文章正宗》，分为四门：曰辞命，曰议论，曰叙事，曰歌诗。去取有法，始为全书，足以垂训不朽。[②]

最值得一提的是“集文体之大成者”吴讷历数历代总集之优缺点，最终独推《文章正宗》，并看到其“四分法”之义例精密，包罗众体的归类之功。如《文章辨体凡例》云：

> 文辞以体制为先。古文类集今行世者，惟梁昭明文选六十卷，姚铉《唐文粹》一百卷，东莱《宋文鉴》一百五十卷，西山前后《文章正宗》四十四卷，苏伯修《元文类》七十卷为备。然《文粹》、《文鉴》、《文类》惟载一代之作，《文选》编次无序……独《文章正宗》义例精密，其类目有四：曰辞命，曰议论，曰叙事，曰诗赋。古今文辞，固无出此四类之外者。[③]

---

① 郑真：《荥阳外史集》卷42，四库全书本。

② 刘壎：《隐居通议》卷13，四库全书本。

③ 吴讷：《文章辨体序说》，徐师曾：《文体明辨序说》，人民文学出版社1982年点校本，第9页。

上述众家或指摘《文选》以下总集（即郭英德所谓文选类总集）之"俱无统纪"、"编次无序"、"支离散散"的分体碎杂之弊，进而指出《文章正宗》四分法之"义例精密"，或云"以为世之为文者，不过议论、叙事两端"，或云"古今文辞，固无出此四类之外者"，都敏锐地看到了中国古代文体分类中"归类"和"分类"之间的矛盾，并深刻认识到真氏"四分法"的最大优点便是以四类或两类（即议论叙事）而能包罗所有文体，看到了这种分类方法无疑符合了分类原则中"穷尽性"的原则，甚至比上举现代文体学者解释说明得更加透彻，可以说是一针见血，说到真氏四分法优点的要害之处。

真氏四分法不但在理论上普遍为人们所认识所称道，最为重要的是，这种文体分类上的归类方法在实践中也影响深远，历宋元明清不乏效仿者。如元刘履《风雅翼》之《四库提要》云："其去取大旨本于真德秀《文章正宗》。"[①]元陈仁子《文选补遗》之《四库提要》云："盖与刘履选诗补注皆私淑《文章正宗》之说。"[②]如果说这还主要是在选文标准上因袭《文章正宗》，那么在"四分法"体例上则有明程敏政《新安文献志》，其选诗文"略依真德秀《文章正宗》之例，分类辑录"。[③] 黄宗羲《明文海》卷225之李维桢《新安文献续志序》也称："其大体次第，准真西山《文章正宗》，首辞

① 刘履：《风雅翼》四库提要，《四库全书总目》（下册）卷188，中华书局1965年版，第1711页。

② 陈仁子：《文选补遗》四库提要，《四库全书总目》（下册）卷187，第1703页。

③ 程敏政：《新安文献志》四库提要，《四库全书总目》（下册）卷189，第1715页。

命而以诗余附诗杂体之后。”[1]在清代,《御选古文渊鉴》亦“用真德秀《文章正宗》例”。[2]。其中最与“四分法”相契合者当属明王心所编《郴州文志》七卷。其《四库提要》云:“集古今之文为郴而作者,勒成此集,以辅郴志。其以命制、纪载、议论、咏歌四类分编,略仿真德秀《文章正宗》之例。”[3]虽然其“四分法”命名有所不同,但不难看出,命制即“辞命”,纪载即“叙事”,议论者同,咏歌即“诗赋”,大同小异,因袭之迹宛然。也就是说,真德秀《文章正宗》以“四分法”来归类并类的文体分类思想之功不可磨灭,但也非空谷足音,历宋元明清嗣响者亦不乏人乏集。当然,分类繁多还是中国古代文体分类史上的主流,归并归类法还难与之抗衡,这要等到现代文学之崇尚戏剧小说后的“四分法”才真正地把这种归类思想发扬光大。

中国古代文体分类学自其诞生之日起,其分类方法上便以分类和归类两种方法齐头并进。《文选》和《文心雕龙》分别是两种方法的代表和滥觞。作为中国古代文体学现存最完备、最重要的两部开山之作(按,我们这样说,是本着挚虞、任昉等文体著作的散佚不足为法来说的)。首先,《文选》之分类影响了“《文选》类总集”的编纂。如郭英德《中国古代文体学论稿》中称分类方法上以《文选》为蓝本的历代总集包括诸如《文苑英华》、《唐文粹》、《宋文鉴》、《元文类》等。其分类方法上的特点是随着历代文体日增,分类越来越细密繁多,即从《文选》之38类到《文体明辨》的

---

① 黄宗羲:《明文海》卷225,四库全书本。
② 《御选古文渊鉴》四库提要,《四库全书总目》(下册)卷190,第1725页。
③ 王心:《郴州文志》四库提要,《四库全书总目》(下册)卷192,第1749页。

127 类……而在此分类方法上，宋人四大总集便具其三，而且是继《文选》后最具典型代表的时代。《文章正宗》的排除其外，已显见其分类方法上的特立独行。当然，《文选》类总集的分类方法其源头在《文章缘起》83 体和《文章流别集》的分体繁杂。其次，《文心雕龙》中文体论部分之“颂赞”、“祝盟”、“铭箴”、“诔碑”、“哀吊”、“论说”、“诏策”、“檄移”、“章表”、“奏启”、“议对”、“书记”等“两两并举”的文体分类编排，显然是文体分类史上归类、合并方法上的典范。其分类方法上由博趋约、化繁为简的特点与《文选》类分类上日趋纷繁的方法并驾齐驱，全面体现了中国古代文体分类上的辩证思维方式。

但在中国文体分类史上，总集与分类关系最为密切，作为理论专著，《文心雕龙》归并法的影响明显难与《文选》相比，分类方式上仍是《文选》类总集占统治地位。只是到了清代才大有改观。正如钱仓水所言：“清代，为克服分体碎杂的弊病，许多总集采用了归并法，使分类由博返约，文体类别急遽下降。”[①]如储欣所编《唐宋十大家类选》分散文为六门三十类，六门为“奏疏、论著、书状、序记、传志、词章”。姚鼐《古文辞类纂》将散文分为十三类，即“论辩类、序跋类、奏议类、书说类、赠序类、诏令类、传状类、碑志类、杂记类、箴铭类、颂赞类、辞赋类、哀祭类”。二者文体类目与《文心雕龙》不但在名目上有重合之处，其分类方法上也如出一辙，而且类目多少上也未见更为简约。如果我们看到姚鼐是散文分类，去掉《文心雕龙》中的《明诗》、《乐府》、《诠赋》、《辨骚》，或

---

① 钱仓水：《文体分类学》，江苏教育出版社 1992 年版，第 180 页。

者说将其归并为“辞赋类”，再看其不录史子，去掉《文心》之史传诸子，再去掉杂文、谐隐等不明确之类，其分类与刘勰几无差别，并不像后人所鼓吹的那样，在文体归类上有多大贡献。其后，清吴曾祺《涵芬楼古今文钞》则因袭姚鼐，可视为《文心雕龙》归类一脉。《文心雕龙》这种归类方法上的源头最早当属曹丕《典论·论文》之“四科八体”之分，即“奏议、书论、铭诔、诗赋”两两相似文体的并列归并方法。这种归并方法不但在分类上可以化繁为简，而且具有深刻的辨体理论意味。

上述《文选》类分类上的渐繁和《文心雕龙》归类上的趋简，尽管从思维方式上一个是“分”，一个是“合”，但其分类方式上也即分类的基础都是以“文体”的体类或体裁为根据和依据。从某种意义上来说，这两种分类方式是大同小异，并且即便储欣和姚鼐等的归类也并未让分类数目上更趋于简约。这样来说，便要提到真德秀《文章正宗》的“四分法”。这种分类方法不但最为简约，某种程度上已接近了现代西方的“三分法”和中国现代文学分类上的“四分法”。其分类方式完全打破了以体类体裁划分类目的传统思维方式，而以文体的表达功能或者说表现方式来概括归并文类。也就是说，这种分类方式能“从文章内在因素、本质特征上分析概括”（赵逵夫语），确实具有“开创意义”（赵逵夫语），而且包尽诸体，即“古今文辞，固无出此四类之外者”。（吴讷《文章辨体凡例》）真氏《文章正宗》之“四分法”的“开创意义”也体现在他的“曲高和寡”上。如现代学者的两部文体学著作，其一褚斌杰《中国古代文体概论》一书在附录“古代文体分类”所选编的 20 种“我国历代主要文体分类方面的资料”中便独阙《文章正宗》。而郭英德《中国古代文体学论稿》中以历代“文选类”总集（包括宋代三大总集）为例分析归纳中国古代文体分类的理论，也排除了《文章正宗》。这一方面体现了《文章正宗》在文体分类史上与文选类总集之截然不同的鲜明特征，也从反面显示了其在中国文体分类史上的独立和不入流俗，进而显示了其分类方法上的重要和突出。

《文章正宗》的分类方法既有开创之功，后世也不乏嗣响。除了明王心编《郴州文志》分命制、纪载、议论、咏歌四门与真氏同出一辙外，清人李兆洛和曾国藩之“三门”法也大体依从真氏的分类方法。如李兆洛《骈体文钞》虽专选骈文与真氏《文章正宗》专选古文背道而驰，但其分“庙堂之制，进奏之篇，指事述意之作，缘情托兴之作”则与真氏“四分法”有相合之处，即二者都以文体的表现方式和表达功能相结合的方式选文。“庙堂之制”即“辞命”类，是“王言之体”；“进奏之篇”即“议论”，所谓的“告君之体”。而“指事述意之作”则包含议论和叙事两体，“缘情托兴之作”便可看作“诗赋”（我们可视诗赋为抒情，下文还有论述）。曾国藩《经史百家杂钞》之“著述门、告语门、记载门”三门也可如此分析。其告语门之上告下者即可视为“辞命类”之“王言之体”；“下告上者”即议论之“告君之体”；记载门即“叙事”，“著述门”含“论著类”、“词赋类”可视为议论和诗赋（抒情）的结合。二者在“三分法”（即三门）和分类方式上都无疑受到了《文章正宗》“四分法”的深刻影响，并真正地“化繁为简”了。

此外，《骈体文钞》和《经史百家杂钞》都于“三门”之外另列文体杂类，前者三十二类，后者十一类；前者可看作真氏《文章正宗》和《文选》类总集的分类方法上的融合；后者则可看作真氏《文章正宗》和《文心雕龙》两种归并法的融合。（按曾国藩《经史百家杂钞》于姚鼐之十三类"稍更易为十一类"，"论次微有异同，大体不甚相远"。）①二者之分类融合之法，当有感于吴讷《文章辨体凡例》所言，即一方面赞叹其"义例精密"，"其类目有四"，"古今文辞固无出此四类之外者"；一方面又不满于其"每类之中，众体互出，欲识体而卒难寻考"，遂采用文选类总集的分类方法。可见，李兆洛和曾国藩有鉴于此，于是采取了上述所谓的"折衷"之法，于三种分类方法之短长各有所取，而成第四种分类方法，或者说第五种分类方法。

第二节　《文章正宗》"四分法"的分类特点

真德秀《文章正宗》之"辞命、议论、叙事、诗赋"四分法在分类原则上既有矛盾之处，却也正是其合理和优势所在。其"四分法"之简约的分类方式已与西方"三分法"和近现代四分、五分、六分等方法有暗合之处。真氏"四分法"有继承前人之处，更多的是其独特的开创之功，其影响也至为深远。

《文章正宗》虽仅"四分法"之简明扼要，但却是融合了功用性分类、功能性分类和形态性分类于一体的分类方法，在分类原则上有很大矛盾。议论、叙事属于从表达方式上着眼的功能性分类。关于功能性分类，朱艳英在《文章写作学文体理论知识部分》

---

① 曾国藩：《经史百家杂钞·序例》，岳麓书社 1987 年版，第 1 页。

之“文体的分类方法”指出：“功能性分类，就是根据文章表达功能的特点来划分文体。这是文体分类最主要最基本的方法。所谓表达功能，主要指文章反映社会生活的具体方式，如记叙、议论、说明、抒情、描写……功能性分类自宋代以后逐渐地被人们所采用，并且成为现代文体分类的主流。如清储欣《唐宋十大家类选》分文体为六门三十类。曾国藩《经史百家杂钞》分为三门十一类。”①其所云“宋代以后逐渐地被人们所采用”之“宋代”当指《文章正宗》之四分法。而所谓“成为现代文体分类的主流”虽所言无错，但在中国古代文体分类史上也仅上举寥寥数家，未成主流，还不能与《文选》类和《文心雕龙》类的分类方法相抗衡。“辞命”类则属功用性分类。所谓功用性分类，“就是根据文章不同的实际功用来划分文体，它能揭示文体在实际功用上的特征，多用于应用性的分类。文章的实际功用，主要指它的特定应用场合、领域和具体读者对象”。② 如公牍文中的上行文、下行文、平行文等。辞命乃“王言之体”，是典型的“下行文”。而“议论”中多为“告君之体”，其实便是“上行文”。“诗赋”类则是以文体样式、体裁、形态来分类划分的，这无须多说。

真氏的这种集多种分类方法于一体的做法虽然违背了现代文体分类的“单一性”和“排他性”原则，但在中国古代文体分类的复杂态势中却显得甚为合理。所谓单一性，“是指在一个文体分类系统中，分类标准只能有一个，并须前后贯一，不允许同时存

---

① 朱艳英：《文章写作学文体理论知识部分》，东北师范大学出版社 1991 年版，第 24 页。

② 同上书，第 27 页。

在两个以上的分类依据。……就是在一个分类系统中,任何一级分类都必须使用同一个分类标准。这是保证文体分类的单源性和统一性的重要基础。它是文体分类最重要的规则。违反这个规则,文体分类就不能正确揭示文体系统内部的固有层次和内在联系。文体分类中的许多问题,都同破坏这一规则有关”。[①] 显然,若按此文体分类原则来看,真氏《文章正宗》的分类方法是不科学的。不过这是现代文体分类学的一个原则,而赵逵夫先生认为,“我国的文体分类问题比较复杂”,“除了分类学的一般原则之外”,应考虑“将功用与表现方式结合起来考虑。用单一的标准来划分,总会遇到一些不好解决的问题”及“应采用多级分类的方法”等,[②]确为公允全面之论。真氏的确遵守体现了这种主张,这也是赵逵夫先生在大量总结我国古代文体分类方法后的甘苦之言。尤其他在列举了《骈体文钞》和《经史百家杂钞》的文体分类之后分析道:“这个划分比以前各种分类方法都清楚,逻辑上也比较严密。”我们已经在上面分析了李兆洛、曾国藩分类与真德秀的关系,而赵逵夫先生也同样是极力称许《文章正宗》“四分法”的。

真氏“四分法”“是我国文体分类史上的一个很大的进步,具有开创的意义”(赵逵夫语)。尤其是表现在以“议论”、“叙事”分类,“因为像议论、叙事这样的完全从形式和反映生活的方式上高度概括的划分,此前确实还没有过”(赵逵夫语),因而“确乎是一个大胆的、极有意义的、甚至是雷电般地令人耳目一新的归并,开

① 朱艳英:《文章写作学文体理论知识部分》,东北师范大学出版社 1991 年版,第 28 页。

② 赵逵夫:《中国文章分类学研究序》,《西北民族学院学报》2000 年第 1 期。

了后世分门系类的先例”。①

真氏“四分法”是对前人融合地继承。先说“辞命”。辞命之“王言之体”是上行文,而议论多为“告君之体”,可视为“下行文”,这种功用性的划分,在我国最早的文体研究论著《独断》中便首开其例。“从现存资料来看,有关文体研究的论著,当以蔡邕《独断》为最早。”②《独断》的文体分类是“以参照授受对象上划分”,“或自上而下”,“或自下而上”。其自上而下者,即“下行文”(王言之体),就是皇帝发布的诏书,有四:策、制、诏、戒。其自下而上者,即“上行文”(告君之体),是“大臣呈递的章表书记”,亦有四:章、奏、表、驳议。再说“诗赋”。中国最早的目录书《汉书・艺文志》继承刘向、刘歆父子之《七略》、《七录》,便划分有“诗赋略”,这是最早以“诗赋”并类划分文体的例子。其后《文选》以文体体类“类聚区分”和《文心雕龙》的文体并类区分都为《文章正宗》“诗赋”之所本。

其次,得益于曹丕《典论・论文》文体“四科”的文体并类模式。真氏“四分法”最直接的渊源当属曹丕的文体“四科”之分。曹丕《典论・论文》中说:

> 夫文本同而末异。盖奏议宜雅,书论宜理,铭诔尚实,诗赋欲丽。此四科不同,故能之者偏也。唯通才能备其体。③

---

①　钱仓水:《文体分类学》,江苏教育出版社1992年版,第180页。

②　跃进:《独断与秦汉文体研究》,《文学遗产》2002年第5期。

③　曹丕:《典论・论文》,郁沅、张明高编选:《魏晋南北朝文论选》,人民文学出版社1996年版,第13页。

真氏“四目”与曹丕“四科”名异实同，深为契合。在文体类目和数量上，曹丕并非说只认识到上述四科八体，这应该只是他对文体类目的一种简略的概括方式，就像真氏“四目”一样。可以这样说，“奏议”乃朝廷应用文字，也即“辞命”；其“宜雅”也即真氏要求辞命有“深纯温厚”之旨和近于古雅；“书论”也便是“议论”之“谏争论说”和“书记往来”者；“宜理”即“议论”之或“发明义理”、或“专析治道”也；“铭诔”便是“叙事”之“碑志事状”之属，即碑传墓铭之属。《文心雕龙》也以“诔碑”联名归类，“碑铭”联名都属常见，以叙事为主；“尚实”也正是真氏“叙事”所谓“昉于汉司马氏”，《史记》之创作原则便是“实录”；而所谓“典则简严”也即“尚实”的意思。“诗赋”则名称全然相同，其“欲丽”也即真氏所云“悠然有自得之趣也”。不难看出，其分类次序都完全相同，沿承之迹宛然。对此，赵逵夫先生已慧眼独具，《中国文章分类学研究序》云：“他（真德秀）立为四目，也可能受到曹丕《典论·论文》的启发，但主要应是他个人创造性思维的结果。”[①]当然，诸如目录学中“经史子集”四分法，孔门“德行、言语、政事、文学”四科，以及《诗经》“风雅颂”三分的简约分类方式都可能对真氏《文章正宗》的“四分法”有所启迪。

真氏“四分法”已与中国近现代文学分类中的三分、四分、五分、六分法等方法相契合。其“辞命”属朝廷应用公文，故可视为应用文；“诗赋”则是典型的抒情文学文体，可视为抒情文。这样其“四目”便可以“应用、议论、叙事、抒情”来表述。“外国文学分

① 赵逵夫：《中国文章分类学研究序》，《西北民族学院学报》2000 年第 1 期。

类尽管五花八门，有不少名堂，但始终运用不衰并被普遍接受的却是一种文学三分法。”[①]即“叙事类、抒情类、戏剧类”。这种分类方法对中国现代文体分类影响深远。如查良铮就完全支持此分法。而蔡仪主编《文学概论》也采用此三分法。其后四分、五分、六分等虽各有不同，但总体是围绕这个模式来展开的。如龙伯纯《文字发凡》之分记事文、叙事文、解释文、议论文；董鲁安《修辞学》之分论辩文、疏证文、叙记文、描写文；叶圣陶《作文论》之分叙述文、议论文、抒情文；蒋伯潜、蒋祖怡《体裁与风格》之分议论、说明、记叙、描写、抒情；朱艳英《文章写作学・文体理论知识部分》之分记叙文、议论文、说明文、抒情文、描写文，等等，都是受到西方“三分法”和真氏“四分法”共同影响的结果。不过，在近代西方文艺思潮强烈冲击中国传统文化文学壁垒的契机下，中国现代文体分类当更直接受西方三分法的影响。尤其《文章正宗》以“明理致用”为选文标准的理学家眼光，或许更不为受西学濡染的现代学者所注意和认识。但不管怎样，八百多年前中国古代传统文体分类方法中“议论、叙事”分类方式的产生，让我们不可盲目地把近现代文学分类方法都归功于西方三分法是毋庸置疑的。当然，在中国文体分类史上占统治地位的“小说、戏剧、诗歌、散文”之“四分法”，显然也是古今、中西合璧的产物。“诗歌、散文”是中国传统的诗文二分法，而小说、戏剧在中国传统分类中没有任何位置，是近代西方文艺思潮引入中国才出现的，更多地受到西方文艺思潮中“三分法”的冲击和影响。

---

① 钱仓水：《文体分类学》，江苏教育出版社 1992 年版，第 184 页。

第三节 真德秀及《文章正宗》的文体学思想

真德秀的文体学思想可以从两方面来看:一是《文章正宗纲目》所体现出来的,一是王应麟《辞学指南》和吴讷《文章辨体》中所引真德秀文体观念的文献中体现出来。

首先,看《文章正宗纲目》:1. 像大多数总集选本和文体著作一样,《文章正宗》的编选宗旨也是为了指导写作,即所谓"欲学者识其源流之证也"(序言),"学者欲知王言之体"(辞命),"学者所当取法、学者之议论"(议论),"以为作文之式"(叙事),"为诗之根本准则","则其为诗不期于高远而自高远矣","读者以是求之(诗赋)"[①]云云。2. 鲜明的辨体观念。辨源流正变,即"正宗云者,以后世文辞之多变,欲学者识其源流之正也。……二书所录果皆得源流之正乎?"这也可以说是其编选宗旨。辨古今、古律,即"其体本乎古","至偶俪之作兴而去古益远","至律诗出而后诗之古法始皆大变矣","择其近于古者各为一编","律诗虽工,亦不得与焉"云云。故而真氏之辨源流正变,也即其编选体例上只取古文、古诗,而不取骈文、律诗。辨雅俗,即"其不合者,则悉去之,不使其接于胸次,要使方寸之中无一字世俗语言意思,则其为诗不期于高远而自高远矣"。后面称两汉诏册"深厚尔雅"云云。3. 遵循刘勰之"原道、征圣、宗经"说。如"夫士之于学,所以

---

① 真德秀:《文章正宗纲目》,陶秋英编选、虞行校订:《宋金元文论选》,人民文学出版社 1984 年版,第 378—381 页。

穷理而致用也”，“故今所辑以明义理切世用为主”，“他所纂述，或发明义理，或专析治道”，“此编以明义理为主”，“三百五篇之诗，其正言义理者”，“即所谓义理也”云云，是为原道。如“学者之议论一以圣贤为准的”云云，是为“征圣”。如“其指近乎经者”，“大抵以六经、语孟为祖”云云，是为“宗经”。不难看出，这是刘勰《文心雕龙》文体理论之原道、征圣、宗经的嗣响。4. 重视性理也关注现实，高谈性命也不废性情。如云“穷理而致用”，“以明义理切世用为主”等，其所谓“切世用”更多指重视“王言之体”的撰述职责，认为“文章之施于朝廷布之天下者，莫此为重”，故国之重臣要知“王言之体”，“告君之体”以及针对“有志于史笔者”而言的。真氏虽以理学家的眼光选文，但也重视诗文的艺术和情感特征。如“取左氏、史汉叙事之尤可喜者”，“然其间兴寄高远，读之使人忘宠辱、去系吝，悠然有自得之趣”，“盖不必专言性命而后为关于义理也”等等，大异于后人所讥之面目可憎的道学家形象。5.《文章正宗》所选文体统计。吴讷在称赏真氏“四目”、“类目有四”之后，又说“然每类之中，众体并出，欲识体而卒难寻考”。下面我们先列纲目所举文体，然后逐篇“寻考”其文体数目种类。辞命：纲目中有六辞（辞、命、诰、会、祷、诔），考之书有三（诰、誓、命），汉世有制、有诏、有册、有玺书、谕诰、应对。选文中计有说、语、对、答、告、谕、书、论、责、争、会、盟、辞、命、诏、策、问策、赦、玺书等。议论：纲目中提到语言问答、谏争论说、上书、疏、封事、书记。选文中计有言语对答、谏争论说、书、议、告、戒、规、原、读、解、辨、说、让、申、贺、责、奏、表、上书、疏、对策、封事、赞、移、赠序等。叙事：纲目中提到的有志记、碑志事状、记序传志。选文计有本末、自叙、问对、传、碑铭(神道碑铭、庙碑、墓志铭、墓志、墓铭、圹铭)、行状、逸事状、记、序(后叙、赠序、送序、诗序、集序)等。诗歌:纲目中提到的有诗、楚辞、赋、箴、铭、颂、赞、郊庙乐歌、琴操。选诗中唯去诗。6.《纲目》中"四目"基本以刘勰"原始以表末、释名以彰义、选文以定篇、敷理以举统"的文体研究思路来叙述。如"辞命"。其名称源于周官太祝作六辞,六辞之首即曰辞、曰命;其功能是"以通上下亲疏远近";辞命即"王言之制"。然后对诰、誓、命释名以彰义,并列举《尚书》之篇章以见其名称由来。接着指出所以录汉世王言而不取魏晋以降的原因,也就是辞命要"深纯温厚"而不要文辞猥下和骈偶去古,"书之诰、誓、命"深得其体,为此文体写作规范,故以其"为祖"。如议论。首先对"议论之文"进行解释,如"初无定体","凡秉笔而书,缔思而作者皆是也"。追原至六经、语孟、《尚书》、《春秋》以及先汉以后之文。议论之文要"华实相副,彬彬文质",要以圣贤之文、六经语孟为作文规范。如叙事。其源起于古史官,其体有二。原始则云"有纪一代之始者","有纪一事之始者","有纪一人之始者";表末则云"后世本纪似之,后世志记之属似之,后之碑志事状之属似之"。其文体规范则要以"典则简严"者为作文之式,"春秋大义"者则参之史迁诸书。如诗赋。从"古者有诗"叙其原始,楚辞、赋则为其变体,接着以朱子言"古今之诗凡有三变"的诗歌发展史明确诗之原始表末。最后以诗要得性情之正,但更要具"自得之趣""兴寄高远"的艺术情感特征才得诗之体作结。7.《文章正宗》的编纂体例大体有如下几点。其中有几点吴讷《文章辨体凡例》中已经指出,即:(1)"故西山真氏前后《文章正宗》,凡《太极图说》及《易传序》、《东西铭》、《击壤诗》等作，皆不复录。”(2)历代制册诏诰，盖皆王言。《文选》、《文章正宗》，止书世代而已。(3)考之《文章正宗》，凡同时及年近诸大老之作，皆不敢录，以避去取之嫌。(4)西山《文章正宗》凡变体文辞皆不收录。此外还有：(5)只录古文、古诗，不取骈文、律诗。(6)不录经史子，但录《春秋》内外传。所谓不录经，如“《尚书》诸篇，圣人笔之为经，不当与后世文辞同录”。(辞命)“然圣贤大训，不当与后之作者同录”。(议论)“今惟虞夏二歌与三百五篇不录”。(诗赋)吴讷《文章辨体》之古歌谣辞亦云：“按西山真氏辑《文章正宗》，凡古文辞之载于经，圣人所尝删述者，皆不敢录。”[①]所谓不录史，如“今于书之诸篇与史之纪传皆不复录”。(叙事)所谓不录诸子，唯录《春秋》内外传则开总集选文之先河。此外，辞命只录汉以前，议论、叙事、诗赋只录唐以前。

真德秀的文体学思想还散见在宋王应麟《辞学指南》和明吴讷《文章辨体》这两部著名的文体论著中。二书引述真氏有关文体观念的文献颇多，其所蕴含真氏的文体思想也颇丰富，既与《文心雕龙》之“原释选敷”的文体思路相契合，也有深刻的辨体思想。下面分别论述之。

首先看其辨体观念。或辨相近文体间的界限，如《辞学指南》“赞”条云：“西山先生曰：赞颂皆韵语，体式类相似。赞者，赞美之辞；颂者，形容功德。然颂比于赞，尤贵赡丽宏肆。”[②](948—337

① 吴讷著、于北山点校：《文章辨体序说》，人民文学出版社1982年版，第19页。

② 王应麟：《玉海》附《辞学指南》，台湾商务印书馆影印文渊阁四库全书本。按下引此书只标页码，不再出注。

页)“箴”条:“西山先生曰:箴铭赞颂虽均韵语,然体各不同。箴乃规讽之文,贵乎有警戒切劘之意。”(938—328 页)“檄、露布”条:“西山先生曰:檄、露布乃军中文字,檄贵铺陈利害,感动人意。”(948—326 页)“西山先生曰:露布贵奋发雄壮,少粗无害。不然则与贺胜捷表无异矣。”(948—323 页)“序”条:“西山先生曰:序多以典籍文书为题,序所以作之意。此科所试,其体颇与记相类。”(948—340 页)或辨不同文体间的差别,如“记条”:“西山先生曰:记以善叙事为主,前辈谓《禹贡》《顾命》乃记之祖,以其叙事有法故也。后人作记未免杂以论体。”明确别析记与论体的不同。或辨析同一体内因应用场合、对象、用途的不同而文体规范的不同。如“表”条:“西山先生曰:表章工夫最宜用力,先要识体制,贺谢进物,体各不同。”(948—310 页)“且如进书表,实录要见实录,不可移于日历,国史要见国史,不可移于玉牒,乃为工也。”(同上)按此条在《辞学指南》中未标是真德秀所言,吴讷《文章辨体》则归于真氏。通过对比可以看出,吴讷《文章辨体》所引真德秀言论基本出于《辞学指南》。

其次,像所有文体理论著作一样,真氏论文体也重视文体的写作规范,即刘勰“敷理以举统”方面。上面所述之辨体观念都是结合各体的文体规范即得体、大体来谈的。其他如:“盖十二体各有规式,曰制、曰诰,是王言也。贵乎典雅温润,用字不可深僻,造语不可尖新。”(948—290 页)其他如论文体源流,即原始以表末,“诏”条:“西山先生曰:王言之体,当以书之诰、誓、命为祖而参以两汉诏册。”(948—302 页)

可以看出,真德秀所论文体诸如赞、颂、箴、铭、记、序、檄、露布、诏、诰、制、表等多为宋代“博学宏辞科”所试之十二体。这一方面和其“博学宏词科”出身有关，而王应麟为其私淑弟子，亦辞科出身，故而其有关文体观念文献赖以《辞学指南》得以保存。而其“四目”特重辞命而以“辞命”列为其首也与此不无关系。

最后，《文章正宗》之总集选本与文体序题相结合的著述体例，开后世文体序题与总集选本相结合的先河。前此以挚虞《文章流别集》和《文章流别论》为滥觞，但惜全书已佚，难见全貌。我们知道，《文心雕龙》虽为集大成文体理论的开山之作，但其书为文学理论专著，虽“选文以定篇”，但仅列篇目，且过于简略。在这方面，《文选》可以说正补其不足。关于总集类，《文选》、《文苑英华》、《唐文粹》等虽然书前俱有序言，叙述编纂宗旨、选文标准等，但一方面序言中并未分体，一方面关于文体理论方面的论述几无。这当然也囿于其分体繁杂的著述体例。只有到了《文章正宗》，《纲目》中分文体类目为四，不但详述编纂宗旨，选文标准，并对“四体”俱以刘勰“原释选敷”的文体研究思路进行详细的文体理论方面的概括论说，真正地将序、题结合起来，成为后世文体总集之文体理论与总集选本结合体例的典范。其后，王应麟《辞学指南》、《玉海·艺文》，陈仁子《文选补遗》，元祝尧《古赋辨体》，明吴讷《文章辨体》，徐师曾《文体明辨序说》，贺复征《文章辨体汇选》等文体总集无不受其影响。真德秀《文章正宗》著述体例对吴讷、徐师曾两部“集大成”（罗根泽语）的文体总集著作影响尤巨，仅此便可确立其在中国古代文体学史上不可替代的重要地位。

第三章 王应麟《辞学指南》暨《玉海·艺文》的文体学思想

作为“集文学之大成”的“天下奇书”,①(《元刻玉海序》)王应麟《辞学指南》暨《玉海》(下简称《指南》)在文化历史、政治制度、文学文献等方面的学术价值早已为古今学人所研究关注,但其文体学思想及其在文体学发展史上的贡献却鲜为人知,也未见有人专门研究。其文体学思想主要体现在:首先,对所著录的大量文体,两书均依刘勰“原释选敷”这一文体研究方法进行阐述。不但有“综罗文献”之功,而且出之己论,具有自己独特的文体学思想。其次,在对现在公认的宋以前文体学家诸如蔡邕、挚虞、任昉、刘勰、萧统等的文体学观点进行集中网罗列举之中,既可以透视出王氏鲜明的文体学意识,也能从中清晰地总结出宋前的文体学发展史。不但如此,王氏对本朝文体学家诸如倪思、楼昉、朱熹、真德秀、吕祖谦等文体观点的大量引述,一方面可看出王氏综合古今的融通的学术思想,一方面也成为我们集中了解宋代文体学的一个窗口。王氏丰富的文体学思想的构建和形成,与其“综罗文献”的史学思想,师承朱熹、吕祖谦、真德秀等通儒硕学,以及以“博学宏词科”出身为荣耀等学术背景都有很大关系。

---

① 王应麟:《玉海》,江苏古籍出版社、上海书店 1987 年影印本。

第一节　《玉海》、《指南》的文体研究思路及其丰富的文体概念范畴术语和鲜明的辨体理念汇聚

《辞学指南》选论文体十二种，包括制、诰、诏、表、檄、露布、箴、铭、记、赞、颂、序。《玉海·艺文》及全书所论文体计有：记、志、传、录、诗、赋、箴、铭、颂、檄、露布、论、序、赞、封禅、誓、诏策、令、奏疏、七、连珠、百一、册、碑铭、铁券、德音、笏记、玉牒、玺书、封事、封禅等三十余种。《玉海》、《指南》的文体思想体现在三方面：一是对各文体的评述都依《文心雕龙》"释名以彰义、原始以表末、选文以定篇、敷理以举统"的文体研究思路；二是丰富的文体理论范畴和术语汇聚，形成了继《文心雕龙》以后最具文体理论特色的文论体系，并具有很高的文体文献学价值；三是不但有"综罗文献"的荟萃之功，而且有"会集群言以己意发之"的创造价值。以下详论之。

（一）"原释选敷"的文体研究思路

我们知道，刘勰《文心雕龙》文体论的研究思路和方法就是对"明诗"至"书记"二十篇文体用"原始以表末，释名以彰义，选文以定篇，敷理以举统"作为纲领和研究方法，这也成为后世文体研究的圭臬。《辞学指南》和《玉海·艺文》的文体学思想正是依此体现出来的。下面我们以《辞学指南》中"檄"、"箴"两体为例，见其大概。[①]

---

① 王应麟：《玉海》附《辞学指南》，台湾商务印书馆影印文渊阁四库全书本。按下引此书不再另注。

檄

释名以彰义：檄，军书也。《祭公谋父》所谓威责之令，文告之辞。

原始以表末："东莱先生曰：晋侯使吕相绝秦，檄书始于此。然春秋之世，郑子家使执讯与书以告赵宣子，晋之边吏责郑王使，詹伯辞于晋王，子朝使告诸侯，皆未有檄之名。战国时张仪为檄告楚相，其名始见。汉有羽檄，自相如之后，檄书见史册者不可胜纪。"接下来对"檄"之语体用四六或散体作了说明，并在最后小字注云："《说文》曰：檄，激也。《文心雕龙》曰：檄，皦也；宣布于外，皦然明白。"进一步对"檄"体之"释名以彰义"作补充。

敷理以举统：刘勰《文心雕龙》曰：祭公谋父称文告之辞，即檄之本原。战国始称为檄。凡檄之大体，或述此休明，或叙彼苛虐，指天时，审人事，算强弱，角权势，标蓍龟于前验，垂鞶鉴于已然，谲诡以驰旨，炜晔以腾说，故树义扬辞，务在刚健；插羽以示迅，不可使辞缓；露板以宣众，不可使义隐；必事昭而理辨，气盛而辞断，此其要也。……西山先生曰：檄、露布，乃军中文字。檄贵铺陈利害，感动人意。……李充曰：檄不切厉则敌心陵，言不夸壮则军容弱。

选文以定篇：下依次录野处洪公作《告契丹诸国及中原檄》，唐李商隐《檄刘稹》，袁豹《伐蜀檄》，柳子厚《伐黄贼牒》。

箴

释名以彰义：箴者，谏诲之辞，若针之疗疾，故名箴。

原始以表末：《文心雕龙》曰：夏、商二箴，余句颇存。夏箴见于《周书》文传篇，商箴见于《吕氏春秋》名类篇。周辛甲为太史，命百官官箴王阙，虞人掌猎为箴。汉扬雄拟其体为十二州、二十五官箴。后之作者咸依仿焉。隋杜正藏举秀才拟《匠人箴》，拟题肇于此，唐进士亦或试箴。

选文以定篇：录周《虞人箴》一篇。

敷理以举统：东莱先生曰：凡作箴须用"官箴王阙"之意，各以其官所掌而为箴辞。……西山先生曰：箴铭赞颂虽均韵语，然体各不同：箴乃规讽之文，贵乎有警戒、切劘之意。……箴者，下规上之辞，须有古人风谏之意。

我们上举两例还是比较简略的，其他各体如制、表等王言之体则更为详尽。显而易见，《指南》与《文心雕龙》在文体的研究路子上极为相似。其不同之处有三：(1)在选文定篇上，《文心雕龙》是只列篇名作者，并多与原始表末混而论之。而《指南》则选列典型代表的篇章全文录出，虽然篇数不多，且多为宋人博学宏词科的应试程文，但此体例已接近或者说吸收了挚虞《文章流别志论》的做法，即"选"与"论"结合，所谓"《文章流别志论》与其《文章流别集》为花开并蒂"[1]云者。并且受宋人评点风气的濡染，在许多选文中夹批有许多精到的点评作文之法。(2)不但选文定篇多以宋人中辞科之优者为例，最有特色的是，在论述写作规范以及文体理论上，不但综罗前人文献，还更多地引述宋人本土文体理论诸如朱熹、吕祖谦、真德秀等名儒硕学的言论成果，显示出浓郁的宋人文体特征和某种体系来。(3)由于作为应试指南，故于每体中对写作技巧细节上尤为重视。如"表"体中不但于

① 罗根泽：《中国文学批评史》，上海古籍出版社1984年版，第159页。

“选文”中夹批评点，用大篇幅讲眼目、破题、开头、结尾等关于作文谋篇布局等，已如清人作八股文之程式，而且以起联、窃以用事、推原、铺叙形容、用事形容、末联等，分章节大量列举诸如吕祖谦、真德秀、倪思、周必大、洪迈等词科之优秀者的优秀例句来示范，最后又在每体末尾列“题”，即此文体的历年题目名称供人揣摩准备。如此等等，像其他应试的兔园册子一样，把文体著作和总集选本指导写作的功能发挥得淋漓尽致。

《指南》论文体仅十二种，如果说由于文体数量的局限还难成体系的话，那么《玉海・艺文》所论列三十余种文体则可作为补充，而且《玉海・艺文》中有一些与《指南》十二体的重合文体，可互相参照。《玉海・艺文》中论述文体也基本按“原释选敷”的文体研究路子来写，但与《指南》又略有不同。下面以“赋”体为例，见其大概。

赋

释名以彰义：《文章流别论》曰：赋者，敷陈之称。《释名》曰：敷布其义谓之赋。

原始以表末、选文以定篇：下列汉诗赋五种，汉司马迁赋、相如赋、扬雄赋、两都赋、二京赋等；魏赵都许都洛都赋；晋三都赋、扬都赋、中兴赋、南郊赋等；唐述圣赋、清暑赋、含元殿赋、大明赋、海潮赋等；宋乾德五凤楼赋、端拱事类赋、淳化东西京赋、咸平宋都赋、祥符皇子冠礼赋、元丰汴都赋、绍兴三都赋、淳熙明堂赋等。可见以时代先后为顺序来原始表末，于每赋下不录全文，而是简介作者及其写作背景等。

敷理以举统：《文心雕龙》曰：赋者，受命于诗人而拓宇于楚辞也。……此立赋之大体也。《流别论》曰：古诗之赋，以情义为主，以事类为佐；今之赋以事形为本，以义正为助。情义为才，则言省而文有例；事形为本，则言富而辞无常。文之烦省，辞之险易，盖由于此。盛览问司马相如以作赋，相如曰：合綦组以成文，列锦绣而为质，一经一纬，一宫一商，此赋之迹也。赋家之心，苞括宇宙，总览人物，斯乃得之于内，不可得而传。

若说其"释名以彰义"和"敷理以举统"仅有"综罗文献"和汇聚文体史料的价值，那么"原始以表末和选文以定篇"的混合部分则大不相同。这部分不但是《玉海·艺文》中每一文体的主干内容，而且每体以上古、汉、魏、晋、南北朝、唐、宋之时代顺序为经，以典型的作家作品为纬，清晰地昭示了此种文体的发展源流脉络，无疑具有了分体文学史及著名作家作品论的性质。其文献史料学的价值尤为珍贵，值得深入研究。这与《文心雕龙》极为相似。如《文心雕龙》"自《明诗》以下二十篇文体论中的原始以表末、选文以定篇部分，系统介绍了各体文章的源流和作家作品，带有分体文学史性质"。[①]

（二）丰富的文体概念范畴术语和鲜明的辨体理念汇聚

吴承学先生指出，"'辨体'的辩证思考和'文体'的含义疏解"是中国古代文体学学科的"基点"和"起点"。[②] 说明了文体概念术语群和辨体理念的丰富与否是判断一部著作是否是文体理论著作或成熟的文体理论的基本准则。在这点上，《文心雕龙》和

① 王运熙、杨明：《魏晋南北朝文学批评史》，上海古籍出版社1989年版，第378页。

② 吴承学、沙红兵：《中国古代文体学学科论纲》，《文学遗产》2005年第1期。

《辞学指南》可以说是中国古代文体学专著的双璧,前后辉映。

先看文体概念范畴术语。作为“文体理论”的集大成者,《文心雕龙》一书中的文体概念术语丰富多姿。据粗略统计,诸如文体、体制、体式、大体、得体、失体、讹体、谬体、正体、变体、体要、异体、结体、体慢、体乖、体约、立体、体性、篇体、体义、体芜、体类、本体、体势、体周、体赡、别体、摹体、体清、八体、昭体、体气、常体、杂体、略体、繁体、位体、和体、旧体、成体、包体、体植、兴体、比体、赋体、体貌、六体、异体、互体、为体、圣体、体统、一体、实体、解体、体疏、成体等等概念术语合计约出现150余次,可谓琳琅满目,也成为确立刘勰《文心雕龙》文体论著集大成地位的标志。[①] 后世唯一承其衣钵并可与之并肩而论的便要数《辞学指南》了。据统计,诸如文体、体制各出现12次,体式5次,体则2次,大体4次,得体5次,失体4次,加上其他诸如体格、体正、体归、失其体制、害大体、昧于体制等等多达70余次。也就是说,仅从文体概念术语的繁多来看,也足以证明《辞学指南》鲜明的文体学著作特征了。

再看辨体理念。《文心雕龙》二十一篇文体论可谓篇篇辨体。《辨骚》、《明诗》自不必说,从名称上已自看出。而其他如颂赞、箴铭等两两相近文体并列论述,便是典型的辨别相近文体之间的同异界限。如云“颂”,“敷写似赋,而不入华侈之区;敬慎如铭,而异乎规戒之域”。(《颂赞》)“碑”,“其序则传,其文则铭”,“夫碑实铭器,铭实碑文,因器立名,事先于诔。是以勒

① 参见刘勰著,范文澜注:《文心雕龙注》,人民文学出版社1978年版。

石赞勋者,入铭之域;树碑述已者,同诔之区焉。”(《诔碑》)诸如此类。此外,如“敷理以举统”中的大体、大略、大较等文体规范也都属于辨体内容。

吴承学先生指出,辨体的“主要功能和目的在于‘划界限’和‘比高下’,即通过对某一体裁、文类或文体之一定的内在质的规定性掌握,划分各种体裁、文类或文体之间的内外界限,划分各种体裁、文类或文体内部的源流正变的界限,并分别赋予高下优劣的价值判断和价值评价”。这种辨体理念在《辞学指南》里也在在皆是。如“表”——“西山先生曰:表章工夫最宜用力,先要识体制。贺谢、进物,体各不同”。“且如进书表,实录要见实录,不可移于日历;国史要见国史,不可移于玉牒,乃为工也”。“进书一门,诸书体制不同。玉牒乃纪大事之书,国史乃已成纪传之书,实录乃编年之书,宝训则分门,日历则系日,会要则会粹,各是一体。若出进玉牒表,须当纯用玉牒事,不可以他事杂之”。“记”——“西山先生曰:记以善叙事为主。前辈谓《禹贡》《顾命》乃记之祖,以其叙事有法故也。后人作记,未免杂以论体”。其他如“颂”——“金楼子曰:班固硕学,尚云赞颂相似”。“序”——“西山先生曰:其体颇与记相类”,等等,或于一体中因功用不同而辨析“同中之异”;或于不同文体间辨析其“异中之同”,辨体理论颇为丰富多变。

进而再看,《小学绀珠·艺文类》卷四中的文体概念。虽云“小学”,但正体现出“文体”对初学写作者的重要。从中也能见出文体之丰富。如五题:赋、诗、制、书、批答。诗二十四名:赋、颂、铭、赞、文、诔、箴、诗、行、咏、吟、题、怨、叹、章、篇、操、引、谣、讴、歌、曲、词、调。四范：制、诏、制、策。七业：命、训、对、赞、议、诫、谏。帝书有四：策书、制书、诏书、诫敕。群臣书四品：章、奏、表、驳议。王言之制有七：册书、制书、慰劳制书、发敕、敕旨、论事敕书、敕牒。下通上有六：奏钞、奏弹、露布、议、表、状。上逮下有六：制、敕、册（天子）、令（太子）、教、符。下达上有六：表、状、笺、启、辞、牒。诸司相质有三：关、刺、移，等等。文体学特征也很鲜明。

其中有几点值得注意：王氏提到诗二十四名，让我们知道宋人有时对有韵文如赋、颂、铭、赞、诔、箴等俱称为诗，而行、吟等《文心雕龙》中列为杂文，宋人也称为“诗”。此外，帝书、群臣书、下通上、上逮下、下达上以及诸司相质云云，无疑继承了《独断》天子之书和大臣上书的体例，最早明确了上行文、下行文及同级之间行文的文体种类和规则。还有，《困学纪闻》中“诗文评”和“杂识”中也有零散的文体观念，兹略。

第二节　《玉海》、《指南》文体学著述体例的承传

王水照先生《宋代文学通论·文体篇》云：“宋代文学正处于由‘雅’向‘俗’的倾斜、转变时期，在整个文体盛衰升降过程中，处于一个承前启后的阶段。”①闻一多《文学的历史动向》说：“是的，

① 王水照主编：《宋代文学通论》，河南大学出版社1997年版，第51页。

中国文学史的路线南宋起便转向了,从此以后是小说戏剧的时代。"[①]二者都是从雅俗文体的角度着眼,敏锐地看到宋代,尤其南宋在中国文体发展史上的承前启后的地位和作用。本书所研究的《玉海》、《指南》也鲜明地体现出文体学上承前启后的价值和意义。这可从如下三个维度来分析:一是《玉海》、《指南》作为文体著作在体例上的承前启后;二是《玉海》、《指南》对文体学家言论和观点引述上的承前启后;三是吕祖谦、真德秀及其《宋文鉴》和《文章正宗》经王应麟的尊崇而具备的承上启下地位。

首先,《玉海》、《指南》在文体著述体例上的承上启下作用。《玉海》、《指南》在体例上大同小异,是对《文心雕龙》和挚虞《文章流别志论》的继承和创新。具体地说,《玉海·艺文》各体都以简略的"释名以彰义"开头,中间按时代先后顺序将"选文以定篇"和"原始以表末"相结合,也是整个文体论的主体,最后"敷理以举统"。这与《文心雕龙》体例相似。当然,王氏无论"释名以彰义"和"敷理以举统"都只具有"综罗文献"之功,尤其"举统"上多以《文心雕龙》为例。不过,中间"选文以定篇"和"原始以表末"相结合者,则由上古至宋,显得更为详尽,尤见王氏的独创之功,并且具有分体文学史的学术体例和学术价值。

《指南》则是融蔡邕《独断》、挚虞《文章流别志论》和刘勰《文心雕龙》三家文体著述体例之长,并更侧重模仿《文章流别志论》之体例。因为《指南》是应试辞科而设,故更重文体的开头、中间、结尾等严格的形式因素,于每一体首先标示其严格的程式,如

① 闻一多:《闻一多全集》第1册,三联书店1982年版,第201页。

“制”体下云：“门下云云，具官某云云，于戏云云，可授某官，主者施行。”这便是“王言之体”所必须遵守的体制。此举《独断》为其滥觞。如《独断》曰：“章者，需头，称稽首，上书谢恩陈事诣阙通者也。”“表者不需头。上言臣某言，下言臣某诚惶诚恐，稽首顿首，死罪死罪。左方下附曰某官臣某甲上。”①《指南》分贺表、谢表。其谢表云：“臣某言，伏蒙圣恩云云者，臣某惶惧惶惧、顿首顿首，窃以云云，皇帝陛下云云，臣云云，臣无任感天荷圣，激切屏营之至，谨奉表称谢以闻，臣某惶惧惶惧顿首顿首，谨言。”不难看出，二者体例大体相似，仅王氏更为详细，从中也体现出“表”体由汉到宋的演变。据笔者所见，古代文体著作中的这种体例，惟《独断》和《指南》具备，其意义在文体史上可谓重大。有学者曾指出，作为指导写作的总集选本和文体著作，这种文体程式，应该成为文体理论的最重要组成部分。

《辞学指南》大体上以挚虞的文体体例为蓝本。罗根泽云：“《隋书·经籍志》著《文章流别集》四十一卷，又著《文章流别志论》二卷。既然说‘类聚区分’，必然是区分文章的体类；既然说‘各为之论’，必然对文章的体类，各有评论。”②也就是“选本”与“文体序论”相结合，只是分开编纂，明代吴讷、徐师曾便依此例，下文再述。挚虞全书可惜亡佚，但其所存之“志论”的文体著述体例，也显示出刘勰“释原选敷”的某种雏形。其后《文选》仅以选文，具备《文章流别集》之体，而《文心雕龙》又只是文体论，具《文

① 跃进：《〈独断〉与秦汉文体研究》，《文学遗产》2002 年第 5 期。

② 罗根泽：《中国文学批评史》，上海古籍出版社 1984 年版，第 157 页。

章流别志论》的体例。虽然在“各为之论”时也“选文以定篇”，但仅著篇名而非选本。到了《指南》，则融《文选》和《文心雕龙》体例于一体，某种程度上继承并还原了早已亡佚的挚虞的文体著述体例，即“选”、“论”结合，选本而具文体著作的性质。当然，《指南》仅十二体的局限和选文局限于两宋中博学宏词科者的各体程文，而且数量也很少，都使其作为挚虞后“文体著作范例”的典型意义为人所忽视。而历代都将其视为“应试指南、兔园册子”的偏见，更让其文体价值和示范作用湮没无闻。.不过，现在重新提起的意义也便显得尤为可贵了。

《玉海》、《指南》，尤其《指南》“启后”的意义在于对明代吴讷《文章辨体序说》和徐师曾《文体明辨序说》两书之体例的影响。后者是根据前者而加以修订补充的，所以我们主要以吴讷为例来说明。

学界普遍认为，中国古代文体论自《独断》、《翰林论》、《文章流别志论》、《文章缘起》、《文选》等，《文心雕龙》成为文体论的总集大成之作。“到了明代又有了文体论的总集大成之作，就是吴讷的《文章辨体》和徐师曾的《文体明辨》。”①二位批评家还指出这两部“文体论的集大成者”之体例源于挚虞：

> 《文体明辨》是根据《文章辨体》而加以修订补充的，和挚虞的《文章流别集》相仿，两书都是一方面分体选文，一方

① 吴讷著，于北山点校：《文章辨体序说》，徐师曾著，罗根泽点校：《文体明辨序说》之《校点前言》，人民文学出版社1962年版，第1页。

面依体序说。选录的都是一般习见的文章,值得参考的倒是序说。因此,我们仿效挚虞的抽出《流别志论》别行,将两书的序说点校付印。

如果正如罗根泽、于北山二先生所判断的那样,吴讷、徐师曾二书体例之“一方面分体选文,一方面依体序说”是直接继承挚虞而来,或许未受王应麟《指南》的影响还说得通的话,那么吴氏《文章辨体》中推尊真德秀《文章正宗》,并大量引述真德秀、朱熹、吕祖谦等宋人文体言论,与《指南》中同样大量引述吕祖谦、朱熹、真德秀三人的文体言论相吻合,则绝非偶然之事,从中可以看出吴、徐之文体理论和著述体例当更直接受王应麟《指南》的启示和濡染。

吴讷于《文章辨体凡例》中对于每类文体之首的“序题”即“依体序说”是这样做的:“仍宋先儒成说,足以鄙意,著为序题,录于每类之首。庶几可见制作之意云。”[①]明确指出其“序题”是“仍宋先儒成说,足以鄙意”,这与王应麟“会集群言而以己意发之”的治学方法不谋而合。对此,《文章辨体》之《四库提要》一针见血:“今观所论,大抵剽掇旧文,罕能考核源委。”[②]对于“仍宋先儒成说”,我们初步统计如下:共引真德秀 20 次,朱熹 8 次,吕祖谦 6 次,其余宋儒如楼昉、王应麟、洪迈、刘克庄、黄山谷等合计 20 余次。其他引述《文心雕龙》、《文章缘起》、《乐府诗集》等文体著作

① 吴讷著,于北山点校:《文章辨体序说》,徐师曾著、罗根泽点校:《文体明辨序说》,人民文学出版社 1962 年版,第 9 页。

② 同上书,第 62 页。

数量不等。

我们知道,《辞学指南》的最大特点便是,“综罗”前代诸如蔡邕、挚虞、刘勰、萧统、任昉、李翰等人的文体文献外,最主要的则是大量引述本朝大儒吕祖谦、朱熹、真德秀、楼昉等人文体言论来相印证。据初步统计如下:吕祖谦 16 次,朱熹 11 次,真德秀 19 次,其他宋儒诸如楼昉、倪思等共约 20 次。相较之下,王应麟引真德秀最多,这与吴讷引真德秀最多相同。二书俱引“宋儒成说”,并以真德秀、吕祖谦、朱熹三大儒为最,而吴讷所引大都来自《辞学指南》。因为上述朱、真、吕之文体言论有许多是本人集中所无,而是赖以王应麟的记载才得以保存的。那么吴讷对王应麟《指南》的熟悉和继承便毋庸置疑了。

此外,还有两点可证明吴讷对王应麟文体理论和体例的因袭。一是“作文法”的开宗明义。《辞学指南》是最早于文体选本中首列“作文法”的。其首卷列“序言、编题、作文法、语忌、诵书、编文”等目。而《文章辨体》也于“凡例”之后先列“诸儒总论作文法”,徐师曾则称为“文章纲领”,其中内容多有与《指南》相合沿袭之处。二是倪思现象。吴讷、徐师曾二人在“作文法”中都录有倪思那段著名的文体论断(见上),而且徐师曾将其全部放在“文章纲领”总论的首席,吴讷也在“凡例”中以其“文辞以体制为先”开篇。前文已说过,现代文体论家(如王水照、吴承学等)对倪思之论都很重视,而且引文都出自吴讷或徐师曾著作中。其实最早记录倪思之论的便是王应麟《辞学指南》,可见吴讷对《辞学指南》是何等熟悉并沿袭其文体义例和理论。

综上所述,王应麟《玉海》、《指南》,尤其《指南》上承汉晋六朝文体名家名著《独断》、《文章流别志论》、《文心雕龙》的编纂体例和理论成果,又创造性地融合了宋代文体大家诸如朱熹、吕祖谦、真德秀等的文体理论作补充和对照,不但使宋代大量的文体史料得以保存,并显示出宋代文体学独特的成就和地位。更重要的是,《指南》还以文体编纂体例和宋儒文体史料文献,直接启示了明代“集文体之大成”的吴讷《文章辨体》和徐师曾《文体明辨》的形成,其在中国文体史上承前启后的地位和作用可谓举足轻重。

《玉海·艺文》、《指南》对唐宋类书“文部”体例尤其是《艺文类聚》“杂文部”的继承。我们知道,在古代《玉海》是一部类书,唐宋类书纂辑发达,且其中大多都专列“文部”载列各种文体。如唐虞世南《北堂书钞·艺文部》卷102选列诗、赋、颂、箴、连珠、碑、诔、哀辞、吊文、诏敕、章、表、书记、符、檄等文体范文。唐欧阳询等《艺文类聚》卷五十五“杂文部”选列史传、集序、诗、赋、七、连珠、书、檄、移等文体。宋李昉等《太平御览》卷85“文部”选列诗、赋、颂、赞、箴、碑、铭、铭志、七辞、连珠、制、诏、策、诰、教、诫、章表(启)、奏、劾奏(奏状、奏弹、弹事、奏劾、弹文)、驳奏、论、议、笺、启、书记、诔、吊文、哀辞、哀策、檄(移)、露布等文体。宋王钦若等《册府元龟·文章》选列封册、奏议、对策、谣颂、盟誓等文体。宋高承《事物纪原》卷四选列诗(五言、七言、律格、联句、唱和、次韵)、赋、论、策、议、赞、颂、箴、连珠等。宋章如愚《群书考索·文章门》卷二十选列赋类、诗类、评文类,其中评文类下又列诗、赋、祭、誓、诔、铭、训诰、移檄、笺奏、箴诫、赞诵、碑铭、谥册、哀吊、章表、笺疏、论议等。如此等等,不一而足。上举类书都于每一体下综罗历代典籍中的文体文献作为序题，大约以《文心雕龙》"释名以彰义，原始以表末，选文以定篇，敷理以举统"的文体研究思路来评述，明显具备了文体论的性质。王应麟《玉海》、《指南》的文体评述方式和上述类书如出一辙，只不过论述文体更多更详尽。若从类书的角度来看，可以说更多沾溉于《艺文类聚》、《北堂书钞》、《太平御览》等类书之"文部"体例，而其名为"艺文"，也不能不说是受《艺文类聚》书名的启发。

第三节　王应麟文体学思想的学术渊源

王应麟文体学思想集中反映在《玉海·艺文》和《辞学指南》之中，可谓博大精深。按：王氏《玉海》与《指南》有合刻、分刻版本之分。《玉海》也如《指南》一样，是应博学宏词而设。如《元刻玉海序》云："公之学传于真文忠公，而《玉海》之书实本于博学宏辞。盖公尝擢是科，故其汇次最为该洽。"二书虽为博学宏词而设，但绝不可简单视为科举应试的兔园册子，因其编纂融入了王氏强烈的"经世致用"的政治理想。此外，其文体学思想的学术渊源与其"综罗文献"的史学思想，"不名一师"的理学师承以及"博学宏辞"出身的仕宦经历都有很大关系，以下详论之。

一、谋议于朝廷，治效于国家。王氏生当"宋祚将亡"之时，面对"社稷倾危"，有着强烈的经世致用思想。为国则不顾个人安危得失，大胆上疏极言边事，"指陈成败逆顿之说"，先后忤逆权相丁大全、贾似道、留梦炎等而屡遭贬逐。为民则"遵节用爱人之训，例所不取者，悉以予民"。(《王深宁先生年谱》)知徐州时，"摧豪右，省田赋”，百姓大悦，父老誉为：“此清白太守子也。”（《宋史本传》）即便其纂辑《指南》、《玉海》也如其应词科一样，目的是为了实现“国家所望”，因此科确能为国家朝廷“得才、得士”。如《宋史本传》所云：

初，应麟登第，言曰：“今之事举子业者，沽名誉，得则一切委弃，制度典故漫不省，非国家所望于通儒。”于是闭门发愤，誓以博学宏辞科自见。假馆阁书读之，宝祐四年中是科。①

可见，王应麟之看重博学宏辞科并誓以中第，主要是因为此科“最号得人”，可为国家储才。如《玉海附辞学指南》四库提要云：“至绍兴而定为博学宏词之名，重立试格。于是南宋一代通儒硕学多由是出，最号得人，而应麟尤为博洽。其作是书即为词科应用而设。”《宋史·选举志》也说：博学宏辞科，“南渡以来所得之士，多至卿相、翰苑者”。② 洪迈《容斋三笔》卷十之“词学科目”即列汤思退、王日严、李巘、陈岩肖、汤邦彦、洪适、洪遵、周必大、周麟之、沈介、莫济、倪思、莫叔光、赵彦中、傅伯寿、叶谦亨、李南寿、吕祖谦、真德秀等人，其官职宰相、翰林、兵部侍郎不等，俱清要显赫。③ 祝尚书《宋代词科制度考论》云：“取此科者大都得到重用。如北宋末年中选的赵鼎臣、慕容彦达、刘弇、葛胜仲、晁咏

① 脱脱：《宋史·王应麟本传》，四库全书本。
② 脱脱：《宋史·选举志》，四库全书本。
③ 洪迈：《容斋三笔》卷10，四库全书本。

之、李正民等等，皆曾身居高位，而南宋尤盛。"[①]在这点上，正符合王应麟"重宰执"的政治思想。吴怀祺指出："国家安危治乱系之于宰执的辅佐，这是王应麟思考历史盛衰的又一个重要观点。"[②]而王氏本身也确因此科而"清要三朝望，文章一世荣"。[③]（牟巘《挽王厚斋尚书》）也正由于他的显赫地位，有机会于国难当头之际，施展自己的抱负，极言直谏，出谋划策。如贾似道溃师江上，朝野震动。王应麟当时授中书舍人兼直学士院，即上疏陈十事，后又陈备御十策，虽"宋祚将亡"而"皆不及用"，但其陈十事中"求将才"、"举实才"之措施主张，都是他看重此科"得才"、"得士"的体现。

此外，他的重视人才还体现在他担任覆考试官选中文天祥的眼力上。《宋史本传》载：

> 帝御集英殿策士，召应麟覆考，考第既上，帝欲易第七卷置其首。应麟读之，乃顿首曰："是卷古谊若龟鉴，忠肝如铁石，臣敢为得士贺。"遂以第七卷为首选。及唱名乃文天祥也。

此事传为美谈，于王氏的识见魄力也可见一斑。其中此科还有宋亡抱帝沉海的陆秀夫。

更重要的是《玉海》、《指南》的编纂，是王应麟经世致用思想

① 祝尚书：《宋代科举与文学考论》，大象出版社2006年版，第165页。
② 吴怀祺：《中国史学思想史》（宋辽金卷），黄山书社2002年版，第398页。
③ 牟巘：《牟氏陵阳集》卷6，四库全书本。

的具体体现。《元刻玉海序》云:“可以裨谋议于朝廷,致治于国家,不特广问学、给文辞而已。”还可以使“立建政事者资焉”。也因此,此书编选的取舍标准便是“惟无益于用,不足以备讨论者,不以登于简策,岂非所谓博而得其要者欤?”这种尚实学、重考据的明体适用的思想,是宋季学术思潮的体现,也是宋学与清学异中有同的地方。顾炎武《日知录原序》即指出:“学者将以明体适用也。综贯百家,上下千载,详考其得失之故而断之于心,笔之于书,朝章国典,民风土俗,元元本本,无不洞悉。其术足匡时,其言足以救世,是谓通儒之学。若夫雕琢辞章,缀辑故实,或高谈而不根,或剿说而不当,浅深不同,同为俗学而已矣。自宋迄元,尚实学若郑渔仲、王伯厚、魏鹤山、马贵与之流,著述且在,皆博极古今,通达治体,曷尝有空疏无本之学哉?”[①]作为深刻敏锐的思想家,顾炎武生当明清易代之际,深丁亡国破家之恨,其对王伯厚等人的论议可谓深中肯綮,也道出了王氏作为“通儒”的心声。这种“匡时救世”、“通达治体”的思想,正与袁桷誉王氏“推天下之用,求精粗得失”的观点不谋而合。袁桷《王先生〈困学纪闻〉序》云:“世之为学,非止于辞章而已也。不明乎理,曷能以穷夫道德性命之蕴。理至而辞不达,兹其为害也大矣。是故先儒有忧之……物不穷不足以推天下之用,考于史册,求其精粗得失之要,非卓然有识者不能也。”[②]《汉制考》四库提要云:“要其大致精核,具有依

① 顾炎武:《日知录原序》,四库全书本。
② 袁桷:《清容居士集》,四库全书本。

据，较南宋末年侈空谈而鲜寔徵者，其分量相去远矣。”①

王应麟“历事三朝，典诰册命皆出其手”，②其“凡大诏令雷风其行，凡大典册日星其光，代主之言，为国之重”。（《祭礼部尚书王伯厚文》）可以说身体力行实践了自己的政治学术理想。作为撰制王言的“大手笔”，王氏不但“若行云流水，焕然泛然”，有宋以来“其敏捷如公者可数矣”，而且于“社稷倾危，近在朝夕”之际，以其“激厉奋发，足以感泣三军；勤拳谆复，足以警惕百揆”的气概和襟怀，堪称“宋祚将亡而有斯人耶”，可谓“天降大任也”。

此外，《玉海》、《指南》的编纂和王氏的“杰然”之作，还起到了“文章至宋季风颓波靡矣，而王言终不失体”的扭转文风之效果。因为，编纂《玉海》、《指南》也是为了让“从官大臣”博极典章制度，撰制王言时能娴熟得体，这也是从官大臣能否胜任的基础。如《辞学指南》卷一“编文”云：“如此则知士不素学而处从官大臣之列，备文儒道德之任，其能不馁且病乎？”（《指南》，948—281页）又云：“倪正父曰：‘文章以体制为先，精工次之。失其体制，虽浮声切响，抽黄对白，极其精工，不可谓之文矣。’凡文皆然，而王言尤不可以不知体制。”

二、综罗文献，合集群言而以己意发之。王应麟《玉海》、《指南》中文体思想的最大特点便是：不但对此前文体学家诸如蔡邕、任昉、挚虞、刘勰等人的观点搜辑排列，以见源流本末，而且对本朝诸如朱熹、真德秀、吕祖谦、楼昉、倪思等文体大家的文体理论

① 王应麟：《汉制考》四库提要，永瑢等：《四库全书总目》（上册）卷81，第696页。

② 郑真：《遂初老人传》，《荥阳外史集》卷46，四库全书本。

尤见侧重罗列，从而与前人进行对照。这都是其学术上“综罗文献”思想方法上的反映。关于王应麟的学术方法，全祖望《同谷三先生书院记》云：“王尚书深宁独得吕学之大宗。”“深宁论学，盖亦兼取诸家，然其综罗文献，实师法东莱。”[①]其文献之功，不但在当时便为人所称道，如称其“垂世三千卷，归田二十年”，“文献遗诸老，风霜鲁殿余”，[②]元黄溍《前承务郎王公墓志铭》更云：

> 某窃惟宋季文学侍从之臣言博物洽闻者，必曰厚斋先生。厚斋，尚书公别号也。尚书公于书无不读，记诵绝人。且练习台阁故事，有不知必问焉。暮年深自晦匿，不与世接。而东南学者以为宋三百年文献所存，莫不翕然宗之。[③]

其“综罗文献，考订名物制度”，对后世考据学的发展有重要的影响。关于考证学风，其《汉制考》四库提要云：“是编因两汉书诸志于当时制度多详于大端，略于细目，因摭采汉儒经注及说文诸书所载，钩稽排纂，以补其遗，颇足以资考证。……不一而足，应麟皆为一一订辨，旁引证明。……非但抄撮旧文，无所别择，其中偶失考定者……要其大致精核，具有依据，较南宋末年侈空谈而鲜寔徵者，其分量相去远矣。”所以，王应麟的这种“尚实学”的考据学风，用实例纠正了清以来学者对宋学惟空谈心性、侈谈无

① 全祖望：《宋元学案·深宁学案》卷85，转引自侯外庐等主编：《宋明理学史》上，人民出版社1984年版。

② 牟巘：《挽王厚斋尚书》，《牟氏陵阳集》卷6，四库全书本。

③ 黄溍：《文献集》卷8下，四库全书本。

根的偏见。吴怀祺据此论断："有些学者把宋学和清学看成截然不同的学术，这不符合事实。"[①]并云"《玉海》一书较好地反映了王应麟'综罗文献'的学风"。[②] 其文献价值足与史传相证。《四明文献集》四库提要云："应麟以词科起家，其《玉海》《辞学指南》诸书，胜馥残膏，尚多所沾溉。故所自作，无不典雅温丽，有承平馆阁之遗。且所载事迹多足与史传相证。"可以说是"门类详密""靡有孑遗"。正如章学诚所评："王伯厚氏搜罗摘抉，穷幽极微；其于经、传、子、史，名物制数，贯串旁骛，实能讨先儒所未备。其所纂辑诸书，至今学者资衣被焉，岂可以待问之学而忽之哉？"[③]

王应麟的文体学思想不但有"综罗文献"之功，而且能"会集群言而以己意发之"，具有极大的创造性。他融集历代文体著作和文体大家的文体学观点于一炉，成为了第一部最为全面、最为详备的文体史料汇编，对研究宋以前文体的发展有功至巨。更重要的是，王应麟每于"综罗文献"之后，总能出之己意以断之，具有很大的创造之功。即明郑真所云："今读其辞，盖会集群言而以己意发之。"所谓"会集群言而以己意发之"，就是其于"综罗文献"之博外，"博而要者"，"博而能约"，于综融处有创造，非述而不作者。正如《元刻玉海指挥》所云："纂次详备，博而有要，真足为名世之奇书。"而《元刻玉海序》所述尤为详尽：

太史公论儒家者流，其学博而寡要，然则博既难矣，博而

① 吴怀祺：《中国史学思想史》（宋辽金卷），黄山书社 2002 年版，第 404 页。
② 同上书，第 392 页。
③ 章学诚著，叶瑛校注：《文史通义校注》，中华书局 1985 年版，第 161 页。

要者为尤难，此《玉海》之书不可以不作，而作非先生不能也。……岂非所谓博而得其要者与？伟乎述作，非若他书类事者之可拟伦也。

可谓中的，对其述而能作，“博而得要”给予了充分的肯定，这与章学诚认为王应麟著书“是纂辑而非著述”、“是功力而非学”的否定意见形成了鲜明的对照。章学诚《文史通义·博约中》云：“然王氏诸书，谓之纂辑可也，谓之著述，则不可也；谓之学者求知之功力可也，谓之成家之学术，则未可也。”[1]评价未免偏低。同样的“博约”、“博要”之论，结论大相径庭。元明人之说在前，显见章氏之结论有失武断，难以令人信服。当然，王应麟的学术是以“综罗文献”为主，也成为他所著书的主干，但完全否定他“会集群言而以己意发之”及“博而要之”的贡献，总之是有欠考虑、有失公允的。

三、“和齐斟酌，不名一师”的理学渊源。王应麟在《玉海》、《指南》中所引述综罗的文体家观点在宋代以朱熹、真德秀、吕祖谦、楼昉等人为主，这与其理学上兼综上述诸家的学术渊源有直接关系。

王应麟的理学思想渊源是多方面的，但主要还是来自吕祖谦的“婺学”（又称吕学或金华学派）。全祖望在《宋王尚书画像记》中说：“先生之学，私淑东莱，而兼综建安、江右、永嘉之传。”[2]这

---

① 章学诚著，叶瑛校注：《文史通义校注》，中华书局 1985 年版，第 161 页。

② 侯外庐等主编：《宋明理学史》上，人民出版社 1984 年版，第 365 页。

样，其“独得吕学之大宗”，正承自吕祖谦学术上之“不主一说”。因此，王应麟兼取王撝、楼昉、朱熹、陆九渊、王埜、汤东涧等诸家之学，真正达到“和齐斟酌，不名一师”（全祖望《宋元学案·深宁学案》）的境界，也因而成为了通儒、大儒、真儒。如云其“渊源家学，蔚为大儒，有自来矣”。（《深宁先生年谱》）或如袁桷所云：“汤文清公汉为少卿，与先生邻墙居，朝夕讲道……通贯精微，剖析幽眇。汤公作而言曰：‘吾阅士良广，惟伯厚甫为真儒，使真文忠在，愿同在弟子列。’”（《延祐四明志·人物考·王先生》）而上引所谓“非国家所望于通儒”、“通儒硕学皆由是出”云云，正是王氏本身的写照和心声。

王应麟的这种理学思想反映在其文体学思想上，便是遵守刘勰“原道、征圣、宗经”的观点。如《辞学指南序》云：“朱文公谓是科习谄谀夸大之辞，竞骈丽刻雕之巧，当稍更文体，以深厚简严为主。然则学者必涵咏六经之文，以培其本云。”又“语忌”条云：“王景文曰：‘文章根本皆在六经，非惟义理也，而机杼物采，规模制度无不具备者。”（948—277 页）“诵书”条云：“柳子厚曰：‘当先读六经，次论语、孟轲书，皆经言。’”等等，不一而足。我们从中既看出了其“兼综诸家”、“不名一师”的理学渊源，使得他特重朱子、真德秀、吕祖谦、楼昉等人的文体思想，从而大量引述，这也与其“综罗文献”的学术方法有相通之处。不但从方法上“和齐斟酌”，而且更为直接的是其理学思想直接融入了其文体思想中的“原道、征圣、宗经”中来，进而与《文心雕龙》这部重要的文体著作有了更为紧密的血缘关系。

四、博学宏词科出身的荣耀心理及闭门发愤的创作经验。

《指南》、《玉海》俱为应博学宏词科而设，当然其功用价值绝非仅此。但仅从这点上来说，它像许多总集选本和文体学著作如《文心雕龙》一样，可以说是一部指导写作的书。王应麟以词科显要，曾三入北门，大典册、大诏令多出其手，故而有丰富的创作实践经验。他以经验之谈和心得体会，对词科十二种文体及其他文体的源流和写作规范娴熟于心，以“大手笔”笔之于书，形成了他一整套系统的文体学理论。再加上其综罗文献的考据之功，便使《玉海》、《指南》成为融文献和理论总结创造于一体的文体学集成之作。

首先，《宋史本传》载王应麟有感于“今之事举子业者，沽名誉，得则一切委弃，制度典故漫不省，非国家所望于通儒。于是闭门发愤，誓以博学宏辞科自见，假馆阁书读之，宝祐四年中是科”。显而易见，王氏对辞科的重视以及“闭门发愤”、“假馆阁书读之”的读书应试过程，无疑使他对词科十二种文体的应试技巧和体制规范有了更为深切的了解和体会。故而一方面使《玉海》、《指南》两书不但在当时士大夫和士子之间广为传阅，即便对后世“用意两制”者也尤多启发。如明郑真曰：“予年弱冠，用意两制。学唐宋诸名家赞书，多能成诵。及阅乡先生内翰厚斋王公《辞学指南》及掖垣、玉堂类稿，益能深究制作之体。”《掖垣类稿》、《玉堂类稿》和《辞学指南》一样，都是从官大臣撰写“王言之制”以及应试士子的学习典范。

其次，王应麟“三入北门”，大诏令、大典册皆出其手。作为大手笔，其敏捷从容如行云流水的文思和“激厉奋发”、“警惕百揆”的风格，使得其大制作“方其一词之出，士大夫传写殆遍”。如郑真《读王厚斋掖垣类稿》云：

公四入中书，遍行诸房词命。方除目填委他舍人，阁笔不下，公独从容授之，若行云流水，悠然泛然，而莫知其纪极者。今读其词，盖皆会集群言而以己意发之，信所谓博极群书者也。

《读玉堂类稿》云：

故翰林学士厚斋王公尝三入北门。咸淳德祐初，多独直，且兼掌两掖词命，一时宣锁多属之。至于奖予批答之辞，词疏册祝之礼，纷纭杂遝，昼夜不停，盖自有宋以来，其敏捷如公者可数矣。今即其词而观之，激厉奋发，足以感泣三军；勤挚谆复，足以警惕百揆；诚敬恻怛，于以威格神明；渊深博洽，于以包络今古。方其一词之出，士大夫传写殆遍，纶言以苏轼比之。孰谓宋社将亡而有斯人也耶？书曰：俾万姓咸曰大哉王言！其公之谓乎？[1]

不难看出，王氏"一词之出，士大夫传写殆遍"，一方面与仰慕其"敏捷"、"从容"、"行云流水"般的文思有关，一方面在于以其"王言之体"的体制规范为楷模典范，把其文体创作和理论作为圭臬来遵守。这一切也正足以说明王应麟文体学素养和文体学思

① 郑真：《荥阳外史集》卷36，四库全书本。

想的成熟和高超，从而其著《玉海》、《指南》的文体成就也便不言而喻了。

第三，兄弟和师友同中博学宏词科的荣耀心理。王应麟、王应凤孪生兄弟相继登博学宏词科，这既为世人所钦羡，也是王应麟一生最引以为豪的事情，并时时形诸笔端，载诸书册。如明郑真曰："抑闻之博学各科，古以待天下异闻之士。宋宝祐、开庆间，尚书公、常博公兄弟继登是科，世以麟凤目之。常博公早世，惟尚书公岿然为馆阁冠冕。尚书公，厚斋先生也。"钦敬之情溢于言表。《四明文献集》之四库提要云："应麟以词科起家，其《玉海》《辞学指南》诸书胜馥残膏，尚多所沾溉。"《元刻玉海序》所谓"先生在宋季以词学显融，其天才绝识，有大过人者。"以及《宋元学案·深宁学案》卷85所谓"《宋史》但夸其辞业之盛，予之微嫌于深宁者，正以其辞科习之未尽耳"云云，都从不同侧面反映了"博学宏辞"对王应麟一生仕宦事业的关键。也正因此，王应麟可以说是怀着无比荣耀的心理，不遗余力地著成"应博学宏辞科而设"的《玉海》、《指南》，不但惠及士子应试，而且在文体学史上为自己争得了一席之地，写上了浓重的一笔。这种荣耀的心理还体现在对自己孪生兄弟相继登科的狂喜心理上，并在《辞学指南》的"辞学题名"中体现出来。两宋尤其南宋博学宏词也像进士一样，很多是家族式的兄弟父子共同中选，这在古代是为故里乡亲所羡慕的光宗耀祖的大事。"辞学题名"中撮录如下：以上宏词三十一人，兄弟二吴（即吴兹、吴幵）；以上辞学兼茂三十六人，滕李袁三家兄弟相踵（指滕康、滕庚，李长民、李正民，袁植、袁正功三兄弟）；以上博学宏词三十八人，兄弟三洪、二莫、父子三陈（指洪遵、洪适、洪迈，莫冲、莫济兄弟及陈岩肖、陈岘、陈晦父子)，最后录丙辰王应麟、己未王应凤兄弟二人。

此外，《指南》所引宋代文体家言论多为辞科出身，如吕祖谦、真德秀、倪思、楼昉、陈晦等，而尤以吕祖谦、真德秀为最多，放在最为显要的位置上。这一方面与王应麟"综罗文献"之"独得吕学之大宗"和理学渊源于真、吕有关，一方面也与吕祖谦、真德秀俱为词科出身不无联系。当然，吕祖谦编纂《宋文鉴》、真德秀编纂《文章正宗》俱为宋代尤其南宋最著名的总集选本，他们的文体学思想不但体现在他们两大总集选本之中，而且更为丰富。他们的许多文体文献资料是赖《辞学指南》而得到保存的，这对研究真德秀、吕祖谦等人的文体学思想及宋人的文体学体系都有不可磨灭的贡献。

值得一提的还有倪思。倪思在中国文学史和批评史上鲜为人知，但他那段"文体话语"却成为后世文体学最为关注和经常引用的经典文献。倪思于宋理宗嘉熙二年(1238)中戊戌词科。《指南》中几次引述倪思言论，其中最著名的是卷二云："倪正父曰：文章以体制为先，精工次之，失其体制，虽浮声切响，抽黄对白，极其精工，不可谓之文矣。"王氏接着评道："凡文皆然，而王言尤不可以不知体制。"这既体现了王氏高超的文体学眼光，也印证了其"会集群言而以己意发之"的文体理论创新价值。倪思开文体学上"文章以体制为先"之论断的先河，其语虽短，但不啻文体史上一记重槌，历代文体学家都奉为圭臬。如明吴讷、徐师曾的文体著作中都曾引用，今人文体理论论著如吴承学、王水照(参见《中国古代文体学论稿》、《宋代文学通论》)等人也都将其作为尊体、破体、辨体理论的开山之言。但今人只从吴讷、徐师曾著作中引述，却不知在宋代即倪思同代，便已被王应麟慧眼识金并最早引用，从而保存了这段重要文献。所以，仅从这一点，便可以窥见王应麟《玉海》、《指南》在文体史料上的综罗文献之功了，并且其"以己意发之"的著述之功也不可小觑。

第四章　宋人总集编纂的文体学贡献和文学史意义

总集的编纂与中国古代文体学密不可分，是文体分类、文体理论批评以及文体形态深化研究的渊薮。可以说，总集编纂的历史便是中国古代文体学发展的历史，二者息息相关，相伴而行，成为中国学术史上双线并行、殊途同归的典型景观。而我们知道，宋人总集编纂的繁荣与成熟，在中国诗文选本的发展过程中起着承上启下的作用。[1] 同样，宋人总集选本在中国古代文体学史上也意义重大，起着承上启下的作用。本书试从文体分类、文体理论批评及文体纂述体例和文体形态个案研究等方面来深入探究其文体学价值，以昭示其在宋代以及整个中国文体学发展史中的地位和意义，并初步考察其对文学史上的文学运动、文学流派和文艺思潮的促进作用。

① 张智华：《南宋的诗文选本研究》，北京师范大学出版社 2002 年版，第 1 页。

第一节 宋人总集选本的文体分类、辨体意识及纂述体例

“总集与文体分类学是有密切的关系的”，[①]这早已为现代许多学者如钱仓水(《文体分类学》)、赵逵夫(《中国文章分类学研究序》)、[②]褚斌杰(《中国古代文体概论》之“古代文体分类”)、[③]郭英德(《中国古代文体学论稿》)等所关注和论述。且大多论者都于唐宋前《文选》、《文心雕龙》两书后便继以宋人四大总集《文苑英华》、《唐文粹》、《宋文鉴》、《文章正宗》为例，昭示了宋人总集在中国古代文体分类学史上承前启后之重要地位。宋人总集的分类价值和意义主要可从两条线索来分析：一是《文选》类总集，以《文苑英华》、《唐文粹》、《宋文鉴》为代表，体现了与《文选》分类一样的趋于细分繁杂的分类方向和走势；一是以《文章正宗》为代表，开创了中国古代文体分类史上化繁为简的“归类”、“归并”一脉之做法，即“他提出了把文章分为辞命、议论、叙事、诗赋四大门，却颇富创见，开了后世分门系类的做法”。[④]

对于前者，即《文选》类总集的繁杂细分之分类法，褚斌杰先生《中国古代文体概论》一书最后附录了《古代文体分类》一章，从我国历代主要文体分类方面的资料中，选编了六朝至近代历代

① 郭绍虞：《提倡一些分类学》，《复旦学报》1981 年第 1 期。

② 赵逵夫：《中国文章分类学研究序》，《西北民族学院学报》2000 年第 1 期。

③ 褚斌杰：《中国古代文体概论》，北京大学出版社 1990 年版，第 491 页。

④ 同上书，第 30 页。

总集20部。其中，《文选》、《文心雕龙》以后选录了宋人总集《文苑英华》、《乐府诗集》、《唐文粹》、《沧浪诗话》、《宋文鉴》五部，足见宋人总集的重要地位。最具代表性的是郭英德先生的《中国古代文体学论稿》一书，通过对历代《文选》类总集的考索分析，对诸如文选类总集的"编纂体例与选文范围"、分体归类（基本类型、命名方式、分合异同、类分与类从）、体类排序的规则与体例以及中国古代文体分类的体式与原则等方面作了全面细致的考索和总结，可以说涉及了文体分类学的方方面面，其学术价值和典范意义具有方法论意义。[①] 其具体方法是以《文选》、《文苑英华》、《唐文粹》、《宋文鉴》、《元文类》、《文章辨体》、《明文衡》、《文体明辨》、《明文在》九部历代总集进行列表比较分析，从而得出上述文体分类方面规律性的结论。可以看出，其中宋人总集不但在时代位置上承上启下，而且数量上也三分其一，故而宋人总集的文体分类学价值和意义是不言而喻的，从中得到了充分证明。

对于后者，即《文章正宗》化繁为简的"归类"方法，其"分门系类"、"执简驭繁"的并类方法与《文选》类总集的细分方法背道而驰，这既体现了宋人在文体分类上的辩证思维方式和全面的分类视角，而且也铸就了宋人分类方法在中国文体分类史上的独特地位。这在古代已有朦胧的认识，现代学者在借鉴西方文体分类方法的基础上，也对《文章正宗》"四分法"给予了极大的关注和极高的评价。如钱仓水、赵逵夫、褚斌杰、郭英德等现代文体学研究专家便都有精到的论述。对此本书有专章论述，兹略。

---

① 党圣元：《评郭英德〈中国古代文体学论稿〉》，《文学评论》2007年第4期。

宋代以前之总集编纂已有了鲜明的辨体意识。如晋挚虞《文章流别集》之体例是"类聚区分"(《晋书·挚虞传》)、"区判文体"(萧子显《南齐书·文学传论》);萧统《文选》"面对众制蜂起,源流间出的文体,各为类聚区分",①"表现出编者十分明显的辨析文体的编辑宗旨"。②(同上)唐殷璠《河岳英灵集序》云:"夫文有神来、气来、情来,有雅体、鄙体、俗体。编纪者能审鉴诸体,委详所来,方可定其优劣,论其取舍。""璠今所集,颇异诸家,既闲新声,复晓古体。"③所谓"审鉴诸体"、"定其优劣,论其取舍"、"新声"、"古体"云云,体现了明确的辨体意识。最重要的是《文心雕龙》的"文笔之辨"和"原释选敷"之辨析源流名实的文体研究思路以及《诗品》之"源流之辨"和"品鉴高下"的辨体思想。

到了宋代,受唐宋古文运动和宋代理学兴盛的影响,伴随着总集编纂的繁荣和成熟,总集选本的辨体意识也更加明朗并有了自己的独特特征。先看北宋。宋初政权初定,偃武修文,官修《文苑英华》,其诏曰:"近代以来,斯文浸盛,虽述作甚多,而妍媸不辨。遂令编辑,止取精英,所谓摛鸾凤之羽毛,截犀象之牙角。"④宋白奏表亦云:"撮其类列,分以部居,使沿溯者得其余波,慕味者接其妍唱。"(同上)可见,其辨体还主要在辨文学之"妍媸"、"慕味"等艺术特征,从而定取舍标准为"取其精英",也即粹集"文苑

---

① 傅刚:《昭明文选研究》,中国社会科学出版社2000年版,第178页。

② 同上书,第177页。

③ 殷璠:《河岳英灵集序》,周祖譔编选:《隋唐五代文论选》,人民文学出版社1990年版,第143页。

④ 王应麟:《玉海》卷54,四库全书本。

英华”，注重的是文中之“华”；同时又部类区分，即“撮其类列，分以部居”，目的是使学者能辨析源流，得其英华、精英，即“使沿溯者得其余波”。姚铉自编《唐文粹》与《文苑英华》官私辉映，都是对宋前文学（主要是唐文学）的总结。此时宋初独特文学风貌已然呈现，古文运动也已肇端，这也体现在姚铉《唐文粹》的编选宗旨上。《唐文粹》与《文苑英华》一样，所谓“文粹”乃“纂唐贤文章之英粹者也”。[1] 而其所谓“遍阅群集，耽玩研究，掇菁撷华”，这与《文苑英华》在对“文学”的看法和态度是一致的。但姚铉《唐文粹》止选一代之文，为断代之选，受唐代古文运动和“文以载道”观念的影响，以刘勰“原道、征圣、宗经”之思想为基础，编纂“李唐一代之文”。如《唐文粹序》云：“惟韩吏部超卓群流，独高遂古，以二帝三王为根本，以六经四教为宗师，凭陵轥轹，首唱古文，遏横流于昏垫，辟正道于夷坦。于是柳子厚、李元宾、李翱、皇甫湜又从而和之，则我先圣孔子之道，炳然悬诸日月。”在提倡古文原道、征圣、宗经等思想方面旗帜鲜明，有别于《文苑英华》，对宋代古文运动及其“载道”思想都有开拓之功。姚铉《唐文粹》编选体例上“以类相从，各分首第门目，止以古雅为命，不以雕篆为工，故侈言蔓辞，率皆不取”。其分类辨体观念很明确，选文严辨雅俗、古今之体，惟取古文、古诗，律诗、骈文一概不录，这都开启了南宋《文鉴》、《文章正宗》之先河。

再看南宋。受宋代理学的影响，《宋文鉴》、《文章正宗》等都

① 姚铉：《唐文粹序》，陶秋英编选、虞行校订：《宋金元文论选》，人民文学出版社 1984 年版，第 35 页。

取“有补治道”和“源流之正”者作为编纂宗旨。《宋文鉴》以“有补治道”、“垂世立教”之理学家编纂思想[1]，有鉴于“体制互异，源流间出”之现象（周必大《皇朝文鉴序》），故“至于以文为鉴，则又不可以别妍丑、审兴衰、正得失尽之也”。（赵彦适《端平重修皇朝文鉴跋》）表明了“前辈之文，粹然出正，盖累朝涵养之泽，而师友渊源之所渐也”。（宋刘炳《端平重修皇朝文鉴跋》）明商辂所谓“取其辞理之醇，有补治道者，以类编次”[2]云云，（《天顺新雕宋朝文鉴序》）更道出了其辨体分类思想。《文章正宗》之书名便有为学者辨源流正变之意。如《文章正宗纲目》云：“正宗云者，以后世文辞之多变，欲学者识其源流之正也。自昔集录文章者众矣，若杜预、挚虞诸家，往往堙没弗传。今行于世者，惟梁《昭明文选》、姚铉《文粹》而已。由今视之，二书所录，果皆得源流之正乎？”其所谓“源流之正”云云，是从“明义理，切世用”的编选宗旨和标准出发，欲矫“昭明之弊”（以骈文为主），故而严辨古体骈体、古诗律诗之界限，只选古文、古诗而摈弃骈文、今体、律绝于集外，即“其体本乎古，其指近乎经者，然后取焉；否则辞虽工亦不录”。（同上）其由辨古今而只选古体的做法实与姚铉《唐文粹》一脉相承，但在辨源流之正上则更加严格，体现了理学家编选诗文与古文家编选诗文（按《文粹》《文鉴》都属古文家选本）之眼光和标准宗旨的不同。

这种严辨古今、骈散的辨体理念体现在分体总集编纂上，便出现了两个走向和两个极端：或专选今体律绝四六，或专选古文。

---

① 周必大：《皇朝文鉴序》，陶秋英编选、虞行校订：《宋金元文论选》，人民文学出版社1984年版，第275页。

② 参见祝尚书：《宋人总集叙录》，中华书局2004年版，第126—129页。

前者如吴说《古今绝句》,洪迈《万首唐人绝句》,赵蕃、韩淲《章泉涧泉二先生选唐人绝句》,方回《瀛奎律髓》,周弼《唐三体诗法》(只收律绝),叶棻编《圣宋名贤四六丛珠》,刘克庄《四家四六》,祝穆《新编四六宝苑群公妙语》等;后者如吕祖谦《古文关键》、楼昉《崇古文诀》、王霆震《古文集成》、黄坚《诸儒笺解古文真宝前集》等等。我们这里还是仅举从书名便可略见梗概者为例,他者更夥。这些既反映了宋人自觉接受唐人近体诗的辉煌成就和优秀传统,也与科举考试、古文运动、理学思潮等政治、文学、哲学运动有很大关系。

宋人总集选本的文体理论批评表征主要体现在三个方面。

(一)和《文选序》显现的文体思想一样,总集选本的序跋包括后人重刻所加序跋中讨论文体之言论以及从中体现出的编选宗旨、体例等,从而反映出编选者的文体观念和思想。这是历代总集选本之文体思想得以显现的最主要的方式和特征。尤其是那些分体编选著作,涉及绝句、律诗、乐府、宫词、律赋、古赋、古文、论、策、诏令、奏议、书判、碑传、尺牍等众多文体,其序跋或者选文中更十足体现了此种文体的文体特征和思想。

(二)诗文评点和兔园册子。南宋诗文评点尤其是古文评点兴盛,诸如吕祖谦《古文关键》、楼昉《崇古文诀》、王霆震《古文集成》、刘辰翁《须溪批评十种》、方回《瀛奎律髓》等等,都从指导写作的角度对某一文体尤其是古文进行了多角度、全面的分析论述和总结,具有很深的文体批评意味,并形成了系统的文体观念和文体思想。受科举的影响,南宋兔园册子如雨后春笋,极为繁荣。诸如《论学绳尺》、《策学绳尺》、《止斋论诀》、《辞学指南》等应试指南，或对某一文体精详论述，或对十几种文体（如《辞学指南》十二体）逐一探讨，其指导士子应试写作的目的与文体理论著作如《文心雕龙》和总集选本如《文选》是一致的，故而也可看作是一种特殊的文体学著作，而其中系统规范的文体写作思想也可视为一种完整系统的文体学思想。

（三）文体总集的形成和影响。提到最具系统文体理论的文体总集，人们首先会想到已佚的晋挚虞《文章流别志论》和明代集大成的吴讷《文章辨体》、徐师曾《文体明辨》、贺复征《文章辨体汇选》等。岂不知这种文体总集的初成规模之作是始于宋真德秀《文章正宗》的，嗣后王应麟《辞学指南》和陈仁子《文选补遗》渐趋定型，并受唐宋类书"文部"文体纂述体例的影响。作为总集选本，《文章正宗》前的《纲目》已与前此总集诸如《文选》、《文苑英华》、《唐文粹》、《宋文鉴》前面的序大不相同。虽然《文章正宗纲目》篇幅不大，尚显简略，但真德秀于总论之外，对其所分四目辞命、议论、叙事、诗赋，分别集中进行了类似刘勰"原释选敷"文体研究思路的全面叙述，完全具备了后世明代吴讷、徐师曾文体总集的以"序题"统领文体学思想的纂述体例。但因其化繁为简仅分四目，故而反映的文体思想也略显简要，不太为人所注意。到了其私淑弟子王应麟那里，则规模渐大。王氏《辞学指南》主要是应博学宏词科而设，论述制、诰、诏、表、檄、露布、箴、铭、记、赞、颂、序十二体。前有"论作文法"（吴、徐之"序题"前有"论作文法"实本于此，当然也受评点选本及兔园册子的影响），其后对十二体进行详细的"原释选敷"式的文体论述，虽更多是"综罗文献"的性质，但其鲜明的文体学思想和系统的文体理论框架，则堪与《文心雕龙》相表里。明代吴讷《文章辨体》之过尊真德秀和大量引述真德秀等宋儒的文体言论，更是直接源于王应麟《辞学指南》。不过，历代将《辞学指南》归于“兔园册子”即应试指南而鄙视，故其文体学贡献和意义也千余年来堙没弗闻，不能说不是中国文体学发展史上的一大憾事。宋末元初，受真德秀理学思想影响，陈仁子编《文选补遗》，欲矫《昭明文选》之弊。其《四库提要》云：“其排斥萧统甚至，盖与刘履选诗补注，皆私淑《文章正宗》之说者。然《正宗》主于明理，《文选》原止于论文，言岂一端，要各有当。仁子以彼概此，非通方之论也。”[①]其“补遗”之举已为四库馆臣所讥，如云：“然其说云补《文选》，不云竟以废《文选》。”确当与否，我们姑置不论，但其本《文选》之体例外，对每一体下面“补遗”此文体的“释名彰义”、“原始表末”及“敷理举统”之论，则功不可没。此举使总集选本从《文选》便开始罩上文体论的色彩，真正地完成了文体总集的成型转化。到了明吴讷、徐师曾、贺复征等便依此而成“集文体之大成”（罗根泽语）的文体总集之作。要之，宋代真德秀、王应麟、陈仁子等对文体总集纂述体例的定型具有开创之功，在中国古代文体学史上无疑要书上浓重的一笔。

第二节　文体总集编纂对文体个案研究的强化

上节主要论述了以宋人四大总集为例的诗文合集类总集选本的文体学贡献，包括诸如文体分类、辨体意识以及选文与序题

---

① 陈仁子：《文选补遗》四库提要，四库全书本。

相结合的文体纂述体例（如《文章正宗》、《辞学指南》、《文选补遗》等）。宋代总集中除了上述诗文合集外，还有大量的分体编纂总集，这些分体编纂总集涉及的文体众多，可以说是对诗文合集中文体理论的补充。或者说，由于这种分体编纂的总集强化了某种文体的各方面研究，对该文体的名称源流发展和艺术特征等文体要素进行了更为集中的探究展示，故而使得其文体学理论色彩变得更加浓厚突出。我们现在以祝尚书《宋人总集叙录》和张智华《南宋诗文选本研究》中的《南宋部分诗文选本提要》中的文献为依据，对宋人分体总集选本作一个概要罗列和划分，并举几例作详细具体的分析说明。

诗：绝句：《古今绝句》，吴说编；《万首唐人绝句》，洪迈编；《章泉涧泉二先生选唐人绝句》，赵蕃、韩淲编；《唐三体诗法》（律绝合编），周弼编。律诗：《瀛奎律髓》，方回编。乐府：《乐府诗集》，郭茂倩编。宫词：《十家宫词》，《三家宫词》，《五家宫词》。回文：《回文类聚》，桑世昌编。

赋：《天圣赋苑》（已佚），李祺编；《典丽赋集》（已佚），杨翱编（律赋）；《后典丽赋》（已佚），唐仲友编；《指南赋笺》，《指南赋经》；《赋学衡鉴》，范仲淹编。

尺牍：《溪堂师友尺牍》，谢逸编；《艇斋师友尺牍》，曾淮编。

奏议：《中兴诸臣奏议》，李壁编；《国朝诸臣奏议》，赵汝愚编。

诏令：《宋朝大诏令集》，宋绶家子孙编。

碑传：《新刊名臣碑传琬琰集》，杜大珪编。

论策：《论学绳尺》，魏天应、林子长编；《精选皇宋策学绳尺》。

书判：《名公书判清明集》。

四六:《群公四六续集》、《四家四六》,刘克庄等编;《三家四六》、《圣宋名贤四六丛珠》,叶棻编;《新编四六宝苑群公妙语》,祝穆编。

古文:《古文关键》,吕祖谦编;《崇古文诀》,楼昉编;《古文集成》,王霆震编;《诸儒笺解古文真宝前集》,黄坚编。

此外,词、诗话等也琳琅满目,兹不赘举。上述许多选本如《典丽赋集》、《指南赋笺》、《论学绳尺》、《策学绳尺》等都是为应试而设的兔园册子。由于其目的是为了指导士子写作,故而对此文体的源流发展演变以及体制、风格、内容、形式、题材等写作规范特征,都以典型作品为例来详细阐释归纳,无形中强化了对这一文体的各方面研究,从而显示了其深刻的文体学意义。分体总集选本中的编者自序、他序或历代重刻序跋等,深化了这一文体的源流发展和文体规范特征研究,尤其是所论作品多为名家名篇,本身便具有鲜明的文体规范示范作用。下面聊举两例,以见其文体学上的意义。如《回文类聚》,其编者桑世昌自序云:

> 《诗苑》云:"回文始于窦滔妻,反复皆可成章。归为二体,今合为一,止两韵者谓之回文,而举一字皆成读者谓之反覆。"又上官仪曰:"凡诗对有八,其七曰回文对。""情亲因得意,得意遂情亲。"是也。自尔或四言,或六言,或唐律,或短语,既极其工,且流而为乐章。盖情词交通,妙均造化,此文之所以为无穷也。[1]

① 转引自祝尚书:《宋人总集叙录》,中华书局2004年版,第208页。

此序对回文体追源溯流，即始于“窦滔妻”，其体分两体“回文”和“反覆”，演变到今合为一体。从语体上又分为四言、六言、唐律、短语等。其文体特点是“反复皆可成章”，“盖情词交通，妙均造化，此文之所以为无穷也”。清朱存孝序对其特点踵事增华：“字如棋置，按诵成章，字不数百，诗几千首。”并对其体制总结道：“虽仿其制者代不乏人，类不能出其规范。”①其《四库提要》则对回文体的原始作者、形式特征等进行了考索，大有助于把握这一文体的源流发展脉络。今人周汝昌《回文词聚题记》又把回文分为诗体和词体两种体制。可见，这一文体总集的编纂，不但对此文体深化研究有功，而且由于引起历代学人对此文体研究不断深入，其文体文献的历代汇聚之功更大。

第三节　宋人总集选本对宋人体派形成的文学史意义

宋代是中国古代文学流派形成和成熟的关键时期，宋代文学发展的历史可以说就是宋代文学“体派”发展的历史。诸如白体、晚唐体（九僧）、西昆体、古文运动、江西诗派、永嘉四灵、江湖诗派、遗民诗派等文学体派前后相继，贯穿了整个宋代文学史。这些文学体派的形成和产生影响，则离不开与其相伴而行、相辅相成的总集选本的编纂和宣扬。诸如《二李唱和集》、《九僧诗集》、《西昆酬唱集》、《江西宗派诗集》、《四灵诗》、《江湖集》等等，仅从

① 转引自祝尚书：《宋人总集叙录》，中华书局2004年版，第209页。

诗集的名称就可明显看出总集选本与文学流派的密切关系和相互影响,并清晰地呈现出宋代文学流派发展的纵向历史脉络。

郭英德先生认为:"文学流派的正式形成,当在中唐至北宋时期。"[①]又云:"文学流派的真正成熟,当以江西诗派为标志。"[②]文学流派自中唐到五代便与总集的编纂有了直接的血脉关系。对此,郭英德先生云:

> 同时,以某一种风格情调和创作倾向为标准选录作品,结集刊行,也在中唐以后兴起。如殷璠《河岳英灵集》,主要收清雅幽远之诗,后人视为以王维、孟浩然为代表的王孟诗派的选集;元结的《箧中集》,收录沈千运等"无禄位"、"久贫贱"者的悲苦怨愤之作;五代后蜀赵崇祚编《花间集》,专收浓艳香软之作,后人称作"花间词派";宋初杨亿编《西昆酬唱集》收录杨亿、钱惟演等十五位宫廷诗人"更迭唱和"、互相切劘之作,诗风以浮华侈丽见长,史称"西昆诗派"。这些作品选集在某种意义上堪称流派作品集,尤其是《花间》、《西昆》二集,既突显了鲜明的文学风格,又奠基于某一作家群体,表现出风格与群体的融洽合一,难怪后世即以之为流派代称了。[③]

---

① 郭英德:《中国古代文人集团与文学风貌》,北京师范大学出版社1998年版,第188页。

② 同上书,第191页。

③ 同上书,第190页。

前面我们主要从文类文体、文体批评、辨体、文体分类上来看宋人总集编纂的文体学意义，但文体不但有文类文体（即体裁）的含义，另一个重要的含义便是风格。文体的文学风格含义，又有时代风格、流派风格、个人风格等方面，[①]这在严羽《沧浪诗话》“诗体”中便有详细划分和论述。上述文体含义在文学史上体现为文学流派（文学体派），往往与相对应的总集选本编纂息息相关，宋代尤为突出。

总集对文学体派形成的促进关系，在宋代体现得最为充分。如欧阳修云：“自《西昆集》出，时人争效之，诗体一变。”[②]郭英德则云：“北宋末年，吕本中作《江西诗社宗派图》，并编刊《江西诗派诗集》，第一次自觉地，明确地打出江西诗派的旗帜”，“然而在中国文学史上更值得重视的是，江西诗派树立了中国古代文学流派的典范，沾被后世，非一代也。”[③]对于宋人的文学体派和总集关系之论述当以严羽和方回最早、最为系统。严羽《沧浪诗话》“诗体”章分“以人而论”和“以时而论”等，提到了“江西宗派体”和“西昆体”等。严羽的辨体意识和诗学辨体理论直接与宋代文学流派的发达有关。郭绍虞云：“案沧浪‘诗法’谓‘辨家数如辨苍白，方可言诗。’以上所谓‘以时’、‘以人’诸体，即是家数之辨。”[④]而“方回对宋诗体派的划分已经十分详尽系统”。[⑤] 并且每每与相

① 详见吴承学：《中国古典文学风格学》，花城出版社 1993 年版。

② 欧阳修：《六一诗话》，清何文焕辑：《历代诗话》（上），中华书局 1981 年版，第 266 页。

③ 郭英德：《中国古代文人集团与文学风貌》，北京师范大学出版社，第 191—192 页。

④ 严羽著，郭绍虞校释：《沧浪诗话校释》，人民文学出版社 1961 年版，第 68 页。

⑤ 王水照主编：《宋代文学通论》，河南大学出版社 1997 年版，第 81 页。

应的总集联系起来谈，足见对应总集对文学体派形成的重大作用和影响。如方回《送罗寿可诗序》云：

> 宋刬五代旧习，诗有白体、昆体、晚唐体。白体如李文正、徐常侍昆仲、王元之、王汉谋；昆体则有杨、刘《西昆集》传世。……晚唐体则九僧最逼真……立为江西派之说者……嘉定而降，稍厌江西，永嘉四灵复为九僧晚唐体。①

"白体"代表作家有李昉、徐铉、王禹偁等，以王禹偁为领袖，"国初沿袭五代之余，士大夫皆宗白乐天诗，故王黄州主盟一时"。②"白体"是通过一系列唱和诗集确立和壮大起来的。如徐铉、李昉等《翰林酬唱集》；李昉、李至《二李唱和集》；王禹偁、冯伉《商於唱和集》；李昉、苏易简《禁林宴会集》等。"西昆体"则以杨亿编《西昆酬唱集》为标志，成员有杨亿、钱惟演、刘筠等。"晚唐体"之成员为九僧，有《九僧诗集》。"江西诗派"则有《江西派诗集》，四灵诗派则有《四灵诗集》，江湖派则有系列《江湖集》，道学派则有《濂洛风雅集》等。可见，各文学体派之名称和形成都与对应的总集选本密不可分。对此可参见《宋人总集叙录》和《宋代文学通论·体派篇》。

总之，宋代文学流派以"江西宗派"最为成熟，有组织、有纲领、有宗主领袖，其中《江西宗派诗集》更是具有了流派作品集的

---

① 方回：《桐江续集》卷32，四库全书本。

② 胡仔：《苕溪渔隐丛话前集》引，人民文学出版社1962年版，第144页。

意味。其他诸如“白体”、“西昆体”、“晚唐体”、“江湖派”、“四灵”等，则只能称作松散的文学流派，或者称为“体”、“体派”，也即只是某些文学风格相似的松散文人团体，而且宋人如严羽、方回等也是主要以“体”称之的。这样，与之配套对应的总集选本便有了团聚作家、组织作家的凝聚力。同时，选本作品文学风格的相似性，还无形中发挥着统一文学风尚的“文学纲领”之作用。所以说，宋人总集选本与宋代文学体派有着天然的血缘关系。

第五章 唐宋类书“文部”的文体文献学价值

唐宋类书是中国古代类书发展史上的关键时期。类书在体例上“区分胪列”与总集文体分类之“类聚区分”的纂辑方法有相同之处。类书与总集在文体学上的密切关系尤其能从宋初类书《太平御览》与总集《文苑英华》的编纂及文体比较分析中看出。而《艺文类聚》、《古今事文类聚》之“先事后文”的体例,既说明了类书与总集的关系,也体现了类书“文部”的鲜明文体纂述体例。类书不但在题材分类上影响了总集分类方法的形成,而且其“文部”都有详尽的文体分类和文体评论,这是其文体理论的重要价值所在。在古代,类书和总集编纂的初衷和目的都是为了指导写作,这与文体著作和文体总集的功能是相通的。唐宋类书之“文部”胪列评论文体的体例在中国古代文体纂述体例上具有承前启后的地位。中国古代类书尤其是唐宋类书在文体学上最大的贡献,在于其作为“古代文献资料的渊薮”,最丰富、最集中、最系统地把中国古代文体文献资料汇集在一起,具有了“综罗文体资料文献”的功能。这就使得我们在千百年后,可以汇辑编纂出一部文体文献资料专书,有益和方便现代学者的文体学研究。本书在大量考析唐宋类书之“艺文、文章、文学、杂文”等“文部”文体的基础上,以《艺文类聚》、《太平御览》等八部类书为典范,进行文体学上的分析和总结,从而凸现唐宋类书在中国古代文体学上的独特地位。

第一节 唐宋类书"文部"的文体学特征

类书"文部"的编纂方法、文体分类及纂述体例都具有鲜明的文体学特征,是融合了文体学诸方面的独特文体汇编。其不但与总集文体分类有密切关系,其指导写作的目的也与文体学著作和文体总集的功能是相通的,从中也显现出其文体学价值和意义。

首先,类书"文部"之胪列评述文体与总集文体分类有密切关系,可谓同源异流。类书在体例上"区分胪列"与总集文体分类之"类聚区分"的纂辑方法有相同之处,即王应麟《玉海》李桓序所谓"区分胪列,靡所不载"。[①] 胡道静云:

> 我国古代类书是"百科全书和资料汇编"的综合体。另外还要加上一条,就是它们的形式是区分门类的。类书的名称本是由此得来,所谓"方以类聚,物以群分"(《易系辞传》语);"事类相从,聚之义也"(皇甫谧《甲乙经序》语)者是。[②]

明焦竑《国史·经籍志》卷四下"类家"序云:

---

① 王应麟:《玉海》,江苏古籍出版社、上海书店 1987 年影印本。

② 胡道静:《中国古代的类书》,中华书局 1982 年版,第 7 页。

流览贵乎博，患其不精；强记贵乎要，患其不备。古昔所专，必凭简第；综贯群典，约为成书。此类家所由起也。自魏《皇览》而下，莫不代集儒硕，开局编摩；乃私家所成，亦复猥众。大都包络今古，原本始终，类聚胪列之，而百世可知也。韩愈氏所称“钩玄提要”者，其谓斯乎！[①]

类书的这种“类聚胪列”的分类方法与中国古代总集的分类方法可谓同源异流，殊途同归。我们知道，中国历代总集选本是中国古代文体分类学的渊薮，傅刚先生《文体辨析与总集之编纂》总结道：“魏晋六朝时期文学总集的编纂，以文体分类从而带有辨体的目的。”[②]挚虞编纂《文章流别集》之体例便是“区判文体”和“类聚区分”。如《晋书·挚虞传》：“挚虞撰《文章志》四卷，注解《三辅决录》，又撰古文章，类聚区分为三十卷，名曰《流别集》，各为之论，辞理惬当，为世所重。”最著名的总集选本体例亦以“汇聚”、“类分”为主的。如萧统《文选序》：“凡次文之体，各以汇聚，诗赋体既不一，又以类分；分类之中，各以时代相次。”[③]（同上）刘勰《文心雕龙》文体论也是从“区别部类”来“论古今文体”的。（《梁书·刘勰传》）可见，总集和文体理论著述的文体分类都很相似。褚斌杰先生也云：“在中国，文体分类的尝试和出现，肇始

① 焦竑：《国史·经籍志》卷4，四库全书本。
② 傅刚：《昭明文选研究》，中国社会科学出版社2000年版，第100页。
③ 同上书，第330页。

于文学总集的出现和文学批评的萌芽。”①

类书与总集在文体学上的密切关系尤其能从宋初类书《太平御览》与总集《文苑英华》的编纂及文体比较分析中看出。宋初《太平御览》与《文苑英华》相继纂成，二书不但时间上先后而成，而且纂者人数及身份都大体相同。如胡道静《中国古代的类书》云：

> 参与纂修《英华》诸人中，有八人皆为参与《太平御览》者。……意者，《御览》实成于太平兴国七年，故当时能抽调编辑诸人之大半以从事《文苑英华》之修纂，但完成者不过为进请删定之稿本，不为定本。②

《文苑英华》所列文体如下：赋、诗、歌行、杂文、中书制诰、翰林制诏、策问、策、判、表、笺、状、檄、露布、弹文、移文、启、书、疏、序、论、议、连珠、喻对、颂、赞、铭、箴、传、记、谥哀册文、谥议、诔、碑、志、墓表、行状、祭文（哀吊）。

《太平御览》所收文体如下：诗、赋、颂、赞、箴、碑、铭（铭志附）、七辞、连珠、（御制）、诏、策、诰、教、诫、章、表（启、奏、劾奏、奏状、奏弹、弹事、奏劾、弹文）、駮奏、论、议、笺、启、书记（尺牍、笔札）、诔、吊文、哀辞、哀策、檄、移、露布、符、契券、铁券、过所、零丁、品量文章、叹赏、史传。

---

① 褚斌杰：《中国古代文体概论》，北京大学出版社1990年版，第495页。

② 胡道静：《中国古代的类书》，中华书局1982年版，第161页。

可以看出，两书所列文体无大出入，基本是相同的。可以这样说，《太平御览》文部就像是挚虞《文章流别志论》，而《文苑英华》则是《文章流别集》，二书相辅相成，合则为一文体总集，分则文体理论与文章选本互相独立，互相生发。这一现象从另一侧面说明了唐宋人之类书和总集编纂相同的文体学思维方式以及相同的指导写作功能。

唐宋类书如《艺文类聚》、《古今事文类聚》之编纂体例具有类书和总集的双重功能，已然开明代吴讷、徐师曾文体总集的先河。如明胡应麟《少室山房笔丛》卷29《九流绪论》下云：“如《初学》、《艺文》兼载诗词，则近于集。”①《澹生堂藏书约·藏书训略·鉴书》云：“又如《艺文类聚》之备载词赋，《合壁事类》之详引诗文，是皆类而集矣。”②胡道静对《艺文类聚》这种类书兼总集的体例所述尤为详切：

> 《艺文类聚》在辑存文献的方法、方式上，有一重大特点，和它以前的类书及以后的大多数类书非常不同，从而构成了它自己在类书群中的独特之处，就是把“事”与“文”两条龙并成了一条龙，变更了类书的常规体制。以往，“文”自为总集，“事”自为类书，正如欧阳询在《艺文类聚序》中所说的：“《流别》、《文选》专取其文；《皇览》、《遍略》，直书其事。”其结果是“文义既殊，寻检难一。”欧阳询为了要解决这个不方

---

① 胡应麟：《少室山房笔丛》卷29，四库全书本。

② 转引自胡道静：《中国古代的类书》，中华书局1982年版，第6页。

便的问题，于是新创体制，事与文兼，汇为一书。他说："其有事出于文者，便不破之为事。故事居其前，文列于后。"事前、文后，便是《艺文类聚》每一个子目的体例。……

欧阳询创造的这个类书体例，后来宋人的《事文类聚》、清代官修的《渊鉴类函》都摹仿它。……①

《艺文类聚》、《古今事文类聚》之"先事后文"的体例，既说明了类书与总集的关系，也体现了类书"文部"的鲜明文体纂述体例。也就是说，其"先事"大多综罗古代文籍中的有关文体言论，并符合刘勰"原始以表末，释名以彰义，敷理以举统"的文体研究思路；其"后文"则属于总集选本体例，符合刘勰的"选文以定篇"。这种文体总集的纂述体例，上承《文章流别志论》而下启明代吴讷《文章辨体》和徐师曾《文体明辨》的编纂体例。其在中国古代文体学上的地位和作用非常重要。

类书的"百科全书"和"资料汇编"性质，使得其在一级分类的大类中主要以"题材"分类，而这种一级题材分类在《文选》中便有了"以题材分类"的二级分类，如《文选》赋类按题材诸如"京都、郊祀"等分为 15 类。宋代《文苑英华》这个大型的文章总集则在 39 类文体的一级分类之下，每个文体的二级分类都以类书类的"题材"分类进行细密分类，可以说是文体分类和类书分类相结合的极致。其后如《唐文粹》等历代总集都有沿袭此种按题材分类的文体分类之举。

---

① 胡道静：前引书，第 107 页。

类书不但在题材分类上影响了总集分类方法的形成，而且其“文部”都有详尽的文体分类和文体评论，这是其文体理论的重要价值所在。如隋虞世南《北堂书钞》卷102“艺文部”分文体为诗、赋、颂、箴、连珠、碑、诔、哀辞、吊文、诏敕、章、表、书记、符、檄、策、简、牍、札、刺、券契等二十一体。欧阳询《艺文类聚》卷五十五“杂文部”分史传、集序、诗、赋、七、连珠、书、檄、移九体。最典型全面的要属宋李昉等编《太平御览》“文部”列诗、赋、颂、赞等四十余体，这与同时为李昉主持的总集《文苑英华》的文体数目名称大体相当，足以见出类书的文体分类与总集文体分类之间的关系。文体分类之外，在每体之下都有或详或略的文体评论，或综缉群言，或出以已断，大多具备一定的文体理论色彩。

在古代，类书和总集编纂的初衷和目的都是为了指导写作，即“储材待用，备文章之助”，这与文体著作和文体总集的功能是相通的。如胡道静所云：

> 类书储材待用，一方面是备仓卒应对之需，一方面也是为撰文、作诗资料之需。封建时代的诗文，大多是需要堆砌典故。临事得题，不得不乞灵于类书，而平日不得不有所预备。虞世南之为《书钞》，当然主要是为此。白居易作《六帖》、元稹作《类集》、晏殊作《类要》、秦观作《精骑集》等等，无非都是如此。封建政府的编纂类书乃至书坊的辑录类书，也是提供文人以这种方便。①

① 胡道静：《中国古代的类书》，中华书局1982年版，第26页。

类书的这种“两脚书厨”和“獭祭”之作用与总集之注疏即章句家的“书簏”(案李善注《文选》,号为书簏,也即章句家)对文学创作的指导作用如出一辙,即闻一多先生所谓“章句家与类书家的态度,根本相同,创作家又何尝两样?”依此出发,闻一多先生清晰地勾勒出总集、类书与文人别集三者之间的关系,并作了详细阐释。如选出五种书,把它们排成下面这样的次第:《文选注》——《北堂书钞》——《艺文类聚》——《初学记》——初唐某家的诗集,分析到:

我们便看出一首初唐诗在构成程序中的几个阶段。劈头是“书簏”,收尾是一首唐初五十年间的诗,中间是从较散漫、较零星的“事”,逐渐地整齐化与分化。五种书同是“事”(文家称为“词藻”)的征集与排比。同是一种机械的工作,其间只有工作精粗的程度差别,没有性质的悬殊。这里《初学记》虽是开元间的产物,但实足以代表较早的一个时期的态度。这部书的体裁,看来最有趣。每一项题目下,最初是“叙事”,其次是“事对”,最后便是成篇的诗、赋或文。其实这三项中减去“事对”,就等于《艺文类聚》,再减去诗、赋、文便等于《北堂书钞》。所以我们由《书钞》看到《初学记》,便看出了一部类书的进化史,而在这类书的进化史中,一首初唐诗的构成程序也就完全暴露出来了。你想,一首诗做到有了“事对”的程度,岂不是已经成功了一半吗?余剩的工作,无非是将“事对”装潢成五个字一幅的更完整的对联,拼上韵脚,再安上一头、一尾罢了。这样看来,若说唐初五十年间的类书是较粗糙的诗，他们的诗是较精密的类书，许不算是强词夺理吧？

《旧唐书·文苑传》里所收的作家，虽有着不少的诗人，但除了崔信明的一句“枫落吴江冷”是类书的范围所容纳不下的，其余作家的产品不干脆就是变相的类书吗？

讲到这里，我们许要想到时人批判李善“释事而忘意”，和我批评类书家“采事而忘意”两句话。现在我若给那些作家也加上一句“用事而忘意”的案语，我想读者们必不以为过分。[①]（闻一多《类书与诗》）

类书、总集这种指导创作的功能与所有文体著作都是指导写作的功能是一致的。《文心雕龙》这一文体之集大成者便是。如《魏晋南北朝文学批评史》云：“《文心》一书的宗旨是指导写作，全书的各部分篇章也是按照这一宗旨组织安排的。”[②]类书的这种“以类相从”的分类方法以及指导写作的“看文体”功能，在《初学记》中体现得最为充分。《唐会要》云：“开元十五年五月一日，集贤学士徐坚等纂经史文章之要，以类相从，上制名曰《初学记》，至是上之。”[③]唐刘肃记载《初学记》的编纂源起云：

玄宗谓张说曰：“儿子等欲学缀文，须检事及看文体。

① 闻一多著，傅璇琮导读：《唐诗杂论导读》，上海古籍出版社1998年版，第4页。

② 王运熙、杨明：《魏晋南北朝文学批评史》，上海古籍出版社1989年版，第338页。

③ 《唐会要》卷36，四库全书本。

《御览》之辈，部帙既大，寻讨稍难。卿与诸学士撰集要事并要文，以类相从。务取便省，令儿子等易见成就也。"说与徐坚、韦述等编此进上，以《初学记》为名。①

其所谓"须检事及看文体"云云，指类书便于"检事"的功能和作用即上述"獭祭"、"书簏"之功；而"看文体"则指各种类书"文部"中大量胪列评论各种文类文体，以指导各体文章写作，尤其体现出了类书"文部"的文体学价值。

类书、总集的这种指导写作而具文体学价值的现象，与唐宋科举兴盛而各类应试指南（兔园册子）的发达异曲同工。各类兔园册子具有指导应试举子写作的作用，故而其对文章文体的选评、点评都十分详尽细致，无疑具有了某种文体论著的意味。也就是说，在文体学功能上，类书与各种总集及各类兔园册子的性质有很多相似之处。

第二节　唐宋类书"文部"部类体制概说

唐宋类书的文体学价值不但体现在上述各方面，而且其"文部"胪列评论文体的体例在中国古代文体纂述体例上具有承前启后的独到地位。类书独特的文体纂述体例不但上承刘勰《文心雕龙》之"原释选敷"的文体研究方法和挚虞《文章流别志论》的纂

---

① 刘肃撰，许德楠、李鼎霞点校：《大唐新语》卷9，中华书局1984年版，第137页。

述体例，而且征引相关的文体文献资料更为丰富，可谓竭泽而渔。此外，类书独特的文体纂述体例还直接影响启发了明代几大文体总集的编纂。下面我们首先来对唐宋有代表性的类书“文部”文体体例进行择要列举，以见概貌。

一、《北堂书钞》，隋虞世南撰

部类：《郡斋读书志》云：“《北堂书钞》一百七十三卷，分八十部，八百一类。”《中兴馆阁书目》云：“《北堂书钞》一百六十卷，分一百六十门。”今本一百六十卷，实分十九部，八百五十一类：帝王部（22卷、75类）、后妃部、政术部、刑法部、封爵部、设官部、礼仪部、**艺文部**、乐部、武功部、衣冠部、仪饰部、服饰部、舟部、车部、酒食部、天部、岁时部、地部。（按下列类书多如此类，不再列举。）“艺文部”共收录21种文体。其体制形式以“诔”为例：

诔三十

诔，述行表纪能诔，累事称之。哀公诔孔丘，世祖诔吴汉。《说苑》云：柳下惠死，人将诔之。妻曰：将述夫子之德，二三子不若妾之知。为诔曰：夫子之不伐，夫子之不竭，谥宜为惠。弟子闻而从之。《东观记》：平原王葬，邓太后悲伤，命史官述其行迹，为作传诔，藏于王府。《诗传·曾子问》篇云：贱不诔贵，幼不诔长，礼也。唯天子称天以诔之，诸侯相诔，非礼也。郑注云：诔之为言，累也；累举其生平实行，为诔而定其谥，以称之也。附《檀弓》篇云：鲁哀公诔孔丘曰：天不遗耆老，莫相予位焉。呜呼哀哉，尼父！案宣圣之诔，数处文有不同。《左传》哀公十六年夏四月己丑，孔丘卒。公诔之曰：

昊天不吊，不憖遗一老，俾屏余一人在位，茕茕余在疚！呜呼哀哉，尼父，无自律！而《史记·孔子世家》与《左传》所载全同班氏。《前汉·五行志》则云：孔丘卒，哀公诔之曰：昊天不吊，不憖遗一老，俾屏余一人。又与《史记》异。《补东观记》云：杜笃与美阳令交游，数从请托，公遂诔之。上自为诔，贵贱操笔四十余人，章章殊兴，句句感切，古今莫比，一时所推。

二、《艺文类聚》，唐欧阳询等撰

《艺文类聚》一百卷，分四十六部，列子目二十七。其中"杂文部"（4卷、15子目）。其体制概貌以"赋"体为例：

赋

《毛诗序》曰：诗有六义，其二曰赋。《释名》曰：赋，敷也，敷布其义谓之赋也。《汉书》曰：不歌而诵谓之赋，登高能赋，可以为大夫。言感物造端，材智深美，可以与图政事，故可以为列国大夫也。春秋之后，周道浸坏，聘问歌咏，不行于列国，而贤人失志之赋作矣。孙卿及楚臣屈原，离谗忧国，皆作赋以风谕，咸有恻隐古训之义。其后宋玉、唐勒。汉兴，枚乘、司马相如下及扬子云竞为侈丽闳广之语，设其讽谕之义。是以扬子称之曰：诗人之赋丽以则，辞人之赋丽以淫。如孔氏之门用赋也，则贾谊登堂，相如入室矣。又曰：上令王褒与张子侨等并待诏，数从游猎，所幸宫馆，辄为歌颂，第其高下，以差赐帛。议者多以为淫靡不急。上曰：不有博弈者乎？为之犹贤乎已。辞大者与古诗同义，小者辨丽可嘉。譬如女工有绮縠，音乐有郑卫，今世俗犹皆以此娱悦耳目。辞赋有仁义风谕，鸟兽草木多闻之观，贤于倡优博弈远矣。又曰：枚皋上书北阙，自陈枚乘之子，上得大喜，召入见，待诏皋，因赋殿中。诏使赋平乐馆，善之，拜为郎。皋不通经术，谈笑类俳倡，为赋颂好優戏，以故得媟渎，贵幸比东方朔、郭舍人等。武帝春秋三十九乃得皇太子，群臣喜。故皋与东方朔作皇太子生赋，皋为文疾，受诏辄成。司马相如善为文而迟，故所作少。《汉书》曰：成帝赵昭仪方大幸，每上往甘泉宫，常从在属车间豹尾中，故扬雄盛言车骑之众，参丽之驾，非所以感动天地，迎厘三辰。又言：屏玉女，却宓妃，以慼斋戒之事。赋成奏之，天子异焉。先是，时蜀有司马相如作赋，甚典丽温雅，雄心壮之，每作赋常拟以为式。《东观汉记》曰：班固字孟坚，九岁能作赋颂。固数入读书禁中，每行巡狩，辄献赋颂。《桓子新论》曰：余少时见扬子云丽文高论，不量年少，猥欲逮及。常作小赋，用精思大剧。而立，感动发病。子云亦言：成帝上甘泉，诏使作赋，为之卒暴。倦卧，梦其五脏出地。及觉，大少气，病一岁。余素好文，见子云工为赋，欲从之学。子云曰：能读千赋，则善为之矣。……

其后备载《祢衡别传》、《魏志》、王隐《晋书》、《文士传》、晋陆机《文赋》、汉扬雄《反骚》、后汉班彪《悼离骚》、晋挚虞《悯骚》、魏陈王曹植《九咏》、梁元帝《拟秋风摇落》、梁武帝《赋体》、梁任昉《赋体》、梁王僧孺《赋体》、梁陆倕《赋体》、梁柳憕《赋体》、魏文帝《典论》、晋挚虞《文章流别论》等有关赋体的文章或言论，兹略。

三、《初学记》，唐徐坚等撰

《初学记》三十卷，共分二十三部，三百一十三个子目。其中“文部”（1 卷，9 个子目），其体制概貌举例如下：

文章第五

文章者，孔子曰：焕乎其有文章；子贡曰：夫子之文章可得而闻也。盖诗言志，歌永言，不歌而诵谓之赋。古者登高能赋，山川能祭，师旅能誓，丧纪能诔，作器能铭，则可以为大夫矣。三代之后，篇什稍多。又训诰宣于邦国，移檄陈于师旅，笺奏以申情理，箴诫用弼违邪，赞颂美于形容，碑铭彰于勋德，谥册褒其言行，哀吊悼其沦亡，章表通于下情，笺疏陈于宗敬，论议平其理，驳难考其差，此其略也。

四、《唐宋白孔六帖》，唐白居易、宋孔传撰

《唐宋白孔六帖》计分一千三百六十七门，以天地事物分门类为对偶，而不载所出书。其体制以“铭”为例如下：

铭九

白——铭则序事清润《选》。铭博约而温润《文赋》。《礼》曰：“君子之观铭也，既美其所称，又美其所为。”言美其人为此铭也。**孔**——铭朝觐碑崔融《典东朝章疏》：武后幸嵩高，见融铭，叹美之。及已封，即命《铭朝觐碑》。撰王承宗先铭萧俛。尝诏俛撰《王承宗先铭》，俛奏：“承宗比不臣迷而后复，臣不忍称道其先。”又辞：“成，当有饷谢。拒之，则非朝廷抚纳意；受之，臣谊不当取。”帝善而止。赐宸扆台衡二铭马燧斩李怀光，降众犹万六千。还太原，帝赐宸扆、台衡二铭，以言君臣相成之美。勒石起义堂。试彝尊铭崔涣起家亳州司

功参军，还调，于是入判者千余。吏部侍郎严挺之试《彝尊铭》谓曰：“子清庙器也，故以题相命。”读者怜其志李华为元德秀权皋铭，称道深婉，读者怜其志。咏其形容有异于古《文粹》李翱《荅寺僧书铭》：古多有之，汤之《盘铭》、卫孔悝《鼎铭》、秦始皇之《峄山铭》。蔡邕《黄钺铭》以纪功于黄钺之上。近代为铭，大抵咏其形容，有异于古人之所为。其作锺铭，则必咏其形与其音节，与其财用之多少，镕铸之勤劳尔，非为勒功德劝戒于世也。铭以题勒示后李善《文选注》。功德卓异者所皆铭纪权德舆其文雅正赡缛，当时公卿侯王功德卓异者，所皆铭纪十常八九。《左传》。八佐在吴铭双阙于盘石。李白《陁罗尼幢颂序》。

五、《太平御览》，宋李昉等撰

《太平御览》分五十五部，五千三百六十三类。“文部”类目(23 卷，63 子目)，其体制以“赞”体为例如下：

赞

《释名》曰：称人之美曰赞。赞，纂也，纂集其美而叙之也。《文心雕龙》曰：赞者，明也，助也。昔虞舜之祀，乐正重赞，盖唱发之词也。及益赞于禹，伊陟赞于巫咸，并扬言以明事，嗟叹以助词者也。故汉置鸿胪，以唱拜为赞，即古之遗语也。至如相如属笔，始赞荆轲。及迁史固书，托赞褒贬。约文以总录，颂体而论词，又纪传后评，亦同其名，而仲洽流别谬称为述，失之远矣。及景纯注雅，动植必赞，义兼美恶，亦犹颂之变耳。然本其为义，事生奖叹，所以古来篇体，促而不广；必结言于四字之句，盘桓于数韵之词；约举以尽情，昭灼以送文，此其体也。发源虽远而致用盖寡，大抵所归，其颂家之细条也。李充《翰林论》曰：容象图而赞立，宜使辞简而义正，孔融之赞杨公，亦其义也。《晋书》曰：嵇含，绍之孙也。弘农王粹以贵公子尚主，馆宇甚盛，图庄周于室，广集朝士，使含为赞。含援笔为之，文不加点。其略曰：嗟乎，先生高迹何局？生处岩岫之居，死寄雕楹之屋，寄非其所，没有余辱。粹有愧色。又曰：卫恒，字巨山，为黄门郎。善草隶。太康元年，汲县人盗发魏襄王冢，得策书十余万言，其一卷论楚事者最为工妙。恒悦之，故竭思以赞其美。《世说》曰：羊孚作《雪赞》，曰：资清以化，乘气以霏，遇象能鲜，即洁成辉。桓伊遂以书扇。

六、《事物纪原》，宋高承撰

部类体制以卷四"经籍艺文部"之诗、赋等体为例如下：

诗

《乐书》曰：伏羲之乐曰"立基"，神农之乐曰"下谋"。夫乐必有章，乐章之谓。诗始于太昊之世。五言，李翰《蒙求》曰：李陵初诗，始变其体，作五言格也。其始亦本于诗"佌佌彼有屋，蔌蔌方有榖"之类。《六帖》曰：谷永始作六言，亦诗"公尸来燕来宁"之类也。七言，刘义庆《世说》曰：王子猷诣谢公，云：诗何七言？子猷曰：昂昂若千里之驹，泛泛若水中之凫。此语出《离骚》。《东方朔传》曰：汉武在柏梁台上使群臣作七言，七言之作始起于此也。律格，《本事诗》载李白歌诗云：梁陈以来艳藻斯极，沈休文又尚以声律。唐《宋之问传》曰：建安江左，诗律屡变。至沈约、庾信以音律相婉附，属对精密；及之问、沈佺期又回忌声病，约句准篇，则律格之始原于约、信而成于沈、宋也。联句，自汉武为柏梁诗，使群臣作七言，始有联句体。梁何逊集多有其格，唐文士为之者亦众。凡联一句或二句，亦有对一句出一句者。《五子之歌》有其一其二之文，则又联句之体也。其事见于《夏书·五子之歌》，始于汉武柏梁之作而成于何逊也。唱和，帝舜与皋陶乃赓载歌，则唱和之初也。亦本于诗之“箨兮倡予和女”之义。其事新见于齐梁时，颜延年、谢元晖始之也。次韵，颜延年、谢元晖作诗相倡和，皆不次韵。至唐元稹作《春深》二十首，并用家、花、车、斜四字为韵。白居易、刘禹锡和之，亦用其韵。及令狐楚和诗，多次其韵。宋朝真宗时，杨内翰亿谓次韵于此也，见《谈苑》。

赋

《诗序》：六义，次二曰赋，当谓直陈其事尔。《左传》言郑庄公入而赋大隧之中。于后荀卿、宋玉之徒演为别体，因谓之赋。故昔人谓赋者，古诗之流，以荀宋为始。《汉书》曰：不歌而颂曰赋。《释名》曰：敷布其义曰赋。

论

《文心雕龙》：昔仲尼微言，门人追记，目为《论语》，盖群论立名始于兹矣。庄周之书有尝试论之，荀卿有《正论》，贾谊有《过秦论》。论以荀、贾为始。

策

《事始》云：起自汉武帝策董仲舒，始以其文曰：兴自朕躬故也。按《前汉书》有晁错《贤良策》，盖文帝策之，曰：兴自朕躬。则策始于汉文帝之策晁错也。

议

《管子》曰：轩辕有明堂之议，此盖疑为议之始也。

赞

《文心雕龙》：昔虞舜重赞，及益赞于禹，伊陟赞于巫咸，并扬言以明事，嗟叹以助辞。故汉置鸿胪，唱拜为赞。如相如之赞荆轲，班固之褒贬以赞，皆取益赞于禹之义。要之，自司马相如赞荆轲始。

颂

《诗序》：六义，其六曰颂。盖颂者，美盛德之形容，以其成功告于神明者也。《诗》有商、周、鲁三颂。《文心雕龙》：昔帝喾之世，咸墨为颂，以歌九韶，则颂起于帝喾也。

箴

《文心雕龙》曰：轩辕舆凡，以弼不逮，即为箴。又曰：斯文之兴，盛于三代。夏商二箴，余句尚存。及周辛甲百官箴阙，虞人之箴，体义备焉。

连珠

傅玄曰：连珠兴于汉章帝，班固、贾逵、傅毅皆受诏作之体。则假喻达旨，贤者微悟，欲使历历如贯珠，易睹而可悦，故曰连珠。梁沈约云：连珠之作始自扬子云。欧阳询作《艺文类聚》中亦有扬雄连珠，则为斯文之兴不自汉章明矣。

七、《古今事文类聚》，宋祝穆编

部类体制以别集5“文章部”之“露布”为例：

露布

《群书要语》:露布,人多用之,以不知其始。春秋佐助期曰:武露布,文露沉。宋均云:甘露见其国,布散者,人尚武;文采者,则甘露迟重。露布者,盖露板不封,布诸视听也。

以下在“古今事实”中举列与露布相关的典故并说明出处,如倚马而作、书帛而曳、标于漆、下马作露版、小捷不作露布、德宗感泣等条目。接下来在“古今文集”中选于公异《破朱泚露布》全文作为示范,兹略。

八、《玉海附辞学指南》,宋王应麟撰

部类体制以《玉海》“艺文部”之“论”体为例:

论

郑康成曰:论者,纶也,可以经纶世务。刘熙曰:论,伦也,有伦理也。刘勰曰:圣哲彝训曰经,述经叙理曰论。陈政则与议说合契,释经则与传注参体,辩史则与赞评齐行,铨文则与叙引共纪。弥纶群言而研精一理者也。

以下按时代先后选文定篇,论述经典范文的写作背景及出处等,包括汉《素王妙论》、《盐铁论》、桓谭《新论》、《王命论》、《沛王通论》、《演经杂论》、《论衡》、《六儒论》、《潜夫论》、《六艺论》、《御寇论》、《政论》、仲长统《昌言》等篇。

比较可以发现,上述类书在撰述体例上虽然各有不同特点,但都与《文心雕龙》之“原始以表末,释名以彰义,选文以定篇,敷理以举统”的文体研究思路颇为相似,即“大都包络今古,原本始终,类聚胪列之”,只是各有繁简不同而已。类书文部文体编纂体例不但影响了王应麟《辞学指南》、陈仁子《文选补遗》、祝尧《古赋辨体》等的纂述体例，而且对明代吴讷和徐师曾两部文体“集大成”之作产生了巨大影响。

第三节 八大类书文体数目和引书数目统计分析

唐宋类书是中国古代类书发展史上的成熟和高峰时期，不但数量众多，名著辈出，堪为历朝之最，而且由于编纂目的和用途不一，也使得各大类书对“文部”的重视程度及所收文体数目、纂述体例等都有较大差异，从而在中国古代文体发展史上的地位也大不相同。经过对现存唐宋类书的翻检对比，我们认为《北堂书钞》、《太平御览》等八部唐宋类书之“文部”较为典型，大体可代表唐宋类书“文部”之文体学概貌和成就。其部类体制在上节略有介绍，限于篇幅，不能尽举，但已自看出类书编纂体例和思路与《文心雕龙》等文体著作之相似。更重要的是，通过对《北堂书钞》、《太平御览》等唐宋八大类书文体数目和引书数目及频次的统计分析，我们可以从中总结出许多文体学发展的重要观念和规律，有助于加深和拓展中国古代文体学的研究。

一、《北堂书钞 · 艺文部》

文体统计：

诗、赋、颂、箴、连珠、碑、诔、哀辞、吊文、诏敕、章、表、书记、符、檄、策、简、牍、札、刺、券契。

引书统计：

释名（计引 6 次，以下同），诗序 7，文心雕龙 3，文章流别论 8，文赋3，典论3，叙连珠，汉书20，后汉书10，左传6，礼记6，史记4，魏志6，东观汉记10，世说新语5，论衡3，魏略4，法言3，新论4，汉武故事3，文士传4，王隐晋书16，谢承后汉书3，鲁国先贤传3，抱朴子3，臧荣绪晋书5，与吴质书3，语林3，荆州图记3，荆州记3，述征记3，晋中兴记3，穆天子传2，唐书，续晋阳秋，神仙传，搜神记，河图记，献帝春秋，列仙传，帝王世纪，吕氏春秋，宋书，蜀志，文章叙录，吴志，汉旧仪，晋八王故事，潜夫论，易，论语，周礼，魏书，会稽典录，耆旧传，说苑，诗传，豫章记，南史，西京杂记，虞氏家记，李充起居住，南部新书，袁兴万年书，十六国春秋，汉武别传等。

二、《艺文类聚·杂文部》

文体统计：

史传、集序、诗(列杂体诗36体)、赋、七、连珠、书、檄、移。

引书统计：

释名4，文章流别论4，毛诗序3，典略7，汉书7，东观汉记3，世说新语3，魏志3，王隐晋书3，叙连珠，文选序，说文，魏略，典论，广雅，七谟序，吴录，新论，论语，左传，列子，史记，穆天子传，祢衡别传，文士传，赵书，尚书序，曹植文章序，续晋阳秋，后汉书，博物志等，约三十部。

三、《初学记·文章第五》

文体统计：

诗、赋、祭、誓、诔、铭、训诰、檄移、笺奏、箴诫、赞颂、碑铭、谥册、哀吊、章表、笺疏、论议、难。

引书统计：

典论6，文赋4，论语3，翰林论3，法言3，叙连珠，与吴质书，世说新语，史记，论衡，抱朴子，王隐晋书，尚书，盐铁论，剧秦美新，西京杂记等。

四、《白孔六帖》

文体统计：

诗、赋、颂、论、铭、诔、箴、碑、檄、射策。其他：表奏（封事）、制诰、对问、谏诤、吊、挽歌、碑铭、谥等。

引书统计：

文选李善注9，文粹7，汉书，左传，诗经，后汉书，文赋，封氏见闻记，五行志，卢氏杂说等。

五、《太平御览·文部》

文体统计：

诗、赋、颂、赞、箴、碑、铭（铭志附）、七辞、连珠、（御制）、诏、策、诰、教、诫、章、表（启、奏、劾奏、奏状、奏弹、弹事、奏劾、弹文）、驳奏、论、议、笺、启、书记（尺牍、笔札）、诔、吊文、哀辞、哀策、檄、移、露布、符、契券、铁券、过所、零丁、品量文章、叹赏、史传。

引书统计：

文心雕龙28，文章流别论8，释名11，翰林论7，说文6，文赋4，典论3，金楼子5，独断3，铭论，七谟序，叙连珠，与吴质书2，汉书14，后汉书12，三国典略10，唐书17，隋书9，东观汉记8，后周书8，世说新语10，晋书14，梁书5，宋书4，魏志5，后唐书3，北齐书2，魏略2，礼记4，周礼2，王隐晋书5，左传4，齐书3，十六国春秋2，博物志4，南史5，语林3，西京杂记2，文士传2，国朝传记4，国史补3，后魏书2，祢衡别传3，法言2，尚书3，魏书2，诗序2，晋中兴书3,史记4,张璠汉记2,列子,庭诰,钟嵘诗品,赵录,陈书,颜氏家训,国朝雅记,郑玄别传,零陵先贤传,晋令,齐道记,西征记,荆州图记,荆州记,述征记,异苑,论衡,闽川名士传,晋春秋,春秋前燕录,新论,吴书,周书,吴录,蜀志,南齐书,尚书故实,梁典,穆天子传,吴志,晋史,北史,通俗文,周易,陶渊明遗戒,颜延年庭诰,杜恕家事戒,东方朔传,小说,汉仪,政论,唐文苑传,风俗通,汉制度,太公金匮,皇览,孔子家语,三辅决录,语录,齐春秋,高士传,鲁国先贤传,李充起居注,古诗,续晋阳秋,嵇氏世家,列女传,齐谐记等。

六、《事物纪原·经籍艺文部》

文体统计:

诗(五言、七言、律格、联句、唱和、次韵)、赋、论、策、议、赞、颂、箴、连珠。

引书统计:

文心雕龙10,苏氏演义5,诗序2,事始2,释名,叙连珠,周礼,左传,管子,汉仪,战国策,唐会要,隋书,张璠汉记,山海经,吕氏春秋,乐书,蒙求,六帖,世说新语,东方朔传,本事诗等。

七、《古今事文类聚别集·文章部》

文体统计:

诏(制、表附)、露布、檄(移文附)、箴、铭、颂(赞附)、诗、赋、诗话、连珠、判。其他卷:吊慰、挽章、墓铭(墓碑、行状附)、赋、古诗。

引书统计:

群书要语10,文心雕龙4,说文3,诗大序3,文赋2,世说新语,释文,初学记,唐选举志,释名等。

八、《玉海·艺文部》

文体统计:

记志、传录、诗(歌附)、赋、箴、铭、碑、颂、奏疏、策、论、序、赞。其他卷:诏令(诏策)、檄、露布、碑、铭、七、连珠、百一、册、封禅、封事、铁券、德音、笏记、玉牒、玺书、誓等。

引书统计:

释名6,文心雕龙4,文章流别论3,古赋辨体6,乐府诗集2,文章正宗2,文选,百官箴序,汉书艺文志,史记2,尚书,汉书2,易,礼记2,周礼,仪礼,诗大序,通志,古今注,白虎通,宋书,唐乐志,诗集传,文章辨体等。

《辞学指南》十二体:制、诰、诏、表、檄、露布、箴、铭、记、赞、颂、序。体制概貌见本书第三章,兹略。

分析可以发现:

1. 在文体数目上,唐代类书"文部"所收文体类目还相对较少,从几个到十几个不等。到了宋代则日渐增多,如《太平御览》和《玉海》已经多达三四十种。如果上述八种类书综合起来互相补充,则其所论列文体几可包罗覆盖唐宋以前所有文体,其荟萃文献之功不言而喻。上举八大类书无论从文体数目还是引书数目上,都以《太平御览》最为详尽。而且《太平御览》的体例更符合刘勰文体论的研究思路,其文体文献之丰富也非其他类书可比。当然,若从开创性和时代先后来说,则《北堂书钞》当是类书文部文体纂述体例的滥觞。因为据考证,《北堂书钞》是虞世南在隋朝时纂成的。其次则是《艺文类聚》,尤其是《艺文类聚》之类书兼总集的编纂体例，对宋代类书《古今事文类聚》及明代吴讷、徐师曾等人的文体总集都有启发。

2. 从引书来分析，八大类书虽引书数量和频次不等，除了大量引述各类经史子集外，对文体著作诸如《文心雕龙》、《文章流别论》、《独断》、《铭论》、《释名》、《翰林论》、《叙连珠》、《诗序》、《文选序》、《七谟序》、《文赋》、《典论》、《诗品》、《乐府诗集》等都颇为重视并频繁引用，反映出类书编者强烈的文体学意识，也进而使得唐宋类书“文部”具备了成熟的文体学著作之实。《北堂书钞》、《艺文类聚》虽引书都很丰富，但其引述学术史上公认的文体论著如《文章流别志》、《文心雕龙》、《翰林论》、《典论》、《文选》等都非常少，说明了唐初类书的文体意识还不是很强烈、很主动。到了宋代《太平御览》，其不但于《文心雕龙》、《文章流别志》、《典论》、《独断》、《铭论》、《文章缘起》等重要文体著作之引述无一遗落，而且引述次数上也大幅度上升，尤其对《文心雕龙》可以说是每体必引，而且是全文载列，足见其文体理论意识的增强，从中也可以看出《文心雕龙》等文体论著在宋人眼里要比唐人看得更加重要。也因此，《太平御览》当之无愧地成为中国古代类书作为文体文献和文体理论纂述体例的典型代表，应当引起研究者的极大关注。

3. 唐宋类书与明代吴讷、徐师曾等文体总集之体例和引书比较。吴、徐文体著作体例特点是：增加了唐宋以来新增文体，并主要引述宋人朱熹、真德秀、吕祖谦等人文体言论，这是唐宋类书所无的，也是吴、徐的功劳所在。但其所引述唐宋以前典籍之文体言论，可以说都能从唐宋类书中找出源头和出处，没有超越唐宋类书的地方。

第四节　唐宋类书的文体资料文献之功及编纂体例的影响

中国古代类书尤其是唐宋类书在文体学上最大的贡献，在于其作为"古代文献资料的渊薮"，最丰富、最集中、最系统地把中国古代文体文献资料汇集在一起，具有了"综罗文体资料文献"的功能。这就使得我们在千百年后，可以汇辑编纂出一部文体文献资料专书，有益和方便现代学者的文体学研究。

类书具有兼"百科全书"与"资料汇编"的性质，是"古代文献资料的渊薮"。唐宋类书的文体资料文献之功表现在：1. 校勘古籍中的文体文献。一方面各大类书所综罗的文体文献有互出重出现象，可以互相比对校勘；另一方面用以比较元、明以来文体总集中文献之真伪讹漏。2. 各大类书引书之丰富，从中可见古代文体资料的渊源出处及文体学的源流发展等。3. 最重要的是，中国古代类书对研究"文体"专题的搜集文献资料之功。关于类书之搜辑专题文献资料之功，胡道静云：

> 这是因为古类书本来具有"资料汇编"的性质，而它包含的科目又是比较完备的。在研究古代文化的学术工作中，利用它们来对某一专题搜集文献资料，可以节省不少时间，也免得耗费过多精力。当然，类书上的资料是第二手的，还需要用原始资料来加以核对。但是它们已将一定门目的资料

辑集在一处，起着“索引”的作用，比我们自己一开始就直接从散漫无边而又浩若烟海的文献中去寻第一手资料，其效果自大不相同。因此，古类书在今天清理文化遗产工作中的资料搜集阶段起着助手的作用。这样就构成了它的第二特殊作用。

古类书不但把某些专题的文献资料大体上汇集在一起，产生着“索引”的作用，还因为它具有第一特殊作用，即保存了一批原始材料已经失传的东西，因此在古类书中能够看到的某些材料，就已置代了第一手资料，这是更为可贵的。所以在祖国古代文化清理、研究的资料工作中，是不能够离开了类书来进行的。[①]

接下来，胡先生列举了如下从中国古代类书汇辑出的各类著作：《中国体育史参考资料》、《中国古代足球资料汇辑》、《中国机械工程发明史》、《中国古代机械发明史》、《中国机械工程史料汇编》、《中国古代数学史料》、《十三、十四世纪中国的民间数学》、《中国地质史料》、《我国古代文献中有关接木的记载》、《我国历代分枝谷类作物的概况》、《古人对棉花特征特性的观察》等等。这些史料汇编专书“都曾利用了古类书来搜集资料。例子非常的多，上面只是偶而举一些”。[②] 此外，胡先生还以《中国古代音乐史料辑要》为例，总结了利用古类书协助进行文献资料普查工作的

① 胡道静：《中国古代的类书》，中华书局 1982 年版，第 46 页。

② 同上书，第 48 页。

典型例子,并对其效果进行总结:(1)古类书已从各种古籍中辑录的这一专题资料,得以借用。(2)古类书中还保存了一些失传的,也就是今天在其他任何书籍中找不到的这一专题资料。就如序文中所说:“其中有些资料虽然各书互见,但有些原著早已散佚不传,却由于编纂者的时代不同、着眼点不同,因而得以分别保存。”①

同样,我们也可以把中国古代类书尤其是唐宋类书中“文部”浩瀚的文体文献资料集中摘出,汇集成文体文献专书,可名为《中国古代文体文献资料汇辑》。这不但在文体文献学上非常重要,而且对于文体学的学术研究无疑是最基础和最便捷的工作,当有益于现代学者的文体学研究,其意义不言自明。这完全可以作为一项研究课题提到研究计划中来。也就是说,唐宋类书已将中国古代文体方面的资料集辑在一起,起着“索引”的作用,“比我们自己一开始就直接从散漫无边而浩若烟海的文献中去寻第一手资料,其效果自大不相同”。更为重要的是,唐宋类书中“保存了一批原始材料已经失传的东西”,这在文体研究中弥足珍贵。此外,历代文体文献可以互相校勘,其文献学价值不可估量。

当下文体学研究已经成为一个引人注目的学术增长点,但文体文献整理则相对贫乏,这显然于文体学的深入研究不利。现当代文体研究文献整理当以于北山、罗根泽之集明代吴讷《文章辨体序说》和徐师曾《文体明辨序说》为代表。不过,如果我们以唐宋类书“文部”中每一文体的文献汇辑及引书丰富与吴、徐著作中

---

① 胡道静:《中国古代的类书》,中华书局1982年版,第49页。

的相关文体进行比较分析，便可清晰看出吴、徐著作与唐宋类书中所论文体相去有多远，以及唐宋类书之全和吴、徐之浅陋。这样一来，以唐宋类书的巨大文体学贡献为参照，再重新审视明代吴讷和徐师曾两部文体总集的成就，其“集大成”的美誉或许会大打折扣了。这是一个大题目，非本书所能胜述。

第六章　宋代“《文选》学”衰落之原因

“《文选》学”自隋唐兴起之后，在宋代经历了一个由大盛而渐趋式微的过程。关于其兴衰状况，陆游《老学庵笔记》与王应麟《困学纪闻》中所载两组文献显得特别重要，也屡屡为许多“《文选》学”学者如骆鸿凯、屈守元、林聪明、冈村繁等所关注与评论。其所评论，虽不乏启人深思的真知灼见，但大多为一带而过式的零玑碎玉，未见有作专题或全景式的深入研究。本书试从陆游、王应麟等的记载入手，结合其他相关文献，对宋代“《文选》学”衰落的原因进行全面地考索分析，并认为：自庆历、熙丰以后，宋代“《文选》学”由兴盛走向衰落，其衰落的原因很复杂，是合力作用的结果。首先，在北宋，“庆历新政”与欧阳修领导的古文运动、“熙、丰变法”与王安石科举罢诗赋给予“《文选》学”以双重打击，使其由盛而衰；其次，南渡后，元祐学术解禁，“苏文熟，吃羊肉”之替代“文选烂，秀才半”及各类兔园册子、总集选本对《文选》的颠覆，使得南宋的“《文选》学”衰落与北宋有了不同的特征和规律；此外，苏轼讥贬《文选》，也是“《选》学”衰落的重要因素。其他因素如“崇陶潜，尚平淡”的审美风尚之于“《文选》学”“偶丽翰藻”风格的转变，宋人“师唐宗宋”风气对《文选》的疏远等也不容忽视。尽管如此，“《文选》学”凭借其顽强生命力，仍然在宋代有它的一席之地，汩汩潺潺，不绝如缕。此外，“《文选》学”与文体学有着极深的渊源，而宋代“《文选》学”的衰落正可看出宋代文学思潮的风云际会所带来的文体观念的升降变迁。

第一节　庆历新政与欧阳修领导的古文运动对“《文选》学”的当头一击

陆游《老学庵笔记》曰：

> 国初尚《文选》，当时文人专意此书。故草必称“王孙”，梅必称“驿使”，月必称“望舒”，山水必称“清晖”。至庆历后，恶其陈腐，诸作者始一洗之。方其盛时，士子至为之语曰：“《文选》烂，秀才半。”建炎以来，尚苏氏文章，学者翕然从之，而蜀士尤盛，亦有语曰：“苏文熟，吃羊肉；苏文生，吃菜羹。”①

“陆游此说，昭示出宋代选学由大盛而渐趋式微之大略轨迹。”②其兴盛，是由于“宋初承唐积习，《选》学之风未沫。盖宋亦以辞科取士，是书之见重艺林，犹之唐也”。③ 其衰落，则是因为“至庆历后，恶其陈腐，诸作者始一洗之”。关于“至庆历后……”，屈守元云：“庆历以后，即指欧阳修极力提倡写作的文风

① 陆游：《老学庵笔记》卷8，中华书局1979年版，第100页。

② 许逸民：《论隋唐“〈文选〉学”兴起之原因》，《文学遗产》，2006年第2期。

③ 骆鸿凯：《文选学》，中华书局1989年版，第74页。

要‘容与简易’、‘平淡造理’的时代。”[①]日本学者冈村繁云：

> 文中的“庆历”指的是这样一个时期：北宋中期庆历四年(1044)三月癸亥（十三日），因当时任知制诰的欧阳修(1007—1072)的提议，并由欧阳修亲手作成的改革科举制度的诏书正式公布，进士科的科目随之大幅度变更；以此为契机，当时的文坛开始由崇尚六朝以来精巧丽雅的诗赋骈文转而趋向于重视明快达意的古文。根据陆游的这段记载，从两宋时代科举制的角度概观当时文坛趋势的话，可以说北宋前期的八十多年间，大体继承了隋唐以来的崇尚文选的传统，文选所代表的精巧丽雅之形式和风格一直被视为理想；而自北宋中期的庆历年间以后，以科举制度的根本性改革为契机，以往的《文选》被视为“陈腐”作风的代表受到唾弃，特别是进入南宋时代以后，参加科举考试的人们全然转向倾心投入学习苏轼古文一面。[②]

可以看出，“庆历新政”下的“《文选》学”衰落与“改革科举制度”有关系，我们把它放在下节“熙丰变法”中与“科举罢诗赋”一并来谈。这里，我们更关注的是屈守元提到的“欧阳修”与冈村繁提到的“古文”——它们揭示出了，“庆历新政”下欧阳修领导的“古文运动”无疑是宋代“《文选》学”由盛而衰的首要因素。那

① 屈守元：《文选导读》，巴蜀书社1993年版，第91页。

② 冈村繁：《文选之研究》，上海古籍出版社2002年版，第375页。

么,欧阳修领导的“古文运动”是如何促使宋初“《文选》学”由“兴盛”走向“衰落”的呢？清代阮元可以给我们一个初步的答案。他在《书梁昭明太子文选序后》中云：

> 自唐、宋、韩、苏诸大家,以奇偶相生之文为“八代之衰”而矫之,于是昭明所不选者,反皆为诸家所取。故其所著,非经即子,非子即史,求其合于昭明序所谓文者鲜矣,合于班孟坚《两都赋序》所谓文章者鲜矣。……其不合之处,盖分于奇偶之间。经、子、史多奇而少偶,故唐、宋八家不尚偶;文选多偶而少奇,故昭明不尚奇。[①]

也就是说,通过唐宋两次古文运动,“唐宋古文八大家”分别以其奇偶相生之“古文”逐弃当时风行文坛的四六骈文,从而冲垮了“多偶而少奇”之《文选》的统治地位。这也正与其在《与友人论文书》中所说“昌黎之文,矫《文选》之流弊而已”[②]同一个意思。那么,从唐宋八大家古文运动之革新骈文四六的角度,我们换一个说法,称“永叔之文,矫《文选》之流弊而已”也应是顺理成章了。

进一步来讲,我们知道,欧阳修“古文运动”是从打击“浮华陈腐”的“西昆体”发起的,这不禁令人想到:“西昆体”与“尚《文选》”有关系吗？欧阳修“古文运动”打击“西昆体”从而使“西昆体”由盛而衰,是否便是打击“《文选》学”从而令“《文选》学”由盛

---

① 舒芜等编:《近代文论选》上,人民文学出版社1959年版,第107页。
② 同上。

而衰的过程呢？如果确实如此，则“庆历新政”中欧阳修领导的“古文运动”促使宋初“《文选》学”由盛而衰的过程便会落到实处，也便摸得着、看得见了。以下我们便来求证“西昆体”与“《文选》学”的密切关系。

首先，时人争效“杨、刘”之时文以致“能者取科第”是“国初尚《文选》”、“《文选》烂，秀才半”的写照。欧阳修《记旧本韩文后》一文云：

> 是时天下学者杨、刘之作，号为时文，能者取科第，擅名声，以夸荣当世，未尝有道韩文者。予亦方举进士，以礼部诗赋为事。年十有七，试于州，为有司所黜。因取所藏韩氏之文复阅之，则喟然叹曰：学者当至于是而止尔。因怪时人之不道，而顾己亦未暇学，徒时时独念于心：以谓方从进士干禄以养亲；苟得禄矣，当尽力于斯文，以偿其素志。后七年，举进士及第，官于洛阳。而尹师鲁之徒皆在，遂相与作为古文。……其后天下学者亦渐趋于古，而韩文遂行于世，至于今盖三十余年矣。学者非韩不学也，可谓盛矣！[①]

其自道“以礼部诗赋为事”及“方从进士干禄以养亲”，正说明了“宋代亦以辞科取士，《选》学之风犹盛”[②]的局面与原因。所谓“是时天下学者杨、刘之作，号为时文，能者取科第，擅名声，以

---

① 陶秋英编选，虞行校订：《宋金元文论选》，人民文学出版社 1984 年版，第 74 页。

② 林聪明：《昭明文选研究》，文史哲出版社 1986 年版，第 134 页。

夸荣当世”，无疑是“方其盛时，士子至为之语曰‘《文选》烂，秀才半’”的真实反映。方智范先生也看到了这一点。他在《杨、刘风采，耸动天下——杨亿及西昆体再认识》一文中说：“当然，西昆之流行，不仅缘于杨、刘诸人的个人喜好，又与宋初科举尚蹈袭唐代旧制有关。太宗、真宗朝，朝廷省试仍为诗赋、帖经、对策三场，而实以首场诗赋定其取舍，于是律诗、辞赋、骈文风靡一时。”[①]就是说，“西昆体”之兴盛与宋初科举沿唐制“试诗赋”有关，而宋初“《文选》学”兴盛亦与“宋初承唐积习”而“试诗赋”有关。那么，“西昆体”与“《文选》学”之关系可想而知了。

其次，西昆体之“缀风月，弄花草”是陆游“草、梅、月、山、水”之说的释文。石介《怪说》中抨击“西昆体”云：“昔杨翰林欲以文章为宗于天下，忧天下未尽信己之道，于是盲天下人目，聋天下人耳。……今天下有杨亿之道四十年矣。……今杨亿穷妍极态，缀风月，弄花草，淫巧侈丽，浮华纂组；刓窭圣人之经，破碎圣人之言，离析圣人之意，蠹伤圣人之道。”[②]又如欧阳修云：“杨大年与钱刘数公唱和，自《西昆集》出，时人争效之，诗体一变。而先生老辈患其多用故事，至于语僻难晓，殊不知自是学者之弊。……盖其（子仪）雄文博学，笔力有余，故无施而不可，非如前世号诗人者，区区于风云草木之类，为许洞所困者也。”[③]石介严厉指摘杨亿“缀

① 王水照等编：《首届宋代文学国际研讨会论文集》，复旦大学出版社 2001 年版，第 122 页。

② 陶秋英编选，虞行校订：《宋金元文论选》，人民文学出版社 1984 年版，第 69 页。

③ 欧阳修：《六一诗话》，何文焕辑：《历代诗话》（上册），中华书局 1981 年版，第 270 页。

风月，弄花草”，不免偏激；而欧阳修则着眼于“西昆”后学之“区区于风云草木之类”乃“学者之弊”，更见公正。陆游所谓“国初尚《文选》，故草必王孙，月必望舒，梅必驿使，山水必清晖”，一则指“尚《文选》”者如“西昆体”一样“多用故事”，而李商隐“号獭祭鱼”，元好问曾云“诗家总爱西昆好，独恨无人作郑笺”，这正如“《文选》中事多，可作本领尔”一理；一则指“尚《文选》”者之诗赋大多描写“草、月、梅、山、水”等景物，而《西昆酬唱集》中“草、月、梅、山、水”分别出现达26、61、12、32、46次之多，这说明了“西昆体”作家与“尚《文选》”者之文学好尚乃出同一机杼。

第三，“恶其陈腐”即西昆体之“陈腐”，“西昆体”风行时代亦称“国初”。葛立方《韵语阳秋》卷一云：“谢朝华于已披，启夕秀于未振。学诗者当深领此。陈腐之语固不必涉笔，然求去陈腐为怪奇，不可致诘之语以欺人自欺，学者之大病。”①所谓“求去陈腐为怪奇……学者之大病”指的是石介为首的“太学体”之矫“西昆”“陈腐”而入于“怪奇”，后为欧阳修一并廓清，也即陈宗礼《南丰先贤祠记》所云“宋以文治，一兴涤凡革腐。……欧阳文忠公以古道倡，南丰之曾，眉山之苏，胥起而应”②之意。故陆游“至庆历后，恶其陈腐，诸作者始一洗之”正为欧阳修领导的古文运动打击“西昆”之“陈腐”而言的。

“国初尚《文选》”之“国初”主要是指杨、刘“西昆”风行之四十年。关于宋初“《文选》学”之兴盛，冈村繁云：“可以说北宋前

---

① 清何文焕辑：《历代诗话》(下册)，中华书局1981年版，第483页。

② 转引自杨庆存：《宋代散文研究》，人民文学出版社2002年版，第129页。

期的八十多年间，大体继承了隋唐以来的崇尚《文选》的传统，《文选》所代表的精巧丽雅之形式和风格一直被视为理想。”若从陆游的记载（国初960—庆历1041）来推算宋初“《文选》学”兴盛为八十年，冈村繁所言不无道理。但若从宋初文学流派与“《文选》学”的实际关系及“国初”所指来看，则又有欠准确。一方面，“国初”是一个宽泛而不确指的概念，正如《宋史·文苑传》所说：“国初，杨亿、刘筠犹袭唐文声律之体，柳开、穆修志欲变古而力弗逮。庐陵欧阳修出，以古文倡，临川王安石、眉山苏轼、南丰曾巩起而和之，宋文日趋于古矣。”[①]显然，这里的“国初”是指“西昆”风行之后四十年的。那么，所谓“国初尚《文选》”之“国初”，当主要指“今天下有杨亿之道四十年矣”。另一方面，宋初文学流派众多，从散文来说，可分五代派与复古派、时文与古文的对垒相埒；[②]从诗歌来说，有“白体”、“晚唐体”、“西昆体”之目。其中“五代派”作家因均由五代入宋而得名，并且大多在故国便已中科入仕；“白体”则效白居易之通俗直白；“晚唐体”以九僧为代表，与仕宦断绝；“复古派”与“古文派”是以“骈文、时文”为《文选》学特征的大敌。很明显，上述几派均不太符合陆游所言宋初“《文选》学”兴盛的条件。相反，“西昆体”之杨亿、刘筠、晏殊等均为新进进士，且曾知贡举，因而也应是国初进士科的典范。

第四，从师承来看，“西昆体”之学李义山，而“唐人知学老杜而得其藩篱者唯义山一人而已”，子美又言“熟精《文选》理”与

---

① 脱脱等：《宋史》卷439，影印文渊阁四库全书本。

② 参见杨庆存：《宋代散文研究》，人民文学出版社2002年版，第77—125页。

“续儿诵《文选》”；从学问博洽、用典宏富来看，子美“读书破万卷”、“无一字无来处”，义山“为文，多检阅书册，鳞次堆积，时号獭祭鱼”，[①]《文选》则有《苕溪渔隐丛话》云：“雪浪斋日记云：昔人有言‘《文选》烂，秀才半’，正为《文选》中事多，可作本领尔。余谓欲知文章之要，当熟看《文选》，盖选中自三代涉战国、秦汉魏晋六朝以来文字皆有，在古则浑厚，在近则华丽也。苕溪渔隐曰：少陵《宗武生日》诗‘熟精《文选》理’盖为是也。”[②]从“西昆体”作家与四六文及《文选》的关系来看，李商隐有文集《樊南四六》，“西昆体”作家之时文亦指昆体四六，且宋祁（按：方回《送罗寿可诗序》及程千帆、吴新雷《两宋文学史》等列其为昆体作家）小名“选哥”，曾手抄《文选》三过，而“作诗赋四六，此（指《文选》）其大法”等等，虽非从逻辑上由此及彼地严格推理而得出的结论，但我们仍然可以通过杜甫、李商隐与《文选》、“西昆体”及四六文之间的交叉立体关系中，看出“西昆体”与宋代《文选》学的关系。

总之，所谓“至庆历后，恶其陈腐，诸作者始一洗之”，是指庆历新政中，欧阳修等领导的古文运动给予宋初曾兴盛的“《文选》学”致命一击。而古文运动是因反对“西昆体”发起的，我们又从多方面论述了“西昆体”是“国初尚《文选》”的代表和主要时期。这样一来，宋初“《文选》学”之由盛而衰的过程，可以说就是欧阳修领导的古文运动打击“西昆体”而使“西昆体”由盛而衰的过程。那么，“至庆历后，恶其陈腐，诸作者始一洗之”这一“《文选》

① 杨亿口述、黄鉴笔录、宋庠整理：《杨文公谈苑》，上海古籍出版社 1993 年版，第 23 页。

② 胡仔：《苕溪渔隐丛话》前集卷 9，人民文学出版社 1981 年版，第 56 页。

学”衰落的含义和原因便清晰又易于理解了。

当然,我们论述古文运动对“《文选》学”衰落的影响,仅仅从庆历新政中欧阳修打击“西昆体”来谈是不全面的,因为“古文运动”以欧阳修和苏轼先后为其领袖,而欧阳修于熙宁四年去世,其后苏轼执文坛牛耳。作为“唐宋古文八大家”中两位核心人物的王安石和苏轼,无疑从古文运动这个层面上延续着它的作用。不过,由于王安石和苏轼在其后的“《文选》学”衰落中扮演着他们各自更为重要而不同的角色(下文论述),故而他们二人在延续古文运动打击“《文选》学”的作用时,已然没有欧阳修之于“西昆体”那样鲜明有力了,这也与这一作用已退隐于其后王安石、苏轼各自独立地打击“《文选》学”而令其衰落的幕后,因而显得不太突出有关。

第二节 熙、丰变法与王安石“科举罢诗赋”对“《文选》学”的彻底摧毁

王应麟《困学纪闻》曰:

李善精于《文选》,为注解,因以讲授,谓之文选学。少陵有诗云:“续儿诵《文选》”,又训其子“熟精《文选》理”,盖选学自成一家。江南进士试“天鸡弄和风”诗,以《尔雅》天鸡有二,问之主司,其精如此。故曰“《文选》烂,秀才半”。熙丰之后,士以穿凿谈经,而选学废矣。①

① 王应麟:《困学纪闻》卷17,影印文渊阁四库全书本。

对此,骆鸿凯解释道:

宋初承唐积习,《选》学之风未沫。盖宋亦以辞科取士,是书之见重艺林,犹之唐也。……王氏(应麟)谓熙丰以后,《选》学遂废,殆谓自荆公以新经试士后,帖括代兴,学者趋义疏之空疏,弃辞章于弗问矣。①

嗣后大多“《文选》学”学者如林聪明、穆克宏等均如是看,这几成学术界的共识。也就是说,似乎形成了这样一个牢固的观点:宋代“《文选》学”的兴衰以熙、丰变法之“科举罢诗赋”为分水岭,截然分成两段——此前近百年,由于承唐积习,以辞科取士,故而是“国初尚《文选》”、“《文选》烂,秀才半”的兴盛时期;此后终宋达二百年的时间,则因为科举“罢诗赋”,故而是“选学遂废”的衰落时期。如果单从纵向上兴衰的时间段落来这样大体划分的话,应该是不错的,而且具有提纲挈领、俯看全局的味道。然而,事实上是,有宋三百年间,“诗赋”在科举考试中的地位、作用以及“试诗赋”和“罢诗赋”的具体时段、内容等情况,一直是处于变动不居、复杂多端的状态。所以,仅仅以熙、丰为界,认为宋代“《文选》学”因为之前“试诗赋,故兴”、之后“罢诗赋,遂废”是不准确的。下面我们仍以“熙、丰”为界,以“诗赋”与科举之关系为纽带,来看无论是“《文选》学”“一百年兴盛”,还是“二百年衰落”,均不能简单地以科举“试诗赋”和“罢诗赋”来概括。

---

① 骆鸿凯:《文选学》,中华书局1989年版,第74页。

一、宋初—熙丰之前，以“试诗赋”为主要特征，近一百年的兴盛期与过渡期

宋初近百年的“《文选》学”兴盛时期，依照“诗赋”在科举中的地位，以真宗为界，又可分为两期，即“真宗以前，诗赋在进士科考试中起着决定性的作用，那时虽也规定考策论，但并不重要，形同虚设。真宗以降，诗赋、策论之争有激化之势”。[①] 需要指出的是，庆历四年——熙宁四年按王应麟的说法为兴盛期，而据陆游的记载，这已属“《文选》学”的衰落期。我们姑且称其为由盛而衰的过渡期，放在这里来谈。

1. 宋初(960)—真宗大中祥符元年(1008)。祝尚书云：

> 李觏(1009—1059)曾在《上叶学士书》中引少时听“乡先生”说：“当今取人，一出于辞赋，曰策曰论，姑以备数。”……真宗大中祥符元年(1008)正月癸未，“冯拯曰：比来自试，但以诗赋进退，不考文论。江浙士人专业诗赋，以取科第。望令于诗赋人内兼考策论。上然之。”[②]

这样，若以真宗大中祥符元年(1008)为界，依照王应麟、骆鸿凯等以“试诗赋、罢诗赋”与否来定“《文选》学”兴衰的标准和年代，可以说，宋初这近五十年时间当是“《文选》学”不折不扣的兴盛时代。

---

① 祝尚书：《宋代科举与文学考论》，大象出版社 2006 年版，第 192 页。

② 同上书，第 192 页。

2. 真宗大中祥符元年(1008)—庆历四年(1044)。祝尚书云：

天禧元年(1017)九月癸亥，右正言鲁宗道言："进士所试诗赋，不近治道。"真宗谓辅臣曰："前已降诏，进士兼取策论……可申明之。"仁宗时，进一步提高策论在进士录取中的分量，如叶清臣"天圣二年(1024)举进士，知举刘筠奇所对策，擢第二。宋进士以策擢高第，自清臣始"。天圣五年(1027)正月六日，仁宗诏贡院："将来考试进士，不得只于诗赋进退等第，今后参考策论，以定优劣。"所谓"兼取"或"参考"，就是用策论定等第高下，提高两科在考试中的地位。欧阳修进一步主张"先试以策"进行淘汰。李淑又提出进士考试"先策，次论，次赋，次帖经、墨义，而敕有司并试四场，通较工拙，毋以一场得失为去留"。庆历四年(1044)三月十三日，翰林学士宋祁等上言，称"近准敕详定贡举条制"，其"详定"后的主要内容，有"先策论过落，简诗赋考式，问诸科大义之法"等内容(后因"庆历新政"失败而未施行)。他们都看到了专以诗赋取士的不足，在"庆历新政"的大背景下，欲提高策论的地位以矫弊。①

可以看出，在这三十余年间，自真宗大中祥符元年起，不断有大臣上书要求提高策论以抑诗赋的独霸地位，真宗、仁宗也曾降

① 祝尚书:《宋代科举与文学考论》，第192页。

诏然之，且有叶清臣以策擢高第的例子。其后，庆历新政中，欧阳修、宋祁的上言改制，更成为陆游“至庆历后，恶其陈腐，诸作者始一洗之”的依据出处。这从某种程度上说明了，单以用“试诗赋取士”来证实这时期“《文选》学”之兴盛是不够的。当然，尽管这时期“诗赋”在科举考试中的比重受到质疑与削弱，但还不足以动摇其主导地位，这可以上引欧阳修“方举进士，以礼部诗赋为事”为据，而欧阳修是天圣二年（1030）中的进士。所以，称这三十余年因科举试诗赋而为“《文选》学”兴盛期尚为合理。

3. 庆历四年（1044）—熙宁四年（1071）

需要澄清的是，“至庆历后”，陆游认为已是“《文选》学”的衰落期。我们暂且把其放在这里作为“《文选》学”由盛而衰的“过渡期”来探讨。称其为过渡期，我们是有理由的。作为庆历新政（1043—1044）的一项重要举措，宋祁、欧阳修上言“精贡举”终以“庆历新政”失败而未施行。虽然失败了，但从真宗大中祥符元年便开始的诗赋、策论之争，终因这次著名的政治运动而愈见突出。后经司马光、吕公著等重臣上书论“罢诗赋”的努力，最终于熙宁四年王安石变法中彻底施行“罢诗赋”，从而结束了“《文选》学”兴盛的历史。

当然，作为过渡期，这段有其特殊而重要的地位，因为从这时开始，欧阳修领导的古文运动便介入“《文选》学”衰落的因子中，并与科举改制相伴而行，同起作用，直至北宋末年。

二、熙丰之后—宋朝灭亡，以“罢诗赋”为主要特征，达二百年的衰落期

正如骆鸿凯对陆、王记载的阐释，宋代“《文选》学”由于王荆

公“以新经试士”、“罢诗赋”而衰落，这基本成为学术界不争的事实。问题是，从北宋中叶熙、丰到宋末约200年间，科举完全罢诗赋只有45年左右，更多的时候是与经义“时罢时复”、“或合或分”的。故而简单地用“以新经试士”、“罢诗赋”来概括宋代“《文选》学”的衰落有欠准确和全面。

关于熙丰以后宋代进士科考试中的诗赋、经义之争，祝尚书先生总结道：“要之，宋初沿唐五代之旧，试之以诗赋。熙宁时，改为经义而罢诗赋。历元祐诗赋、经义兼收之制，再到绍圣罢诗赋而用经义的反复，于南宋初才敲定为诗赋、经义两科分立，得到近乎‘双赢’的结果。”[①]据此，我们把这二百年衰落期划分为两段：其一是熙宁四年（1071）—北宋末年（1125），其二是南渡初年（1127）—宋亡（1278）。前者是“罢诗赋”时期（其中，为了清晰起见，元祐九年时间诗赋、经义兼收略去不计）约45年；后者是诗赋、经义两科分立时期，约150年。对于前者，即熙宁四年—北宋末年约45年时间，因罢诗赋、以新经试士而“《文选》学遂废”，容易理解，不必置喙。但对于整个南宋之诗赋、经义两科分立，即仍试诗赋而“《文选》学”依然衰落，当作何解释呢？这主要有如下原因。

首先，南渡以后，“尚苏氏文章，学者翕然从之”。于是，“近世人学诗，止于苏黄。……近世论诗，未有令人学《选》诗”。也就是“苏文熟，吃羊肉”及兔园册子和总集选本替代并颠覆了《文选》的地位。这在后面有专节详论。

---

① 祝尚书：《宋代科举与文学考论》，大象出版社2006年版，第190页。

其次，诗赋与经义两科分立之制，无疑削弱了诗赋在科举中的分量。况且有“稍损诗赋而优经义”、“适当向经义倾斜的政策”。[①] 这正与宋初“当今取人，一出于辞赋，曰策曰论，姑以备数”而令“《文选》学”兴盛的情形相反。那么，这时《文选》的衰落便不难理解了。

总之，宋初“《文选》学”兴盛是因“承唐积习，以辞科取士”。熙丰之后，王安石变法而“以新经试士”、“罢诗赋”，“《选》学遂衰”。虽然南宋一百五十年间“试诗赋”而“《文选》学”依旧衰落，有其自身不同于北宋的特点和原因，但熙宁至北宋末约 45 年“罢诗赋”给予“《文选》学”沉重而致命地打击，无疑把这种余威贯穿到了整个南宋，自然会对南宋“《文选》学”的衰落产生一定的影响。当然，南宋“《文选》学”之衰落因苏轼这个关键人物而又出现了新的契机。

第三节　元祐学术解禁、苏轼其人其文、“兔园册子”及总集选本对“《文选》学”的替代和颠覆

曾季貍《艇斋诗话》云：“东湖（徐俯）尝与予言‘近世人学诗，止于苏黄。’……近世论诗，未有令人学《选》诗。”[②]这与陆游所谓“建炎以来，尚苏氏文章，学者翕然从之”一样，简明道出了南渡后

① 祝尚书：《宋代科举与文学考论》，大象出版社 2006 年版，第 205 页。

② 曾季貍：《艇斋诗话》，丁福保《历代诗话续编》（上册），中华书局 1983 年版，第 296 页。

“《文选》学”的衰落，是因为元祐学术解禁及统治者的提倡，学人士子遂以“苏、黄”为楷模、程式，从而冷落了“《文选》学”。其实，陆游《老学庵笔记》中把“苏文熟，吃羊肉”与“《文选》烂，秀才半”对举，已俨然把建炎以来“《文选》学”的衰落归于“苏氏文章”对《文选》的替代，我们也因此注意到，除了“苏文”本身“应举士子的敲门砖”作用，其他品类繁多的“兔园册子”（应试指南）与总集选本亦如雨后春笋，共同为颠覆《文选》的独尊地位推波助澜。从此，《文选》为科举士子所情有独钟的时代一去不复返了。此外，苏轼轻贬《文选》，也是南宋“《文选》学”衰落的重要因素，其他因素如“崇陶潜，尚平淡”的审美风尚之于“《文选》学”“偶丽翰藻”风格的转变，以及宋人“师唐宗宋”风气对《文选》的疏远也不容忽视。以下详论之。

一、“苏文熟，吃羊肉”之替代“《文选》烂，秀才半”与兔园册子、总集选本对“《文选》学”的颠覆

1. 南渡后，元祐学术解禁，加上累朝圣主知遇，苏氏文章风行一世。祝尚书先生《宋人总集叙录》对此论之颇详。他在《坡门酬唱集》中云：“因孝宗喜三苏诗文，朝野一时成风，与三苏有关的各种图书盛行，故是书之编，亦风会所致也。”[①]在《三苏先生文粹》中录傅增湘《经眼录》之按语云：“南渡以后苏文解禁，上自九重，下迄士庶，咸嗜其文，风行一世。”[②]又在《东莱标注三苏文集》中录《宝礼堂宋本书录》云：“盖南渡之后，文禁大开，苏氏父子文字

① 祝尚书：《宋人总集叙录》，中华书局2004年版，第179页。
② 同上书，第89页。

为一时所矜尚，坊肆争相编刻以谋锥刀之利。”[①]再如罗大经《鹤林玉露》引朱熹语曰：“孝宗最重大苏之文，御制序赞，特赠太师，学者翕然诵读，所谓人传元祐之学，家有眉山之书，盖纪实也。”[②]陈岩肖《庚溪诗话》亦载：

> 东坡先生学术文章，忠言直节，不特士大夫所钦仰，而累朝圣主，宠遇皆厚。……崇观间，蔡京蔡卞等用事，拘以党籍，禁其文辞墨迹而毁之。政和间，忽弛其禁，求轼墨迹甚锐，人莫知其由。……上大惊，不惟弛其禁，且欲玩其文辞墨迹。一时士大夫从风而靡。……今上皇帝尤爱其文。……至乾道末，上遂为轼御制文集叙赞，命有司与集同刊之。……呜呼！今东坡诗文，乃蒙当代累朝神圣之主知遇如此！[③]

南宋以来，在上述苏文极“火”的形势下，苏文遂一举替代《文选》而“成为应举士子的敲门砖”（游国恩等《中国文学史》三），各种文集也乘机大量刊行。据祝尚书先生《宋人总集叙录》所收便有如下集子：《重广眉山三苏先生文集》、《三苏先生文粹》、《标题三苏文》、《重广分门三苏先生文粹》、《东莱标注三苏文集》、《经进东坡文集事略》、《苏门六君子文粹》等。如此之多，正是“苏文

① 祝尚书：《宋人总集叙录》，中华书局2004年版，第140页。

② 罗大经撰，王瑞来点校：《鹤林玉露》甲编卷2，中华书局1983年版，第33页。

③ 陈岩肖：《庚溪诗话》卷上，丁福保：《历代诗话续编》（上册），中华书局1983年版，第170页。

熟，吃羊肉”之“应举士子的敲门砖”效应为其营造了繁荣的市场。择捡几例，略见一斑。如《苏门六君子文粹》之《四库提要》云：

> 观其所取，大抵议论之文居多，盖坊肆所刊，以备程试之用也。陆游《老学庵笔记》曰：“建炎以来，尚苏氏文章，学者翕然从之，而蜀士尤盛。”有语曰：“苏文熟，吃羊肉，苏文生，吃菜根”云云。盖风会所趋，并其从游之士亦为当代所摹拟矣。①

2. 与“苏文熟，吃羊肉”之替代“《文选》烂，秀才半”一样，各类兔园册子、总集选本在南宋也大量编行，与“苏氏文章”一道令《文选》之范文、程文功能在学人、士子的眼中淡化或消失，可谓在“《文选》学”衰落中“功”不可没。

从诸如《文苑英华》、《唐文粹》、《宋文鉴》、《文章正宗》等大型《文选》类总集来看，其入选诗文大多包罗唐宋名家名作。宋代学人更以“师唐宗宋”为主，所以这类大型《文选》类总集之取代《文选》而令其衰落的作用不言自明。并且在宋代理学思潮影响下，许多总集选本更以“续文选”、“超轶《文选》”、“扫去《文选》”而令《文选》束之高阁等明确的编选目的，直接参与促使“《文选》学”衰落的队伍中来，取而代之的目的甚明。如《直斋书录解题》之《名贤集选》云：“大略欲续《文选》，故亦及于庾信、何逊、阴铿

---

① 永瑢等撰：《四库全书总目》，中华书局 1965 年版，第 1704 页。

诸人。”[①]又如刘克庄《迂斋标注古文序》云：

《迂斋标注》者一百六十有八篇，千变万态，不主一体……惟其学之博，心之平，故所采掇尊先秦而不陋汉、唐，尚欧、曾而并取伊洛，矫诸儒相反之论，萃历代能言之作，可以扫去《粹》、《选》而与《文鉴》并行矣。[②]

又如刘克庄《文章正宗跋》云：

……曰《文章正宗》者，最为全书。……是书行，《选》、《粹》而下，皆可束之高阁。[③]

又宋赵汝腾《题妙绝古今》云：

昔余为江东宪，公余屈致馆舍，论辩终日，因得是编，皆诸老之绪言也。铢两之较，毫发之不差，轶梁统之《选》而过之，精矣。[④]

真德秀《文章正宗纲目》卷首云：

① 陈振孙：《直斋书录解题》卷15，武英殿聚珍丛书本。
② 刘克庄：《后村先生大全集》卷96，四部丛刊本。
③ 同上书，卷100。
④ 转引自祝尚书：《宋人总集叙录》，中华书局2004年版，第301页。

“正宗”云者，以后世文辞之多变，欲学者识其源流之正也。自昔集录文章者众矣，若杜预、挚虞诸家，往往堙没弗传。今行于世者，惟梁《昭明文选》，姚铉《文粹》而已。由今视之，二书所录果皆得源流之正乎？夫士之于学，所以穷理而致用也。①

以上虽多为理学家之见，但也从一个侧面反映了宋代“《文选》学”的衰落乃与宋代理学的兴盛有关。这也说明了在时代风会所趋下，宋代理学家的总集选本由质疑《文选》非源流之正而欲“超轶”、“扫去”《文选》，终令《文选》“束之高阁”，无安身用武之地。

从科举考试的层面上来看，名目繁多、便捷适用的“兔园册子”更令《文选》一落千丈。“《文选》烂，秀才半”由“神话”而为“笑话”，陆游、王应麟等遂将其作为文坛掌故永久地载入历史文献之中。这类“兔园册子”从诗赋、论策到奏议、判文等，包罗万象，应有尽有。如《万宝诗山》、《赋林衡鉴》、《论学绳尺》、《策学绳尺》、《文章关键》、《崇古文诀》、《文章轨范》等等，其名称的科举含义便已一目了然。兹举数例，见其“场屋之用”，“程式之用”。《论学绳尺》之明何乔新《序》云：

---

① 陶秋英编选，虞行校订：《宋金元文论选》，人民文学出版社1984年版，第378页。

《论学绳尺》凡十卷，宋乡贡进士魏天应编选南渡以降场屋得隽之文，而笔峰林子长为之笺释，以遗后学者也。……若此书所载，则皆南宋科举之士所作者也。①

其《四库提要》述之云：

是编辑当时场屋应试之论，冠以论诀一卷……当日省试中选之文，多见于此，存之可以考一朝之制度。且其破题、接题、小讲、大讲、入题、原题诸式，实后来八比之滥觞，亦足以见制举之文源流所自出焉。②

以场屋“得隽之文”，“冠以《论诀》”，再施以“破题、接题、小讲、大讲、入题、原题”诸式进行详细的讲解，《文选》与之相比，显然相形见绌。可以想见，热衷于举业的士子们有谁还愿再理会过时的《文选》呢？《文选》之衰“亦其宜矣”。他如叶景达掇拾《选编省监新奇万宝诗山》之陆心源《跋》曰：

宋省监皆试五言六韵诗，建阳书贾叶景达汇为此书，以备场屋之用。凡分四百数十类，约一万六千余首。③

莫友芝《宋元旧本书经眼录》亦述之曰：

① 转引自祝尚书：《宋人总集叙录》，中华书局2004年版，第366页。
② 永瑢等撰：《四库全书总目》，中华书局1965年版，第1702页。
③ 转引自祝尚书：《宋人总集叙录》，中华书局2004年版，第391页。

(是集)悉取宋代省监所试五言六韵诗分类编录,如今坊间《褒珍试律大观》之比。……惜不载作者姓名,遂无资于考核,徒成兔园册子已。①

明王守仁《文章轨范序》曰:

宋谢枋得氏取古文之有资于场屋者,自汉迄宋,凡六十有九篇,标揭其篇章句字之法,名之曰《文章轨范》。盖古文之奥,不止于是,是独为举业者设耳。②

如此等等,不一而足。

二、近时士大夫以苏子瞻讥《文选》去取之谬,遂不复留意

南渡后,东坡于《文选》学衰落可谓至关重要,不但"建炎以来,尚苏氏文章"致使"苏文熟,吃羊肉"替代了"《文选》烂,秀才半",而且作为文坛领袖,其轻贬《文选》致使"近时士大夫""遂不复留意"此书,为"《文选》学"的衰落雪上加霜。张戒《岁寒堂诗话》云:

杜子美云"续儿诵《文选》",又云"熟精《文选》理",然则子美教子以《文选》欤?近时士大夫以苏子瞻讥《文选》去取

① 转引自祝尚书:《宋人总集叙录》,中华书局2004年版,第391页。

② 同上书,第408页。

之谬，遂不复留意。①

所谓“苏子瞻讥《文选》去取之谬”是指苏轼评论《文选》的三篇文字。今撮录于下：

舟中读《文选》，恨其编次无法，去取失当。齐梁文章衰陋，而萧统尤为卑弱，《文选》序斯可见矣。如李陵书苏武五言皆伪而不能辨；今观渊明集可喜者甚多，而独取数首，以知其余，人忽遗者多矣。渊明作《闲情赋》所谓“国风好色而不淫”，正使不及周南，与屈宋所陈何异，而统大讥之，此乃小儿强作解事者。

李善注《文选》本末详备，极可喜，所谓五臣注者，真俚儒之荒陋者也，而世以为胜善，亦谬矣。……此岂非俚儒之荒陋者乎？诸如此类甚多，不足言，故不言也。

五臣注《文选》盖荒陋愚儒也。……其他浅妄可笑者极多，以其不足道，故略之。聊举此，使后之学者勿凭此愚儒也。五臣既陋甚，至于萧统，亦其流尔。……其余谬陋不一，亦聊举其一耳。②

我们对苏轼之评语正确与否姑置不论，但其寥寥数言以讥《文选》去取之谬，便足以令“近时士大夫”“遂不复留意”此书，这

① 张戒：《岁寒堂诗话》卷上，丁福保：《历代诗话续编》（上册），中华书局 1983 年版，第 456 页。

② 苏轼：《东坡志林》卷 1—卷 5，影印文渊阁四库全书本。

一方面反映了苏轼在南宋士子、学人中地位之重、影响之大，另一方面也道出了“《文选》学”在南宋确已衰落，不复为人所留意，而苏轼其人其文当然“难辞其咎”。

此外，我们简要谈谈宋代文学“崇陶潜，尚平淡”的审美风尚对《文选》学“偶丽翰藻”风格的转向。这也首先由苏轼、陈仁子评《文选》录陶潜诗文不公引起。苏轼“舟中读《文选》”云：“今观渊明集可喜者甚多，而独取数首”；陈仁子《文选补遗原序》中云：“渊明诗家冠冕，十不存一二。”①

我们知道，宋代自梅尧臣、欧阳修、苏轼、黄庭坚等起，均崇尚平淡之美，也因此陶潜在宋人的心目中地位大增。这尤以苏轼为最，其晚年曾遍和陶诗。而《文选》的风格是以“偶丽翰藻”为主的，这表明仅从审美风格上，《文选》之“偶丽藻饰”已与宋代之“冲淡老成”背道而驰。这样，苏轼因赏识陶诗“质而实绮，癯而实腴”，故而讥《文选》去取失当，录陶诗过少，便整体上迎合了宋人“崇陶潜，尚平淡”的审美趣味。这也从某种程度上说明了，苏轼尽管寥寥数语讥《文选》去取失当，但由于引起了“近时士大夫”的共鸣，故而“遂不复留意”此书。

还有一点，唐宋文学所取得的极大成就，使得宋人或师唐，或宗宋，无暇或不屑顾及《文选》，“《选》学”遂衰。宋人师唐，是宋代文学的一大景观。如李义山之于“西昆体”，白居易之于“白体”，贾岛、姚合之于“晚唐体”，韩柳之于北宋中叶“古文运动”，杜甫之于“江西派”，晚唐之于“江湖”、“四灵”，盛唐之于严羽等；

① 陈仁子：《文选补遗》卷首，影印文渊阁四库全书本。

宋人宗宋则有：欧、曾、王、苏或师友相传，或互相借鉴、互相影响，苏轼之于“苏门弟子”，苏黄、“江西派”之于南宋文坛等。汪习波在《宋代〈文选〉的流传与〈文选〉学》一文中曾对此问题有所申述，摘录如下，聊备一说：

> 唐朝文章史学，直承六代而有新创，与《文选》时代相距无多；宋代则相去已远，唐代诗文又有很大造就，为宋人提供了更多的参照文本，《文选》在上层文人中，固远不及唐时风光。①
>
> 要而言之，宋代自欧、王、苏、黄以来，诗文自具典则，宋调已成。对前代诗文的学习虽是宋代文人的一大课题，“点铁成金”、“夺胎换骨”更是江西派宗师的著名标榜，但与其说他们模《选》师唐，不如说他们是要换杜韩筋骨，希彭泽平淡。标格既高，自不会屑于萧统的别裁功夫。②

综上所述，可以看出，南宋“《文选》学”衰落具有了与北宋迥然不同的规律和特征——如果说北宋“《文选》学”衰落是因为外力（如古文运动、科举改制等）冲击的结果的话，那么南宋“《文选》学”衰落则主要是由于《文选》自身功能上已然无法适应新的时代环境、科举制度的需要，从而为苏氏文章、“兔园册子”及总集选本所取代。此外，苏轼作为文坛宗主、古文大家，其讥贬《文选》

① 汪习波：《隋唐文选学研究》，上海古籍出版社 2005 年版，第 287 页。

② 同上书，第 292 页。

更为“《文选》学”的衰落雪上加霜。同时，在宋代理学思潮影响下，理学家编行的一些总集选本亦为扫去《文选》，使之“束之高阁”、走向衰落出了一份力。还有，宋代“崇陶潜，尚平淡”的审美风尚因与《文选》的“偶丽藻饰”风格相背离，这样苏轼称《文选》录陶潜诗不公便为其讥《文选》去取之谬，使得近时士大夫“遂不复留意”的效果更显著。

第四节　宋代“《文选》学”之不绝如缕

自庆历后，宋代“《文选》学”走向衰落，但并不是说它自此便从人们的视线里彻底消失，而是不绝如缕。尽管不再像从前那样引人注目，却仍以各种方式昭示着它的存在。像宋祁小名“选哥”，曾手抄《文选》三过；宋代活字印刷术的发明，使得《文选》刻本颇多，促进了《文选》的传播；宋世所著《文选》学专书也达十余种等等，均曾为一些“文选学”学者所注意，兹不赘述。笔者试从以下几方面简述《文选》在宋代仍有它的一席之地。

一、宋代一些《文选》类总集的编纂体例大多参照《文选》。如明胡维新《重刻文苑英华序》云：

> 坟经义貌，词华郁蔓，延刘汉而接萧梁，昭明之《选》备矣。《苑》之集，始于梁，而部系类分，悉宗《选》例，非嗣文以承统乎？[①]

① 李昉等：《文苑英华》卷首，影印文渊阁四库全书本。

《四库全书总目》之《文苑英华》提要云：

梁昭明太子撰《文选》三十卷，迄于梁初。此书所录，则起于梁末，盖即以上续《文选》。其分类编辑，体例亦略相同，而门目更为繁碎，则后来文体日增，非旧目所能括也。①

姚铉《唐文粹序》云：

岂唐贤之文，迹两汉，肩三代，而反无类次，以嗣于《文选》乎？铉不揆昧懵，遍阅群集，耽玩研究，掇菁撷华，十年于兹，始就厥志。……以类相从，各分首第门目，止以古雅为命，不以雕篆为工。故侈言蔓辞，率皆不取。②

吕祖谦《缴进文鉴札子》云：

寻将秘书省集库所藏本朝诸家文集及于士大夫家宛转假借，旁采传记它书，虽不知名氏，择其文可录者，用《文选·古诗十九首》例，并行编纂。③

真德秀《文章正宗序》云：

① 永瑢等撰：《四库全书总目》，中华书局1965年版，第1691页。

② 陶秋英编选，虞行校订：《宋金元文论选》，人民文学出版社1984年版，第36页。

③ 转引自祝尚书：《宋人总集叙录》，中华书局2004年版，第113页。

> 自昔集录文章者众矣，若杜预、挚虞诸家，往往堙没弗传。今行于世者，惟梁《昭明文选》，姚铉《文粹》而已。由今视之，二书所录，果皆得源流之正乎？……故今所辑，以明义理、切世用为主。①

以上宋代四大文章总集的编纂中，有三部依仿承继《文选》体例，《文章正宗》虽标新立异，但仍以《文选》为参照系，则《文选》在宋代之影响，于此可见一斑。

二、一些著名作家、批评家、学者仍然青睐《文选》——或以《文选》为圭臬，或为《文选》鸣不平；有凭心而论，有意气之争。如徐俯（东湖）。曾季貍《艇斋诗话》云：

> 东湖喜言黄庭坚及《文选》诗。
>
> 东湖尝与予言："近世人学诗，止于苏黄，又其上则有及老杜者，至六朝诗人，皆无人窥见。若学诗而不知有《选》诗，是大车无輗，小车无軏。"东湖尝书此以遗予，且多劝读《选》诗。近世论诗，未有令人学《选》诗，惟东湖独然，此所以高妙。
>
> 山谷论诗多取《楚词》，东湖论诗多取《选》诗。②

---

① 陶秋英编选，虞行校订：《宋金元文论选》，人民文学出版社1984年版，第378页。

② 曾季貍：《艇斋诗话》，丁福保：《历代诗话续编》（上册），中华书局1983年版，第296页。

其他云某某诗赋“出《选》诗，用《选》诗，似《选》诗”者俯拾皆是，难以枚举。

如张戒。张戒《岁寒堂诗话》云：

> 杜子美云“续儿诵《文选》”，又云“熟精《文选》理”，然则子美教子以《文选》与？近时士大夫以苏子瞻讥《文选》去取之谬，遂不复留意。殊不知《文选》虽昭明所集，非昭明所作。秦、汉、魏、晋奇丽之文尽在，所失虽多，所得不少。作诗赋四六，此其大法，安可以昭明去取一失而忽之？子瞻文章从《战国策》、《陆宣公奏议》中来，长于议论而欠宏丽，故虽扬雄亦薄之……《文选》中求议论则无，求奇丽之文则多矣。子美不独教子，其作诗乃自《文选》中来，大抵宏丽语也。
>
> 王雱云：“作文字易，识文字难。删诗定书，须仲尼乃可。”萧统《文选》之有不当，又何怪也。①

如严羽。其《沧浪诗话》“诗体”条有“《选》体”，许多诗体、诗句均以《选》诗为例。

如朱熹。《朱子语类》屡言《选》诗，如“鲍明远才健，其诗乃选之变体”、“苏子由爱选诗‘亭皋木叶下，陇首秋云飞’”、“李太白终始学选诗，所以好；杜子美诗好者亦多是效选诗”。②

如苏轼。上举张戒、严羽均反对“苏、黄”诗风，而苏轼又轻贬

---

① 张戒：《岁寒堂诗话》卷上，丁福保：前引书，第464页。

② 黎靖德编，王星贤点校：《朱子语类》第8册，中华书局1986年版，第3324—3326页。

《文选》，故而他们之褒扬《文选》不免有对立抵触、意气用事的成分。但也可看出，《文选》在宋代的得失及重要与否，曾一度引起过某些作家的争论，声音尽管很微弱，但也证明了《文选》未如想象中的销声匿迹。

颇富意味的是，苏轼虽然轻诋《文选》，讥其去取之谬，但从他评"李善注之详备，五臣注之愚陋，萧统之卑弱"的辨析毫芒、无微不至上，可见其于《文选》之诵读之熟、钻研之深，这从"舟中读《文选》"的生活细节中也能看出。苏轼对待《文选》的这种矛盾，或如陈平原先生所言："或许，就像毛子水在追忆傅斯年时所说的，只因当初十分崇拜，用力较深，知其利也知其弊，日后提及时反而可能出言不逊。"①

三、与科举设"博学宏词科"相关，南宋"四六"复兴，出现了许多成就斐然的四六作手，如汪藻、孙觌、韩驹、程俱、徐俯、三洪、陆游、真德秀等等。四六别集、总集也大量涌现。② 因为"作诗赋四六，此其(《文选》)大法"，(张戒《岁寒堂诗话》)故一些四六总集、别集多以《文选》示学者以途径。下以《辞学指南》为例，以见大概。

王应麟《辞学指南》专为士子应博学宏词科而作。其"编题"云："集则《文选》、《文粹》、《韩柳文》、《文苑英华》、《古文苑》、《皇朝文鉴》。虽无甚题，然可以引用处亦合编录，皆当遍阅搜寻，

---

①　章太炎撰，陈平原导读：《〈国故论衡〉导读》，上海古籍出版社 2003 年版，第 6 页。

②　详见祝尚书：《宋代科举与文学考论》，大象出版社 2006 年版，第 398—401 页。

如前法编类,不可缺略。”“诵书”云:“东莱先生曰:‘先择《史记》、《汉书》、《文选》、韩、柳、欧、苏、曾、王、陈、张文,虽不能遍读,且择其易见世人所爱者诵之。’”其后列有22篇《文选》范文。“合诵”云:“自书、诗、左氏传、国语、史记、两汉书、两汉诏令、文选、文粹、文鉴等。”“编文”云:“东莱先生曰:左氏、两汉、文选、韩、柳、欧、苏、曾子固、陈无己、张文潜、秦少游、文粹,皆须分门节。”可见,每一个环节都离不开《文选》。

总之,《文选》作为一部重要的文章总集,在宋代仍以涓涓细流滋润着一些学人士子。不过总体来说,自庆历后,宋代“《文选》学”之衰已是崩岳狂澜,非三五学人所能力挽。

接下来,我们对宋代“《文选》学”衰落的特征和规律作一个简要的概括总结。通观全文,我们发现宋代“《文选》学”的衰落是一个复杂的现象,是合力作用的结果。其中,政治运动、文学思潮、新旧党争、科举制度、宋代理学、统治者的好恶、文学家政治家的个人力量、文章选本、审美风尚等均参与其中并发挥着不同程度的作用。大体可概括为两条主线(科举改制为明线,古文运动为暗线),三次事件(庆历新政、熙丰变法、元祐学术解禁),三个关键人物(欧阳修、王安石、苏轼),两个时段(北宋、南宋),三种文本(苏轼文章、兔园册子、总集选本),一种哲学(宋代理学),一种审美风尚(崇陶潜,尚平淡)等。如此多方强力的夹攻,宋代“《文选》学”之衰落,“亦其宜矣”!

余论　《文选》之盛衰与文体之升降

魏晋南北朝是中国古代文体学的集大成时期,而《文心雕龙》和《昭明文选》可以说代表了这时期文体学的最高成就。作为一部重要的诗文总集,《文选》的文体学研究主要集中在总集编纂与文体辨析、《文选》文体分类学、《文选序》所体现的文体观念、《文选》类总集的文体学研究以及《文选》与《文心》的文体学比较研究等等,如傅刚《昭明〈文选〉研究》、郭英德《中国古代文体学研究论稿》、李士彪《魏晋南北朝文体学》、贾奋然《六朝文体批评》等都对《文选》文体学有精到论述。

具体到本书来说,首先,宋初"古文运动"中,欧、苏等古文家以"奇偶相生"之文,矫《文选》"多偶而少奇"之弊,以革杨、刘时文之命,正反映了文学思潮与文体革新的互动关系。其次,科举"试诗赋"和"罢诗赋"所带来的"《文选》学"盛衰浮沉,以及"苏文熟,吃羊肉",即作家文体风格对士子创作的典范作用,则体现了文体的升降变迁带给政治运动和文学风尚的强烈冲击。此外,在宋代"《文选》学"整体衰落的趋势下,一些文学家、批评家诸如张戒、严羽、朱熹、苏轼等仍喜言"选诗"、"选体",以及《文选》对宋人总集诸如《文苑英华》、《唐文粹》、《宋文鉴》、《文章正宗》等在编纂体例、文体分类上的影响,即所谓"部系类分"、"以类相从"、"分类编辑"、"文体日增"、"嗣文承统"、"嗣于《文选》"、"上续《文选》"云云,都不难看出"《文选》学"巨大的文体学效应。

下　编

宋代文体形态个案研究

第七章　帖子词

帖子词是产生、成熟并兴盛于宋代的一种宫廷应用文体。其名称并非仅如明徐师曾解释的“黏贴”之义，而主要是指“用罗帛制造”并悬挂于宫阁的；它以绝句诗体而称为“词”，这与长短句“词”、“宫词”、“教坊词”等文体的名称、内容形式都很相似，有着某种密切的关系。帖子词源起于汉晋间立春日贴“宜春”字风俗，并受桃符、宫词及君臣节日间奉和唱酬的影响。首创者为晏殊。它在宋代的发展随国势盛衰和政局动荡而起伏；元明中衰，清乾隆君臣再次让它焕发生机。其内容主要是歌咏升平富贵，但欧阳修、司马光、苏轼等“中含规谏”之作更被看作是“得体”；在用事、纪实、才思、工拙、格调、正变等方面都有鲜明的特征。帖子词在中国古代文体史和文化史上具有独特的地位和价值。

第一节　帖非黏贴而是用罗帛制造

在宋代，帖子词就是每逢立春、端午两个节日，由翰林学士院撰写五七言绝句，书之帛上，张挂于宫中诸阁，以迎吉祥。帖子词又名“贴子词、翰林帖子、春端帖子、立春帖子、宜春帖子、春帖子、春帖、宫中春词、端午帖子、端帖子、五日帖子、宫帖、帖子、门帖子、帖子诗、诗帖子”等。翰苑词臣书写后向宫中呈递进奉，称为“供帖子”。所供对象计有“皇帝阁（御阁）、皇后阁、太上皇帝阁、太上皇后阁、太皇太后阁、皇太后阁、皇太妃阁、淑妃阁、贵妃阁、夫人阁、东宫阁、皇太子宫阁、郡王阁”等。其体制内容形式见第三节所录欧阳修、苏轼之春端帖子。帖子词虽然从身份上贵为帝、后所玩赏，以及翰苑重臣、文章泰斗如欧阳修、司马光、苏轼等才能染指，但从其诞生之日起，便陷入了与长短句词、教坊词、宫词等一样被轻鄙的命运。帖子词是以文学的绝句诗的形式而具极强应用性的文体，它在文学史上或许无足轻重，但在文体史和文化史上则自有其独到的价值。[①]

帖子词之“帖”意为“用罗帛制造”，而非“黏贴”之意。有关帖子词的介绍，唯一较集中全面的文献当属明徐师曾《文体明辨序说》所云：

> 按贴子词者，宫中黏贴之词也。古无此体，不知起于何时。第见宋时每遇令节，则命词臣撰词以进，而黏诸阁中之户壁，以迎吉祥。观其词乃五七言绝句诗，而各宫多寡不同，盖视其宫之广狭而为之，抑亦以多寡为等差也。然此乃时俗鄙事，似不足以烦词臣，而宋人尚之，岂所谓声容过盛之一端欤？今姑采录，以备一体。[②]

---

① 吴承学：《中国古代文体形态研究》（增订本）“绪论”部分，中山大学出版社2002年版，第2页。

② 徐师曾撰，罗根泽点校：《文体明辨序说》，人民文学出版社1962年版，第168页。

由于文献的稀缺，徐氏对“贴子词”之释名便显得很重要、很权威。也因此，受徐氏所谓“宫中黏贴之词也”、“黏诸阁中之户壁”的误导，一些学者便认为“帖子词”之名称就是因为“黏贴”之举而来，认为“帖”就是“粘贴之意也。”[①]如果说从帖子词最初源于立春日“贴宜春字”（下文有论述）这一举措上来说还不无道理的话，那么到了宋代帖子词真正形成时这样说就有欠准确了。显然，徐氏之释名仅是据“贴子词”之“贴”字来训诂的。但事实上，历代文献中称“贴”子词者寥寥，而以“帖”子词为名者才是主流。也就是说，徐氏对帖子词的阐释一开始便从路头上陷入了偏颇。“帖”虽有“黏贴”之意，但古代“帖子词”主要取“帖”之本意“帛为之”，且是用来悬挂的。《说文·巾部》：“帖，帛书署也。”段玉裁注云：“帛为之，谓之帖。”[②]宋祝穆《古今事文类聚》云：“学士院端午前一月撰皇帝、皇后、夫人阁门帖子，送后苑，用罗帛制造。”[③]这在周密《武林旧事》中尤能反映出来。其卷二“立春”条：“学士院撰进春帖子。帝后贵妃夫人诸阁各有定式，绛罗金缕，华粲可观。”卷三“端午”条亦载：“先期学士院供帖子……又以青罗作赤口白舌帖子，与艾人并悬门楣，以为禳禬。”[④]所谓“绛罗金缕”、“青罗”云云，可以看出春端帖子都是以“罗为之”的。帖子词用罗帛制造与同在立春日“赐春幡胜，以罗为之”[⑤]是相同的。帖子

① 陈元锋：《北宋馆阁翰苑与诗坛研究》，中华书局2005年版，第193页。
② 许慎撰，清段玉裁注：《说文解字注》，江苏古籍出版社2006年版，第359页。
③ 祝穆：《古今事文类聚》前集卷6，前集卷9，影印文渊阁四库全书本。
④ 周密：《武林旧事》，西湖书社1981年版，第29页，第42页。
⑤ 参见祝穆：《古今事文类聚》前集卷6，前集卷9。

词虽也称“贴”于门帐，如“翰林书待诏请春词，以立春日剪贴于禁中门帐”。“立春日贴宜春字于门”等，[1]但更可能的是“张贴、悬贴、悬挂”而非黏贴，这与《国朝宫史》“典礼四”之“张挂春联门神”和“悬挂春屏彩胜”的形式是一样的。因为悬挂新帖子时，与收贮“春联门神”和“春屏彩胜”一样，要“将旧岁春帖子词换出收贮”，[2]黏贴势必在揭下时有所损坏而影响收贮的价值和意义。到了清代，乾隆皇帝依旧“每岁春帖子书悬室内”、“依例书悬壁间”，未改此例。其中还透露出这样一个信息：帖子词是或悬于室内壁间，或挂于室外门楣的。当是节令初期悬挂于外，“华粲可观”以示喜庆。节日一过，为防日晒雨淋，遂迁挂于室内，以备来年收贮。“贴”子词之名虽在宋朝便有，当是后起，“贴”之含义可能更近于同样新兴的宋杂剧这一文体之角色“贴旦”之“贴”，即“正色之外”之义，反映了其文体之卑。

帖子词之名为“帖子”与奏帖、书帖有关。大臣上奏之奏帖也叫帖子、小帖子。翰苑词臣这种“供帖子”之职，虽是其撰写“王言之制”的余事，却也可看作是某种形式的供奉“奏帖”，即王安中所谓：“二年白玉堂，挥翰供帖子。”还有，书帖也称帖子，例如苏轼一卷春帖子词副本便被收录在《六艺之一录》和《石渠宝笈》里，成为书法名品，宋元许多名人都曾亲跋此帖。

帖子词均为五七言绝句，诗体而称之为“词”，其中是有深意的，这与长短句“词”、“宫词”、“教坊词”等文体的名称、内容形式

---

① 参见祝穆：《古今事文类聚》前集卷6，前集卷9，影印文渊阁四库全书本。

② 《国朝宫史》卷8，影印文渊阁四库全书本。

都很相似,有着某种密切的关系。首先,文体卑微,与“小词”同病相怜。帖子词是立春、端午两节为宫中所撰,内容上不出颂圣祈福和歌咏富贵气象。这与传统儒家诗教要求“诗”当“主文谲谏”,当言“忧国忧民”之“志”是不符的,而更接近于宋代为正统文人所不齿的长短句“小词”之特征。正如徐师曾所言撰帖子词“乃时俗鄙事”,《翰苑新书》也云:“欧公虽帖子之微,不忘规谏。”[①]《北海集》:“若春日帖子,盖宫禁门户间祓除祈祝之词。异时作者不过颂德美而歌福禄,以奉至尊燕娱之私而已。至修之词乃中含规讽,冀以裨益于燕私之间。区区之中,既无所不至。而仁祖识之,为之赏叹。”[②]《式古堂书画汇考》卷十之“东坡春帖子词卷末”云:“若此老置之玉堂中,则其忠悬切至,见诸文章,亦余事也。”[③]显然,如此“区区”“卑微”之文体,自然成了“诗文”之“言志载道”的文章“余事”,也即“诗余”,落入了当时士大夫既钟爱又鄙视之“小词”的同样命运。刘克庄云:“坡公欲使秦郎供帖子,岂非以其才思尤宜用于此耶?”[④]秦观“诗似小词”,故其才思正合于“诗体而称为词”之“帖子格调”。同样,因为东坡“小词似诗”,故其帖子词方恢复了“诗言志”的规谏作用。苏、秦这种“诗”、“词”之间的转换,正说明了帖子词名称由来与当时“词体”的关系。此外,刘克庄《自题长短句后》云:“春端帖子让渠侬,别有诗余继变风。”尤能体现二者之关系。

---

① 《翰苑新书》后集上卷 24,影印文渊阁四库全书本。
② 綦崇礼:《北海集》卷 22,影印文渊阁四库全书本。
③ 《式古堂书画汇考》卷 10,影印文渊阁四库全书本。
④ 刘克庄:《后村诗话》卷 3,影印文渊阁四库全书本。

其次，出入翰林，与“教坊词”共苦同甘。帖子词和教坊词同为翰苑词臣在节日庆典时所撰的宫廷应用文字，都是他们撰述制诰诏敕等“王言之制”的文章余事。同样，教坊乐语作为俗文体也如帖子词一样为人们所轻鄙。如宋张邦基云：“优词乐语，前辈以为文章余事，然鲜能得体。”①可以说，“教坊乐语”和“帖子词”就像一对孪生姐妹，充当着宫廷帝后和翰苑词臣之伶优的角色，既高贵又卑微，为人所喜欢也为人所轻贱。这种矛盾还体现在：一方面它们都很受翰苑词臣重视，大多被收录在别集中且紧密相邻，共同记载着作者仕宦的腾达，炫耀着昔日的荣显；一方面又把它们与青词、上梁文等“下等”文体并列等同，排放在文集最后，以表明自己的不屑。二者在总集中地位又大不相同。帖子词仅徐师曾《文体明辨》中聊备一体，另外在《宋文鉴》“绝句”体中录有欧阳修三首。教坊词则在《宋文鉴》、《五百家播芳大全文粹》、《文章辨体汇选》、《文体明辨》中均以“致语”或“乐语”列为一体。可见，在古代文体分类史上，帖子词的地位尚明显不能与“教坊致语”相比。颇富意味的是，“教坊乐语”也名“教坊词”（如苏颂、苏轼文集中俱是），想必这些绝不仅仅是简单的巧合。

再次，映照宫廷，与“宫词”携手并肩。唐宋人“宫词”也多为五七言绝句，歌咏宫廷后妃生活。宋孙应时题胡元迈集句作《宫词》二百首，其中有“宫体故宜供帖子，玉堂何日唤诗翁”②之句。宋祝穆云：“先是诸公所撰，但宫词而已。故王岐公（珪）皇后阁帖

① 张邦基撰，孔凡礼点校：《墨庄漫录》卷9，中华书局2002年版，第245页。

② 孙应时：《烛湖集》卷20，影印文渊阁四库全书本。

子云:'禁幕无风日正亭,侍臣初赐玉壶冰。不知翠辇游何处,应在瑶台第一层。'及欧阳修学士始伸规谏。"[1]王珪作有《宫词》百首,文集中与帖子词相邻且风格相似。当然,这主要指两种文体同样以"形容太平盛世"为主这方面而言的,与宫词之"怨而不怒"及帖子词的"主文谲谏"无涉。它如周煇《清波杂志》卷十"春帖子"云:"翰林书待诏请春词,以立春日剪贴于禁中门帐。……自政宣以后,第形容太平盛事,语言工丽以相夸,殆若唐人宫词耳。"[2]这样,在传统的儒家诗教观念支配下,宋人对司马光、欧阳修、苏轼等人"不忘规饬"的"得体"之作大加赞赏,认为帖子词若"徒辑绮丽谀说之词,则在太白《清平乐》,王建、和凝《宫词》下风矣"。[3]

当然,帖子词也偶而称为"帖子诗"或"诗帖子"。东坡次韵少游《元日立春三绝》便自注云:"立春日,翰林学士供诗帖子。"[4]宋胡仔云:"立春日,悉剪彩为燕子以戴之。故欧阳永叔诗云……皆立春日帖子诗也。"[5]元王士熙《上京次李学士韵》:"金烛承恩出院迟,玉堂学士草麻时。明朝上国新端午,彩笔应供帖子诗。"[6]虽仅几例,但总算给了"春端帖子"一个正名的机会。

帖子词的撰进及收贮日期都有具体的规定。关于端午帖子,宋祝穆云:"学士院端午前一月撰皇帝皇后夫人阁门帖子,送后

① 祝穆:《古今事文类聚》前集卷6,前集卷9,影印文渊阁四库全书本。
② 周煇撰,刘永翔校注:《清波杂志校注》卷10,中华书局1994年版,第425页。
③ 《石渠宝笈》卷5,影印文渊阁四库全书本。
④ 邵浩编:《坡门酬唱集》卷22,影印文渊阁四库全书本。
⑤ 胡仔:《苕溪渔隐丛话》前集卷28,影印文渊阁四库全书本。
⑥ 《御选宋金元明四朝诗》之《御选元诗》卷71,影印文渊阁四库全书本。

苑，用罗帛制造，及期进入。”[1]立春帖子因与除夕元日相近，为避免与春联、门神、春屏、彩胜等重合，其撰进日期便更为详细，有岁内立春和新岁立春之分。《国朝宫史》卷八“典礼四”载：“进春帖子。每岁立春之前，南书房翰林等恭进春帖子词。岁内立春者，在二十日前进；新岁立春者，在二十日以后进交。御览后陈设……将旧岁春帖子词换出收贮。”[2]其中亦详载“张挂春联门神”、“悬挂春屏彩胜”和“悬挂椒屏岁轴”的具体日期和收贮时间。可见这些都属于朝廷“典礼”、“宫规”的重要定制，需严格遵守。上述是清朝典制，那么宋代也是这样吗？苏轼可以给我们答案。《石渠宝笈》卷五之“宋苏轼春帖子词一卷”云：“素笺本，楷书。卷首自识云：元祐三年春帖子词，翰林学士臣苏轼进。……后又识云：二年十二月五日进。”[3]“元祐三年春帖子词”而于“二年十二月五日进”，可见是岁内立春者。元祐二年十二月五日（即农历1087年）为公历一零八八年一月一日。则此月五日与二十日当为大寒、立春两节。若二十日立春，则正是元祐二年腊月二十五日左右立春。这说明苏轼所进春帖子也是立春前二十日所进，与《国朝宫史》所载之制是相同的。根据“御览后陈设……将旧岁春帖子词换出收贮”，可知春帖子词是终年悬挂的，这与“门神”、“春屏彩胜”分别于“十二月二十六日”和立春日悬挂，“至次年二月初三日撤下收贮本处”不同，也可见“春帖子词”更为重要。春联门神同于“十二月二十六日”悬挂，但未载收贮春联日期，应

---

① 祝穆：《古今事文类聚》前集卷6，前集卷9，影印文渊阁四库全书本。

② 《国朝宫史》卷8，影印文渊阁四库全书本。

③ 《石渠宝笈》卷5，影印文渊阁四库全书本。

该也是和帖子词一样终年悬挂的。

帖子词的形制大小模式，唯一文献可以从苏轼春帖子所留副本中略知。这就是上引《石渠宝笈》所言。其形制当是：卷首如“元祐三年春帖子词，翰林学士臣苏轼进。”卷尾标注所进日期，即“后又识云：二年十二月五日进。”规模大小也有记载，在介绍各家题跋之后，云：“卷高八寸四分，广五尺五寸六分引首。”当然这个尺寸不会是唯一的，应是据所进帖子词的数量而定的。因为苏轼每于帖子词均留副本，故此幅可能把诸阁录于一卷，但当时书写时应是诸阁分开来写的。

第二节　源于“贴宜春字”习俗并受桃符、宫词等文体的影响

帖子词是限制性颇多颇严的宫廷应用文体，其形成源于汉晋间立春日“贴宜春字”之习俗，并受桃符、宫词等文体的影响。

帖子词又称宜春帖子。王珪《皇帝阁立春帖子》云：“北地凝阴尽，千门淑气新。年年金殿里，宝字贴宜春。”立春日贴宜春字可以追溯到汉晋时期。梁宗懔《荆楚岁时记》云：“立春日，悉剪彩为燕以戴之，贴宜春二字。按彩燕即合欢罗胜。郑毅夫云：‘汉殿斗簪双彩燕，并知春色上钗头。’宜春二字，傅咸《燕赋》有其言矣。”[1]所谓“汉殿”、“年年金殿里”云云，可见出帖子词为皇宫殿阁所撰的渊源。而帖子词以“帛为之”也可从彩燕以“罗”为之找

---

① 梁宗懔：《荆楚岁时记》，影印文渊阁四库全书本。

到依据。但这时仅为贴宜春二字，尚非完整的诗句。

桃符则从功能形式上给予帖子词的形成以更大影响。据《山海经》载，桃符故事“起自黄帝”。其书“神荼郁垒”，“元日以置门户间也”，也与贴宜春字形式相似。到了五代后蜀，其撰制条件则更与帖子词接近了。如《宋史》云：“又每岁除日，命翰林为词题桃符，正旦置寝门左右。末年，学士幸寅逊撰词，昶以其非工，自命笔题云：‘新年纳余庆，嘉节号长春。’”①《御定月令辑要》也载：“蜀主每岁除日，诸宫门各给桃符一对，俾题元亨利贞四字。”②可见，其由皇帝命翰林学士于岁除、元日题诗于诸宫门，已与帖子词之撰有颇多相合之处。桃符是为元日新年而设，而宋代最早撰制帖子词者晏殊还保留着元日、立春、端午俱撰帖子词的习俗，只是后来才仅限于立春、端午两节撰写帖子词，逐渐取消了元日。从中也尤其可以看出桃符与帖子词的密切关系和相互影响。蜀主孟昶以一联题诗桃符演变为后来新年春联的对句形式，流传至今。而桃符之书“神荼郁垒”和题“元亨利贞”四字则更可能是春联之“横批”滥觞。这也是我们注意到的古代帖子词和如今春联的某些相似和区别所在。

至于帖子词的绝句诗形式则从内容与体裁上都可看到唐宋宫词的影响，前面已述，兹略。帖子词的这种绝句诗形式还与古代每逢节令君臣常应和唱酬有很大关系。如宋潘自牧云：“唐景龙正月八日立春，上令侍臣迎春。内出采花树，人赐一枝，令学士

① 脱脱：《宋史》卷66，中华书局1977年版，第1446页。
② 《御定月令辑要》卷5，影印文渊阁四库全书本。

赋诗。"[1]到了宋初,晏殊、夏竦这两个对宋代帖子词有突出贡献的重臣也多有与皇帝在元日、立春、端午的奉和应制之作,其内容和形式也与帖子词无异。

帖子词真正形成和成熟于宋代。徐师曾所谓"古无此体,不知起于何时,第见宋时每遇令节","而宋人尚之"云云,已透露出帖子词兴盛或创立于宋朝的事实。宋初晏殊和夏竦有初创和过渡之功,北宋中叶趋于极盛,并随国势盛衰而有起落。元明中衰,清代乾隆君臣又让这一"区区"之体焕发生机。

有宋创作帖子词最早者当属晏殊。宋初经过四十多年的将养生息,在统治者偃武修文的政策下,大臣们欢歌晏嬉,聚会唱酬,一片承平景象,帖子词遂具备了生长繁荣的土壤。晏殊于真宗景德元年(1004)以神童召试,赐同进士出身,祥符三年(1010)任馆职。约略同时任馆职并有相关帖子词记载的有夏竦。从二人帖子词的内容和体制来推看,则晏殊当属最早作帖子词者。晏殊之帖子词不见其文集,俱收录在宋蒲积中《岁时杂咏》中。计有:"元日""御阁四首、内廷四首、东宫阁二首";"立春""御阁四首、内廷四首、东宫阁三首";"端午""御阁(圣旨进)四首、内廷四首、升阁四首、东宫阁二首"。[2] 分析可见,集中虽未列帖子词目(所收他人如欧阳修、苏轼、宋祁、夏竦、孙觌等则明标春帖子词或端午帖子),但显然已具帖子词之实。其体裁均为七言绝句,与其后成熟时的五、七言绝句杂合者有很大不同。诸阁名称亦不规

---

① 宋潘自牧:《记纂渊海》卷2,影印文渊阁四库全书本。

② 见宋蒲积中:《岁时杂咏》卷2、4,影印文渊阁四库全书本。

范，如称御阁而非皇帝阁，以内廷总括后妃诸阁等。此外，“元日”有帖子词者唯晏殊此例，此后均限于立春、端午二节。凡此种种迹象，都显示了晏殊之帖子词初创时尚不规范的粗放特征。

帖子词出现并创立于晏殊及那个时代，还与皇帝的喜好及君臣唱和有关。《岁时杂咏》中在晏殊帖子词之前各有《奉和圣制元日》二首、《奉和圣制立春日》二首、《奉和圣制除夜》等，可见这种节日间的君臣唱和当是帖子词出现的契机。而其端午日“御阁”四首注明“圣旨进”，一则说明了皇帝对这一文体的喜好和提倡；一则也说明了帖子词在初创时尚需皇上特别下旨进供。这与后来形成制度，每到立春、端午节便由翰苑词臣“挥翰供帖子”是不同的，都可佐证晏殊的首创之功。当然，晏殊诗词善言“富贵气象”的风格正适合以“形容太平盛世”为主的“帖子格调”，也因此为皇帝所青睐而屡屡在节日盛典时互相唱和。

从体制看，夏竦当是帖子词初创到成熟期的纽带和过渡者。一方面，其前期作品中也俱为七言绝句，名称上也以御阁、内阁标题，且多有应圣制的唱和之作，与晏殊之文体特征很相似；另一方面，后期作品之体制规范则与这一文体成熟后的典范之作诸如宋祁、欧阳修等人殊无二致。这显然与其先后两入馆阁翰苑有关。晏殊、夏竦之后约二十余年，宋祁、欧阳修、王珪、司马光、苏轼等陆续进入馆阁玉堂，标志着北宋中叶帖子词鼎盛和成熟时期的到来。这些国之重臣、文章泰斗共同把这个卑微的文体推向成熟，为其在古代文体苑林中争得了一席之地。尤其欧阳修、司马光、苏轼三人以“帖子之微”寓以规谏，大为后人所称道，也使此俗贱之体终于有了些微“言志载道”的正统血脉，不再完全被人看不起了。这样的情形一直延续到北宋末年。

靖康之乱，让南渡初年的高宗朝惊魂未定，无心庆典宴嬉，帖子词之供遂在近二十年（靖康元年1126——绍兴十三年1143）中出现了空白。李心传云："辛丑（绍兴十三年）立春节，学士院始进帖子词，百官赐春幡胜，自建炎以来久废，至是始复之。"[①]在经历了所谓中兴之表面承平之后，南宋君臣便偏安于临安小朝廷，耽溺于西湖歌舞之中，帖子之供也废而复兴。直到咸淳元年，随着蒙古铁蹄踏破了南宋君臣的美梦，"帖子词"的命运也随之灰飞烟灭，走到了它的尽头。宋遗民仇远在跋东坡帖子词副本时感慨万千："噫！元祐往矣，咸淳而后不见春帖者四五十年矣！"[②]也就是说，从宋度宗元年（1265）到宋亡（1279），帖子词给宋代留下了最后的缺憾和空白。金振邦云："一定的文体总是与其时代文化的发展水平和表达需求相适应，并能透射出一道时代精神的折光。"[③]此言甚是，即从此区区"帖子之微"的兴衰演变之中，已自能鉴照出时代政治的浮浮沉沉。

元明以来，皇室的内争不断，大臣、宦官擅权篡政，农民起义频发，政局动荡不安等等，让帖子词这个盛世之花没有了生存的土壤，遂枯萎凋零，出现断层。在元代，虽然也有文献表明其并未绝迹于世，如元王士熙《上京次李学士韵》："金烛承恩出院迟，玉堂学士草麻时。明朝上国新端午，彩笔应供帖子诗。"但更多的记载证明着它的衰落和创作的阙如。上述东坡帖子仇远跋云"咸淳

---

① 李心传：《建炎以来系年要录》卷148，中华书局1956年版，第2375页。

② 《石渠宝笈》卷5，影印文渊阁四库全书本。

③ 金振邦：《文体学》，东北师范大学出版社1994年版，第71页。

(1265)而后不见春帖者四五十年矣”。算来基本到了元仁宗延祐二年(1315)。宋遗民林希逸也云:“却忆先朝供帖子,伤心白发旧词臣。”①此诗丁卯春(1327年)作,二者所言基本吻合。从泰定二年(1325)农民起义规模由小到大,直至元亡,可以说是终元之世都失去了作帖子词的条件。元陆文圭《除夕二首呈北溪》云“为问玉堂春帖子,不知学士有谁供”②也用反问的语气道出了元代无帖子词的事实。需要指出的是,元人别集中“门帖子”颇多,也为五七言绝句体,不同于春联,但也非“立春帖子”,因为多为“元日”、“新年”而作。这里澄清一下,虽有元日立春在同一天的时候,但元日非“立春”。陈元锋称:“宋代宫廷流行的帖子词,皆由翰林学士撰写,形式为五七言绝句,用于元日与端午粘贴于后宫诸阁。”或一时疏忽所致,在此纠正。

到了明代,帖子词依旧不行于世。虽然从诸如明高启《端阳写怀》“去岁端阳直禁闱,新题帖子进彤扉”所言之中,依稀能看出它一度存在过的影子,但整体的衰落却是不争的事实。明王直《立春日分韵诗序》云:“昔宋之时,翰林以是日进春帖子禁中,写时景而美德意。今虽不行,因时纪事,以歌咏盛美而垂之后世者,本儒臣职也。”③明吴宽《庚子立春朝贺》云:“拟学宋臣题帖子,待看唐室进傩名。”④明郑真《用万玉麟先生端午韵四首》云:“翰林

① 林希逸:《竹溪鬳斋十一稿》续集卷2,影印文渊阁四库全书本。

② 陆文圭:《墙东类稿》卷19,影印文渊阁四库全书本。

③ 王直:《抑庵文集》卷4,影印文渊阁四库全书本。

④ 吴宽:《家藏集》卷7,影印文渊阁四库全书本。

帖子谁供奉？香染群公洗墨池。”[1]可见，无论立春还是端午，上述诸人所谓“昔宋之时”、“拟学宋臣”、“谁供奉?”云云，都道出了帖子词在明代“今虽不行”的事实。明代诗文中提及帖子词之处也不在少数，但已非宋代立春、端午由翰苑词臣向诸宫阁“供帖子”的本意。或有感而发，抒发个人心怀。如前引明高启《端阳写怀》：“去岁端阳直禁闱，新题帖子进彤扉。”或与“除夕”不分，只作为典故来用事。如明董纪《壬申除岁》：“宜春帖子何必写，守岁家筵不忍开。”[2]明胡奎《除夕过北寺》：“岁朝万象最宜春，帖子题来醉墨新。”[3]或虽名春帖子，却已非为宫中诸阁所撰。如明郑真《庚辛岁阔斋春帖子》七绝二首；明顾清“曾看东园春帖子，春光都在紫荆枝”皆是。这与诸如郑真《辛酉岁春帖子》（七绝一首）一样，已经是有名无实了。更多的是，遇立春端午节令，儒臣诗人群聚或朝贺时“用韵、分韵、次韵”的唱和之作。如上举郑真、王直的“用韵、分韵”之作，完全成了咏物观美的时令之作了，只是诗中尚夹有“帖子”之名而会迷人眼目。

清代，帖子词“死灰复燃”，如宋代一样再成定例。如《御制诗集》云：“立春前，内廷翰林等例进春帖子词。”[4]清汪由敦云：“乾隆庚申嘉平，内廷词臣恭进皇帝阁春帖子词，蒙赐御用笔墨笺纸，由敦实与拜。”[5]虽然如此，除了乾隆帝和汪由敦外，其他别集中鲜

---

① 郑真：《荥阳外史集》卷89，影印文渊阁四库全书本。
② 董纪：《两郊笑端集》卷1，影印文渊阁四库全书本。
③ 胡奎：《斗南老人集》卷5，影印文渊阁四库全书本。
④ 《御制诗集》四集卷38，影印文渊阁四库全书本。
⑤ 汪由敦：《松泉集》（文集）卷10，影印文渊阁四库全书本。

有著录。帖子词在发展史上,这时却出现了一个奇观:乾隆皇帝不但本人亲自撰写,而且几十年如一日。如《御制诗集》三集卷四“端午帖子词”云:“不必传宣学士院,阁门帖子试亲裁。”[①]余集卷九之“丁巳春帖子”云:“岁岁随安室,亲挥帖子更。仍居养心殿,依例顺舆情。”自注云:“随安室在养心殿东暖阁中,每岁春帖子书悬室内。养心殿为予六十余年安居之所,最为吉祥。”[②]乾隆“亲挥帖子”六十年从未作辍,使得他成为帖子词创作数量之最。这足以让“帖子词”身价倍增,不负“黄金台”、“白玉堂”之美名。不单如此,他还凭借创立“中秋帖子”、“帖子”有序、“唯作三首”、“集春联作春帖”等诸多名目,与“亲挥帖子”一样,在“帖子词”的体制革新上独树一帜。与此相辉映,吏部尚书汪由敦《松泉集》中亦步亦趋“恭和”乾隆帝“春端帖子”和“中秋帖子”,简直就是他的影子和副本。这对盛世君臣的密切合作和创获,终于使帖子词在宋代鼎盛而元明难以为继的情势下重焕生机。

帖子词产生、成熟和兴盛有政治、文化等很多原因。首先,政通人和的太平盛世是根本条件。我们单从它在宋代的两次衰落,即靖康之乱和元蒙灭宋使宋代帖子词在北宋末南渡初及南宋末年二度出现空白来看,“太平盛世”应是这一文体得以存在和繁荣的最重要的因素。元明中衰,虽然原因很多,但宫廷混乱、皇权不稳等不和谐的“乱世”特征当为主因。例如“帝位争夺的纠纷,一直与元代相始终”。[③] 明代则有诸如靖难之役、宦官专权、皇帝昏

① 《御制诗集》三集卷4,影印文渊阁四库全书本。

② 《御制诗集》余集卷9,影印文渊阁四库全书本。

③ 李培浩:《中国古代史纲》(下),北京大学出版社1985年版,第236页。

庸(如世宗崇信道教、神宗吸食鸦片、熹宗耽溺木工等)、党争激烈、后宫混乱(如梃击、红丸、移宫三案)、农民起义等等,这都使以帝位稳固、皇宫和谐为主要条件的帖子词失去了根基,无疑成为元明中衰的主要原因。而清代帖子词又在乾隆和汪由敦这对盛世君臣手中焕发生机,也再次证实了它是"太平盛世的"的产物。其次,得益于中国传统节日文化这一丰厚土壤的滋养。节日文化自古就是中国礼乐文化的重要组成部分,并通过文学表现出来。例如《礼记·月令》、《荆楚岁时记》、《岁时杂咏》等就集中体现了这一点。诸如元日(正旦)、立春、端午等反映着人们贺岁祈福、逐疫驱邪等美好心愿的重大传统节日,逐渐成为封建王朝的典礼宫规,并在历朝国史中都有详细的记载。而作为诗的国度,翰苑词臣也便把他们的文学才华挥洒在节日庆典上。于是,帖子词成了最典型的以文学的诗的形式而具极强应用性的文体,这在中国古代应用文体以"文"为主的态势下,尤为引人注目。此外,宋代偃武修文,鼓励享乐的政策;词、教坊致语、杂剧、话本小说等标志着市民文化兴起的俗文体的繁荣;与词、宫词、教坊词等文体的相互渗透和相互影响;宋代翰苑词臣馆阁制度和职能的发达以及皇帝的提倡和鼓励等等,都以合力中的一极对帖子词的兴盛产生着或多或少的影响。

某一种特定的文体如果在合适的时机遇到合适的土壤,自然会蓬蓬勃勃地繁荣开来。但要想生生不息,就要有顽强的生命力和开放的、海纳百川的胸襟去适应各种生存环境,否则其衰亡是或早或迟、不可避免的事情。帖子词的衰亡正印证了这个规律。尽管它像中国古代众多生命力顽强、流传久远的文体一样,也源于民间文化风俗，有着“真诗出民间”的优秀血统，但其后天成长于皇室宫廷这样一种优越而狭隘的环境，无疑幽闭了它发展的空间。这样，具有诸多限制（如创作者：翰苑词臣；接受者：帝后妃子；时间：立春端午；地点：皇室宫廷；环境：盛世和谐等）的帖子词便注定了它的短祚和昙花一现。然而，文体的消亡却并不代表文化的消亡。相反，在传统节日文化越来越被重视并日益法制化的今天，我们对春端帖子的深入研究是否能对当今节日文化和相关文学带来一些启示呢？

第三节　形容太平盛世和皆寓讽劝之意

帖子词的功能、对象决定其内容主要是“写时景而美德意”及颂盛世升平和歌富贵气象的，这也正是她虽以诗体而称为词以及为人们所轻贱的原因。但在传统儒家“言志载道”观念影响下，当时正统文人（包括皇帝）更看重和叹赏欧阳修、苏轼、司马光那些具有“规谏”内涵之作，认为这才是“玉堂之楷式”，才“得体”。宋蔡正孙云：“凡词人作宫帖者甚多，惟欧公所作，词意多寓讽切，当时以为得体……愚谓司马公此帖亦皆寓讽劝之意。”[①]宋周煇云：“春端帖子，不特咏景物为观美。欧阳文忠公尝寓规讽其间，苏东坡亦然。司马温公自著《日录》，特书此四诗，盖为玉堂之楷式。自政、宣以后，第形容太平盛事，语言工丽以相夸，殆若唐人宫词

① 蔡正孙：《诗林广记》后集卷1，影印文渊阁四库全书本。

耳。”①如此颇多，大都集中在对欧、苏之作的评论上。现录欧、苏之作于下，以见大概：

欧阳修 春帖子词二十首十二月二十九日

皇帝阁六首

其一萌牙资暖律，养育本仁心。顾彼苍生意，安知帝力深。

其二阳进升君子，阴消退小人。圣君南面治，布政法新春。

其三气候三阳始，勾萌万物新。雷声初发号，天下已知春。

其四玉管气来灰已动，东郊风至晓先迎。乾坤有信如符契，草木无知但发生。

其五朝云霭霭弄春晖，万木欣欣暖尚微。造化未尝私一物，各随妍丑自芳菲。

其六熙熙人物乐春台，风送春从天上来。玉辇经年不游幸，上林花好莫争开。

皇后阁五首

其一御水冰销绿，宫梅雪压香。新年贺交泰，白日渐舒长。

其二蔼蔼珠帘日，溶溶碧瓦烟。漪涟采荇水，和暖浴蚕天。

① 周煇撰，刘永翔校注：《清波杂志校注》卷10，中华书局1994年版，第425页。

其三初欣彩胜迎春早，已觉鸡人报漏迟。风色结寒犹料峭，天光煦物已融怡。

其四莺寒未报宫花发，风暖还催腊雪销。欲识春来自何处，先从天上斗回杓。

其五三辰明润旋玑运，四气均调玉烛光。共喜新年献椒酒，惟将万寿祝君王。

温成皇后阁四首

其一璅窗珠户暖生烟，不觉新春换故年。众卉争妍竞时态，却寻遗迹独依然。

其二宝奁香歇掩铅华，旧合春归老监嗟。画栋重来当日燕，玉栏犹发去年花。

其三椒壁轻寒转晓晖，珠帘不动暖风微。可怜春色来依旧，惟有余香散不归。

其四内助从来上所嘉，新春不忍见新花。君王念旧怜遗族，常使无权保厥家。

夫人阁五首

其一太史颁时令，农家候土牛。青林自花发，黄屋为民忧。

其二元会千官集，新春万物同。测圭知日永，占岁喜时丰。

其三黄金未变千丝柳，白日初迟百刻香。圣主本无声色惑，宫花不用妒新妆。

其四微风池沼轻澌漾，旭日楼台瑞霭浮。四海欢声歌帝泽，万家春色满皇州。

其五玉殿籤声玉漏催，彩花金胜巧先裁。宿云容与朝晖丽，共喜春随曙色来。

端午帖子词二十首三月二十五日

皇帝阁六首

其一天清槐露挹，岁熟麦风凉。五日标嘉节，千龄献寿觞。

其二午位星杓正，人间令节同。四时和玉烛，万物被薰风。

其三舜舞来遐俗，尧仁逹九区。五兵消以德，何用赤灵符。

其四**楚国因谗逐屈原，终身无复入君门。愿因角黍询遗俗，可鉴前王惑巧言。**

其五嘉辰共喜沐兰汤，毒沴何须采艾禳。但得皋夔调鼎鼐，自然灾祲变休祥。

其六炎晖流烁蕙风薰，草木蕃滋德泽均。**畜药蠲痾虽故事，使民无疾乃深仁。**

皇后阁五首

其一画扇催迎暑，灵符喜辟邪。风光丽宫禁，时节重仙家。

其二椒涂承茂渥，嫔壸范柔仪。更以亲蚕茧，纫为续命丝。

其三覆槛午阴黄鸟啭，烘帘晓日绛榴繁。六宫彩缕争新巧，共续千龄奉至尊。

其四紫阑浙浙光风转，绿叶阴阴禁苑凉。天子万几多暇日，喜逢嘉节奉瑶觞。

其五五色双丝献女功，多因荆楚记遗风。圣君照物同天鉴，不用江心百练铜。

温成皇后阁四首

其一密叶花成子，新巢燕引雏。君心多感旧，谁献辟兵符。

其二旭日映帘生，流晖槿艳明。红颜易零落，何异此花荣。

其三彩缕谁云能续命，玉奁空自锁遗香。白头旧监悲时节，珠阁无人夏日长。

其四依依节物旧年光，人去花开益可伤。圣主聪明无色惑，不须西国返魂香。

夫人阁五首

其一梅黄初过雨，麦实已登秋。避暑多佳赏，皇欢奉豫游。

其二鸣蜩惊早夏，斗草及良辰。共荐菖华酒，君王寿万春。

其三楚俗传筒黍，江人喜竞船。深宫亦行乐，彩索续长年。

其四凉生玉宇来风细，日永金徒报漏稀。皎洁冰壶清水殿，三千争捧赭黄衣。

其五仙盘冷泛银河露，纨扇香摇绿蕙风。禁掖自应无暑气，瑶台金阙水精宫。

苏轼　春帖子词旧注元祐三年

皇帝阁六首

蔼蔼龙旗色，琅琅木铎音。数行宽大诏，四海发生心。

旸谷宾初日，清台告协风。愿如风有信，长与日俱中。

草木渐知春，萌芽处处新。从今八千岁，合抱是灵椿。

圣主忧民未解颜，天教瑞雪报丰年。苍龙挂阙农祥正，老稚相呼看耕田。

昨夜东风入律新，玉关知有受降人。圣恩与解河湟冻，得共中原草木春。

翰林职在明光里，行乐诗成拜舞中。不待惊开小桃杏，始知天子是天公。

太皇太后阁六首

雕刻春何力，欣荣物自知。发生虽有象，覆载本无私。

小殿黄金榜，珠帘白玉钩。一声双日跸，春色满皇州。

仗下春朝散，宫中昼漏稀。两厢休侍御，应下读书帏。

五日占云十日风，**忧勤终岁为三农。**春来有喜何人见，好学神孙类祖宗。

共道十年无腊雪，且欣三白压春田。尽驱南亩扶犁手，稍发中都朽贯钱。

不独清心能省事，应缘克己自销兵。传闻塞外千君长，欲趁新年贺太平。

皇太后阁六首

宝册琼瑶重，新庭松桂香。雪消春未动，碧瓦丽朝阳。

瑞日明天仗，仙云拥寿山。倚栏春昼永，金母在人间。

朝罢金铺掩，人间宝瑟尘。欲知慈俭德，书史乐青春。

仙家日月本长闲，送腊迎春岂亦然。翠管银罂传故事，金花彩胜作新年。

彤史年来不绝书，三朝德化妇承姑。**宫中侍女减珠翠，雪里贫民得袴襦。**

边庭无事羽书稀，闲遣词臣进小诗。共助至尊歌喜事，今年春日得春衣。

皇太妃阁五首

苇桃犹在户，椒柏已称觞。岁美风先应，朝回日渐长。

甲观开千柱，飞楼擢九层。雪残乌鹊喜，翔舞下觚棱。

孝心日奉东朝养，俭德应师太姒风。太史新年瞻瑞气，四星明润紫宫中。

九门挂月未催班，清禁风和玉漏闲。崇庆早朝银烛下，佩环声在五云间。

东风弱柳万丝垂，的砾残梅尚一枝。茧馆乍欣蚕浴后，禖坛犹记燕来时。

夫人阁四首

彩胜镂新语，酥盘滴小诗。升平多乐事，应许外庭知。

细雨晓风柔，春声入御沟。已漂新荇没，犹带断冰流。

扶桑初日映帘升，已觉铜缾暖不冰。七种共挑人日菜，千枝先剪上元灯。

雪消鸳瓦已流澌，风暖犀盘尚镇帷。缥缈紫箫明月下，璧门桂影夜参差。

可以看出，即便欧、苏之“讽劝规谏”之作也仅限于上面标出的黑体部分。下面再择要撮录几条，以见当时文坛对帖子词的“正统”态度及文人欲扭转并抬高其地位的举措：

先公在翰林，尝草春帖子词。一日，仁宗因闲行，举首见御阁帖子，读而爱之。问何人作，左右以公对，即悉取皇后、夫人诸阁中者阅之。见其篇篇有意，叹曰：举笔不忘规谏，真侍从之臣也……先公每述仁宗恩遇，多言此事。①

宋苏轼春帖子词一卷……林存端跋云：“故虽文艺间亦不忘规饬之意，如忧民受降、克己读书之语，真有得于主文谲谏之义。”又李曾伯跋云：“玉堂中著。此老当此时为此诗，而犹有忧民未解颜之语，猗欤盛哉！”又邓文原跋云：“至于忧爱恳切，词寓规警，读者犹可想见其风节。”又仇远跋云：“殿阁位次春帖，自欧公、涑水之后，惟有坡老。因颂寓规，不但求工，乐府而已。”②

若春日帖子，盖宫禁门户间祓除祈祝之词。异时作者不过颂德美而歌福禄，以奉至尊燕娱之私而已。至修之词乃中含规讽，冀以裨益于燕私之间。③

帖子规谏。学士院端午前一月撰皇帝、皇后、夫人阁门帖子……先是诸公所撰但宫词而已……及欧阳修学士始伸

① 欧阳修：《文忠集》附录卷5，影印文渊阁四库全书本。
② 《石渠宝笈》卷5，影印文渊阁四库全书本。
③ 綦崇礼：《北海集》卷22，影印文渊阁四库全书本。

规谏……后人率皆效之,春日亦然。①

春帖子词,欧苏集中为朝廷作,皆用四句。不惟辞义之佳,而举笔纳忠随寓有箴铭之助,岂其他文人所及哉?②

集张照书千文为春帖子词四十首(有序)。较前此集春联字之多颂少箴者殆有进焉。披读虽欣多颂语,不忘规亦每般斯。③

如此等等,不一而足。虽呼声甚响,但也只集中在欧、苏、司马三家之寥寥数首诗上,并不能代表当时帖子词创作之主流。所以说,帖子词之“大体”、“本色当行”仍在其“形容太平盛世”、“颂德美而歌福禄”的主旨之上。以上列举诸家主张“帖子规谏”,用以抬高“帖子词体”地位的倡议,正如宋词史上“婉约”“豪放”之争——虽欲借“以诗赋经史为词”来提高词体地位,但终不能改变词之“要眇宜修”的婉约本色。

帖子词是立春、端午两节翰苑词臣所供,故用事用典不出与这两个节日相关的“祓除祈祝”之词。立春有“写宜春字”、“三素云”、“赐春幡胜”等。端午则丰富多了,如羹鸮、九子粽、菖蒲酒、五彩丝、桃印符、赤灵符、画天师、带蒲人、结艾人、戴艾虎、斗草戏、浴兰汤、治枭车等,④都是屡为诗人所采用的诗料。“帖子用镜事”尤为典型:“唐世五月五日,扬州于江心铸镜以进。故宋朝翰

① 祝穆:《古今事文类聚》前集卷9引《岁时广记》,影印文渊阁四库全书本。
② 王樵:《方麓集》,影印文渊阁四库全书本。
③ 《御制诗集》三集卷61、92,影印文渊阁四库全书本。
④ 参见祝穆:《古今事文类聚》前集卷6,前集卷9,影印文渊阁四库全书本。

苑撰端午帖子词多用其事,然遣词命意,工拙不同……大概如此。唯东坡不然,曰:'讲余交翟转回廊,始觉深宫夏日长。扬子江心空百炼,只将无逸鉴兴亡。'其辉光气焰可畏而仰也……端午故事,莫如楚人竞渡之的。盖以其非吉祥,不可施诸祝颂,故必用镜事云。"[①]他如《丹铅余录·续录》卷六云:"世传鲍姑艾五月五日曾灼龙女。鲍姑,亦仙女流也。宋人五日帖子中有用此事者。"[②]"鲍姑艾"亦为名典。此外,用事妥贴会得到皇帝或他人的叹赏,如上引王珪口占"温成皇后阁"一首。但也有用事不妥而得罪的。如宋朱彧云:"大观间翰苑进春帖子。有学士撰词云:神祇祖考安乐之,草木鸟兽裕如也。鸟兽对祖考,非所宜,竟以是得罪。"[③]了解这些典故可以帮助我们更好地理解宋人春端帖子。

由于帖子词的对象是皇帝、后、妃、太子等,故诗中多会涉及这些人物的生活时事,因而帖子词具有很强的"纪实"性。明田汝成云:"有楼名聚远。光尧亲题其额,仍大书苏轼'赖有高楼能聚远,一时收拾付闲人'之句于屏间。是岁翰林院进端午帖子云:'聚远楼前面面风,冷面亭下水溶溶。人间炎热何曾到,真是瑶台第一重。'皆纪实事也。"[④]周密《浩然斋雅谈》卷中云:"德寿宫于吴中得一蟠松,虬之夭矫,清荫数亩。周益公翰苑作端午帖子云……正谓此也。"《墨庄漫录》云:"翰苑岁供禁中立春端午贴子,前后多矣,率多拟效旧语,故少新意。惟能道宫禁一时之事者

① 祝穆:《古今事文类聚》前集卷6,前集卷9,影印文渊阁四库全书本。
② 《丹铅余录·续录》卷6,影印文渊阁四库全书本。
③ 朱彧:《萍洲可谈》卷1,影印文渊阁四库全书本。
④ 田汝成:《西湖游览志余》卷3,影印文渊阁四库全书本。

为妙。……不惟才思清丽，皆纪当时事也。”[①]又宋刘才邵云：“春帖子前六首切韦太后还临安时事，知为十三年春所进。”[②]进而以诗中事实来考证所作时间。可见，即便深宫之中的“帖子之微”，也是有现实生活基础的。

帖子词独特的表现对象和内容，要求写作上具有适合此类文体的“才思”。才思不同，工拙各异。并因此形成了自己独特的格调和清新秀丽的婉约风格。刘克庄云：“春端帖子前辈有绝工者，有不甚工者。坡公欲使秦郎供帖子，岂非以其才思尤宜用于此耶！少游不历此官，无以工拙。周美成亦有才思者，集中有代内制作春帖子三十首，皆平平无警策。”[③]东坡诗云：“好遣秦郎供帖子，尽驱春色入毫端。”秦观“诗似小词”，故其才思合于“实为诗而名为词”的帖子格调。葛立方云：“翰苑作春帖子，往往秀丽可喜。……观此四诗，与帖子格调何异？岂久于翰苑而笔端自然习熟耶？”[④]由于“久于翰苑而笔端自然习熟”从而形成陈旧熟烂的“帖子格调”，故而也要求“出新意于彩丝巧粽之外”，才“可喜也”！

帖子词在形成、发展和演变的过程中，既形成了一定的惯例，也产生了一些有悖于大体的破例，遂有正、变之分。(1)一般为生者撰，但也个别有为死者之虚阁撰进的。如仁宗温成皇后。宋胡

---

① 张邦基撰，孔凡礼点校：《墨庄漫录》卷9，中华书局2002年版，第203页。

② 刘才邵：《檆溪居士集》卷3，影印文渊阁四库全书本。

③ 刘克庄：《后村集》卷18，影印文渊阁四库全书本。

④ 葛立方：《韵语阳秋》卷2，清何文焕《历代诗话》(下)，中华书局1981年版，第498页。

仔云："温成皇后初薨，会立春进诗帖子，是时欧阳修、王珪同在翰苑，以其虚阁，故不进。俄有旨令进温成阁帖子。文忠未能成诗。禹玉遽口占一首曰：'昔闻海上有仙山，烟锁楼台日月间。花下玉容长不老，只应春色胜人间。'文忠深叹其敏丽。"[①](2)一般由翰林学士撰进。《罗沧州集》之《四库总目提要》云："考帖子词为翰林学士之职。公升一县尉，何由得有此作？"但也有代写、拟写、亲写及集句、和韵、次韵、用韵者。如"周美成代内制春帖子卅首"，"山阴陆升之代刘珙春帖子"，方岳《次韵谢兄立春戏拟春帖子》，李清照绍兴癸亥代进端午帖子等。清乾隆则云"不必传宣学士院，阁门帖子试亲裁"，且其拟作、仿作以及吏部尚书汪由敦的恭和次韵之作更是不计其数。(3)元日帖子和中秋帖子。春端帖子在宋代主要用于立春和端午两个节日。但也有特例，如晏殊立春和端午帖子之外，尚有元日帖子。到了清代，乾隆《御制诗集》中有大量的"中秋帖子"，也模仿"宜春帖子"之名，称为"宜秋帖子"，并且一改春端帖子无小序的传统，每篇中秋帖子，都有很长的韵语小序。(4)一般是同一阁中五七言绝句俱有，但个别也有唯七绝的。如晏殊所作均为七言绝句。这或许是帖子词初创，尚无定例的缘故。宋祁云："余在北门时，每立春必前索宫中春词十余解。今逢兹日，块坐州阁，追怀旧题，续作六章。"[②]六首俱为七言绝句。不过这是为"州阁"而非为"宫阁"的追怀之作，故也不成定例。此外，乾隆"中秋帖子"也全是七言绝句。这好理解，中

---

① 胡仔：《苕溪渔隐丛话》前集卷28，影印文渊阁四库全书本。

② 宋祁：《景文集》卷24，影印文渊阁四库全书本。

秋帖子本身便是乾隆独创,故而在其这里任何变体都不足为奇。(5)各宫多寡不一,差无定制。大体上帝后妃阁以六首或五首为常,也有多至十首、十二首、十四首的。帝阁通常多于后、妃阁。夫人阁大体为四首,但也有多至十首左右的。这种多寡的顺序基本按帝、后、妃(太子东宫)、夫人而递减,确实体现了徐师曾所云"抑以多寡为等差也。"温成皇后阁都为四首,与夫人阁同,这主要是其初薨虚阁,也体现了生死之别。到了清乾隆情形大变,他几十年中年年所作大体都为三首,这或许由于他只是亲自为他的御阁所作的原因。而吏部尚书汪由敦的恭和之作也均为三首。(6)大多为帝、后、妃、夫人阁所撰,东宫、太子宫次之,郡王阁不多见,可视为特例。此外,春帖子易与除夕、元日等节令或因为时间的邻近,或同有咏节令的成分而易于混淆。帖子词还易与门帖子,小帖子等名称相接近的文体相混。前者流行于元代,具有新春春联的功能,但在形式上也与帖子词一样是五七言绝句;后者则是一种大臣上呈的奏帖。

要之,帖子词,是中国古代文体家族中较为奇特的一员。就像雅俗交融成为促使华夏文化"造极于赵宋之世"的重要因素一样,它的身躯中也同时流淌着优伶和王公的血脉。一方面,和词、教坊致语、杂剧、话本等俗文体相似,为正统文人所轻贱,被认为是"区区""之微"、"时俗鄙事";一方面,翰苑词臣才能染指的孤傲和高悬于帝后宫阁的荣耀,又使人们不能不仰望它,给予些许尊重。它短暂的生命和坎坷的经历,某种意义上说,就是赵宋王朝时代政治兴衰的"晴雨表"。

第八章　语录体

语录体有两个著名的发展阶段,《论语》和宋人语录分别为其代表。宋人语录从名称、形式到内容都是《论语》的嫡传。宋人语录之内容上多涉性理和语言上鄙俚凡俗,对文学产生了很大的负面影响。在宋季以刘克庄的批评指责最为辛辣有力,其影响远及清代四库馆臣。清人非议宋人语录和喜用"语录"评文并促成这一经典批评术语的形成,是清初文学思潮的反映。同为儒家语录体的代表,《论语》与程朱语录在中国文学史上的地位和影响却有天壤之别。"言之无文,行而不远",简明而深刻地道出了二者在文学史上的不同命运。

第一节　语录体的源流演变及文体特征
——兼论程朱语录与《论语》的关系

所谓语录,就是"哲人学者或聚众讲学,或与时人辩论,由其弟子们加以记录,汇集成篇,遂成语录体著作"。[①] 前古以《论语》《孟子》为代表,近古以程朱语录为典型。关于《论语》之命名,班

---

① 褚斌杰:《中国古代文体概论》,北京大学出版社1990年版,第482页。

固《汉书·艺文志》云："论语者，孔子应答弟子、时人及弟子相与言而接闻于夫子之语也。当时弟子各有所记，夫子既卒，门人相与辑而论纂，故谓之论语。"近人杨伯峻由此得出结论："论语这一书名是当日的编纂者给它命名的，意义是语言的论纂。"①这与宋人语录，即宋代理学家传道讲学，弟子们对他们的语言加以记录如出一辙。程朱语录便承《论语》而来。如蔡杭《徽州刊朱子语类序》便云："《论语》一书，乃圣门高第所集，以记夫子之嘉言善行，垂训后世。《朱子语类》之编，其亦效是意而为之者也。"②宋王柏亦云："予读《家语》而得《论语》之原，其序谓'当时公卿大夫士及诸弟子悉集录夫子之言，总名之曰《家语》，斯言得之矣。正如今程子朱子之语录也。'"③所以说，程朱语录尤其《朱子语类》无论从名称、形式还是内容上都与《论语》一脉相承，正如"在中国历史上，前古有孔子，近古有朱子"，"此两人，先后矗立"，不但"在中国学术思想史及中国文化史上发出莫大声光，留下莫大影响"，④而且以开创和继响之功，成为后人遵守的语录体的楷模和规范。明清以来所谈论相关的语录之体，基本指的是《论语》、《孟子》和宋代程朱语录，尤以宋人语录为主。这既是历代文人的共识，也是本书所着重论述的。

"语录"一名最早见于《旧唐书·经籍志》所著录的孔思尚《宋齐语录》。"它是辑集六朝时宋齐二代人言论的著作，略似

---

① 杨伯峻：《论语译注》，中华书局1980年版，第26页。
② 黎靖德编、王星贤点校：《朱子语类》第1册，中华书局1986年版，第10页。
③ 王柏：《家语考》，四库全书本。
④ 钱穆：《朱子学提纲》，三联书店2002年版，第1页。

《国语》和《世说新语》的体例。”[①]此说若是就“语录体”而言，可谓有名无实，宋人依其语言特征将其纳入“小说伪言”的体类。如宋章如愚《群书考索》云：“小说伪言，好事君子无所弃诸，若刘义庆《世说》，袁崇期《语林》，孔思尚《语录》，杨松玢《谈薮》，此所谓琐言者也。”[②]唐宋以来，随着禅宗的兴盛，大多认为“释之语录始于唐”，“而语录兴焉”。[③] 一般说来，学界普遍认为宋人理学家语录是受禅门语录影响而产生的。如云：“入宋以后，儒者受禅门影响，语录这种体裁大行于世。”[④]清韩菼《诸儒语录论》亦云：“宋时僧徒陋劣，乃有语录，儒者亦效僧家作语录。”[⑤]明刘绘《与王翰林槐野论文书》云：“至宋儒语录深可疑怪。齐梁才士逸人伪为佛氏度化，庸俗多为此语，故释子有东林语录、盘山语录，此类且多。宋人盖因之也，是以宋儒之学多杂二氏，玩其辞而不自觉。”[⑥]若从时代、名称之相近以及禅门语录之“师生问答”、“多用俚俗土语方言”等特征和宋代理学吸收释道之学而集大成来看，不可否认，宋人语录更直接受到禅门语录的影响。但是，这只能说是有影响而已，毕竟宋代理学作为新儒学是严厉排斥佛道，并与“孔孟之道”具有最亲近的血缘关系。所以，程朱语录（姑以此代表宋代理学家语录）从名称、形式到内容都只应是《论语》的嫡传。

此外，宋代有奉使伴使语录。宋朝与辽、金、高丽等国往来，

---

① 李壮鹰：《禅与诗》，北京师范大学出版社 2001 年版，第 11 页。

② 章如愚：《群书考索》，四库全书本。

③ 钱大昕：《十驾斋养新录》卷 18，四库全书本。

④ 李壮鹰：《禅与诗》，第 11 页。

⑤ 《皇清文类》卷 8，四库全书本。

⑥ 黄宗羲：《明文海》卷 152，四库全书本。

“凡奉使伴使皆例进语录于朝”，乃“纪一时问答之词”。如宋倪思撰《重明节馆伴语录》一卷，《四库总目提要》云：“盖绍熙二年七月，金遣完颜兖路伯达来贺重明节，思为馆伴，因纪一时问答之词，馈送之礼。考宋制，凡奉使伴使皆例进语录于朝，马永卿嬾真子记苏洵与二子同读《富郑公使北语录》，则自北宋已然。”[①]这只在“纪一时问答之词”这点上稍近语录，实则与语录体相去甚远。

宋人诗话也有称语录的。如《唐子西语录》、《钟山语录》、《三山老人语录》等。一方面，诗话之体例与语录有相似之处。宋吕本中《童蒙训》之《四库总目提要》云：“何以近语录者全存，近诗话者全汰，以意推求，殆洛蜀之党既分，传是书者轻词章而重道学。”[②]这说明诗话、语录虽然在内容上文、道判然，而语言表现方式上却又混然难分。他如宋罗大经《鹤林玉露》之《四库总目提要》云：“其书体例在诗话、语录之间。”[③]明杨慎云：“文，道也，诗，言也。语录出而文与道判矣，诗话出而诗与言离矣。”[④]等等，都可见诗话与语录之难分难解的关系。这是因为：一方面，宋儒语录中也颇多谈诗论艺之语。如《朱子语类》、《龟山语录》、《苏魏公语录》等便屡屡为《渔隐丛话》、《诗人玉屑》、《诗林广记》等诗话

① 倪思：《重明节馆伴语录》四库提要，永瑢等：《四库全书总目》（上册）卷52，中华书局1965年版，第471页。

② 吕本中：《童蒙训》四库提要，《四库全书总目》（上册）卷92，中华书局1965年版，第779页。

③ 罗大经：《鹤林玉露》四库提要，《四库全书总目》（上册）卷121，中华书局1965年版，第1047页。

④ 杨慎：《升庵集》卷65，四库全书本。

总集所引载。“另外，有些诗文评著作，也采取语录体形式，如清代吴乔有《答万季野诗问》，王士祯等有《师友诗传录》等。”①当然，这主要在于其语言形式之“话”和“语”的相似上。

其他如《说郛》卷十下有《祈请语录》和《张忠定语录》，分别归类为“国史类”和“杂史类”，并将语录分为“儒家类”、“道家类”、“释家类”。其中，道家类录有《徐神翁语录》。② 综上所述，语录不但主要是儒道释哲人讲学弟子记录的一种文体，还与小说、历史、诗话等文体著作有着千丝万缕的联系。

尽管语录体从先秦《论语》、《孟子》到唐宋儒道释语录，从诗话、奉使伴使语录到小说、历史等文体，名称含义很宽泛，不尽相同，但由于宋代理学对后世的巨大影响，元明清以后，谈语录者便基本特指以程朱语录为代表的宋人语录了。尤其清乾隆时期，四库馆臣在《四库提要》中评书评文之内容、艺术及体例优劣时，更是频频以诸如“语录之体”、“语录体例”等突出强化了语录体这一文体的独立性和鲜明特征。宋代语录有几个主要特征，下面结合四库馆臣所撰《四库总目提要》简述之。

(1)形式上，哲学学者讲学或与时人辩论、师徒问答，由门徒弟子记录下来。如清吴云《学舫》提要：“大抵云有所讲论，辄笔于书，特分署门人之名，以摹仿程朱语录体例耳。”③《性理大全书》提要：“自汉以来弟子录其师说者始于《郑记》《郑志》，是即后世

① 褚斌杰：《中国古代文体概论》，北京大学出版社1990年版，第485页。

② 陶宗仪：《说郛》卷10下，四库全书本。

③ 吴云：《学舫》四库提要，永瑢等：《四库全书总目》（上册）卷98，中华书局1965年版，第831页。

之语录。”[①]宋汪莘《方壶存稿》提要：“其中《水调歌头》二首至以‘持志’、‘存心’为题，则自有诗余从无此例，苟欲讲学，何不竟作语录乎？”[②]清张鹏冀《芝坛集》提要：“其诗文皆以讲学为宗，体格多近于语录。”[③]

（2）内容上，推阐性命，统论义理，关涉道学理学。如明钱一本《四圣一心录》提要：“又舍数而言理，其言理舍天而言人，其言人又舍事而言心，推阐之以至于性命，体例近乎语录。”[④]清程廷祚《程氏易通》提要：“其精义统论义理，通其说于道学，略如语录之体。”[⑤]明刘驷《爱礼集》提要：“驷宗陈淳之学，诗文多涉性理，略似语录之体。”[⑥]

（3）语言上，方言土语，鄙俚通俗。如元董鼎《孝经大义》提要：“其注稍忝以方言，如云今有一个道理，又云至此方言出一孝字之类，略如语录之例。”[⑦]宋林之奇《拙斋文集》提要云：“此集所

① 胡广等：《性理大全书》提要，《四库全书总目》（上册）卷93，中华书局1965年版，第790页。

② 汪莘：《方壶存稿》提要，《四库全书总目》（下册）卷163，中华书局1965年版，第1397页。

③ 张鹏翼：《芝坛集》提要，《四库全书总目》（下册）卷185，中华书局1965年版，第1678页。

④ 钱一本：《四圣一心录》提要，《四库全书总目》（上册）卷8，中华书局1965年版，第59页。

⑤ 程廷祚：《程氏易通》提要，《四库全书总目》（上册）卷10，中华书局1965年版，第79页。

⑥ 刘驷：《爱礼集》提要，《四库全书总目》（下册）卷175，中华书局1965年版，第1550页。

⑦ 董鼎：《孝经大义》提要，《四库全书总目》（上册）卷32，中华书局1965年版，第265页。

载诸篇皆明白畅达，不事拘束，亦无语录粗鄙之气。”[①]又宋姚勉《雪坡文集》提要：“文亦多婉雅可观，无宋末语录之俚词。”[②]

第二节　宋人语录对文学的负面影响和经典批评术语的形成

——兼论清人指责批判背后的文学思潮

伴随着宋代理学的兴盛，宋代程朱语录之内容上多涉性理和语言上鄙俚凡俗，对文学产生了很大的负面影响。这往往为历代文学批评家所指责和诟病，常常以“押韵语录”或“以语录入文”之类的评语对此类诗文进行非议。这种指责和非议，在宋季以江湖派领袖刘克庄的批评最为集中：

> 本朝文治虽盛，诸老先生率崇性理，卑艺文，朱主程而抑苏，吕氏文鉴去取多朱氏意，水心叶氏又谓洛学兴而文字坏。——《迂斋标注古文序》
>
> 近世理学兴而诗律坏，惟永嘉四灵复为言。——《林子显诗序》
>
> 本朝则文人多，诗人少，三百年间，虽人各有集，集各有诗，诗各自为体，或尚理致，或负材力，或逞辩博，少者千篇，

---

① 林之奇：《拙斋文集》提要，《四库全书总目》（下册）卷158，中华书局1965年版，第1365页。

② 姚勉：《雪坡文集》提要，《四库全书总目》（下册）卷164，中华书局1965年版，第1407页。

多至万首，要皆经义策论之有韵者尔，非诗也。自二三钜儒及十数大作家，俱未免此病。——《跋竹溪诗》①

可谓目光犀利，言辞老辣，对宋末理学笼罩下诗文积弊的文学现状批驳得入木三分。尤为值得一提的是，其《跋恕斋诗存稿》所言“近世贵理学而贱诗，间有篇咏，率是语录讲义之押韵耳”，简直就是对上述论断的浓缩。宋末周密在《癸辛杂识》续集卷下中便以“押韵语录”择要为条目记载了这段话。②此后，到了清代四库馆臣在撰四库提要时，“押韵语录”、“以语录为文”、“抄撮语录”等语俨然成了诗文评之经典术语而被频频使用。如：

亦殊有诗情，固未可概以有韵语录目之矣。③

其末年亦颇欲附托于讲学，然其诗比属高雅，究非有韵语录之比也。④

性夫，讲学之家，而其诗气韵清拔，以妍雅为宗，绝不似宋末有韵之语录。⑤

---

① 刘克庄：《后村先生大全文集》，四库全书本。

② 参见周密撰，吴企明点校：《癸辛杂识》续集卷下，中华书局1988年版，第207页。

③ 尹燉：《和靖集》提要，永瑢等：《四库全书总目》（下册）卷157，中华书局1965年版，第1357页。

④ 吴芾：《湖山集》提要，《四库全书总目》（下册）卷158，中华书局1965年版，第1362页。

⑤ 艾性夫：《剩语》提要，《四库全书总目》（下册）卷166，中华书局1965年版，第1424页。

特编次时失于简汰，如偶成诗云："挟才胜德世所薄，宁我负人不可欺。士之言行苟如此，圣经贤传将奚为？"殆刘克庄所谓"有韵语录"，殊不入格。①

《明儒学案》称其少骀宕好攻古文词，年二十六始讲学，故其文章颇雅健有格，无抄撮语录之习。②

多讲易之文，其说皆宗程朱，诗则有韵语录。③

如此等等，不一而足。显而易见，四库馆臣拈出刘克庄之"有韵语录"一语，不但用于评价宋人诗文，对元明清历代诗文著作都反复使用，这既说明了这个术语的经典性和普适性，也反映出了"语录"体文体特征之鲜明独特。

语录对诗文的影响主要有二：一是在内容上多涉理路，缺乏比兴、情境等文学性，上述几例大致体现了这点。一是语言上以鄙俚方言入文，有违典雅。如：

古体颇遒，亦非语录为诗之比，有足称焉。④

盖学有本原，则词无鄙诞，较以语录为诗文者，固有蹈空

① 吴景奎：《药房樵唱》提要，《四库全书总目》（下册）卷167，中华书局1965年版，第1450页。

② 胡直：《衡庐精舍藏稿》提要，《四库全书总目》（下册）卷172，中华书局1965年版，第1510页。

③ 王凤九：《彙书》提要，《四库全书总目》（下册）卷185，中华书局1965年版，第1684页。

④ 范浚：《香溪集》提要，《四库全书总目》（下册）卷158，中华书局1965年版，第1364页。

征实之别矣。[1]

然其杂文乃平正醇雅,无宋人语录方言皆入笔墨之习。[2]

是集凡文六卷,诗一卷,亦无语录粗鄙之习,但于是非当行耳。[3]

语录体是宋代理学的派生物,而"击壤集派"和"濂洛风雅派"是理学家诗文的代表,故而语录体与此二派往往被四库馆臣放在一起共同评诗论文。如:

惟其诗多沿击壤集派,文亦颇杂语录之体,不及周、楼、陆、杨之淹雅。[4]

初从金履祥游,讲明朱子之学,不甚留意于词藻。然其诗理趣之中,颇含兴象,五言古体尤谐雅音,非击壤集一派惟涉理路者比;文亦醇古,无宋人语录之气,犹讲学家之兼擅文章者也。[5]

诗仅存十余首,虽亦濂洛风雅之派,而其中七言古诗数

---

① 王炎:《双溪集》提要,《四库全书总目》(下册)卷160,中华书局1965年版,第1376页。

② 胡炳文:《雪峰集》提要,《四库全书总目》(下册)卷166,中华书局1965年版,第1433页。

③ 张元忭:《不二斋文选》提要,《四库全书总目》(下册)卷179,中华书局1965年版,第1611页。

④ 陈著:《本堂集》提要,永瑢等:《四库全书总目》(下册)卷164,中华书局1965年版,第1408页。

⑤ 许谦:《白云集》提要,《四库全书总目》(下册)卷166,中华书局1965年版,第1432页。

首，造语新警，乃颇近温庭筠、李贺之格，较诸演语录以成篇，方言俚字无不可以入集者，亦殊胜之。[①]

考自北宋以来，儒者率不留意于文章，如邵子击壤集之类，道学家谓之正宗，诗家究谓之别派。……刘克庄集有《吴恕斋文集序》曰："近世贵理学而贱诗赋，间有篇咏，率是语录讲义之押韵者耳！"则宋人已自厌之矣。[②]

诗虽近击壤派，尚不至为有韵之语录以抗行作者。[③]

今观其诗，皆濂洛风雅一派，其文亦类语录讲义，盖其渊源如是。[④]

上面我们用大量文献材料列举了清代四库馆臣对刘克庄批驳宋季诗文流于"有韵语录"和"语录为文"之弊的认同，进而将"有韵语录"和"语录为文"作为经典批评术语来频繁品评宋元明清历代诗文著作的事实。那么，四库馆臣对刘克庄观点的认同以及热衷于用"语录"评文是基于何种原因呢？其与现实的文学思潮状况有没有关系呢？结论是肯定的。清初"宋诗派"之争和"桐城派"古文尚雅的观点是形成这种局面的直接因素。

---

① 汪克宽：《环谷集》提要，《四库全书总目》（下册）卷168，中华书局1965年版，第1460页。

② 薛瑄：《薛文清集》提要，《四库全书总目》（下册）卷170，中华书局1965年版，第1485页。

③ 罗钦顺：《整庵存稿》提要，《四库全书总目》（下册）卷171，中华书局1965年版，第1497页。

④ 陈琛：《紫峰集》提要，《四库全书总目》（下册）卷176，中华书局1965年版，第1576页。

首先,对清初“宋诗派”的非议。清初一些文人有鉴于明代前后七子学唐之肤廓浮响和竟陵派的纤仄峭硬,转而从宋诗中寻找出路,遂形成一股宗宋思潮。纳兰性德《原诗》云:“十年前之诗人,皆唐之诗人也,必嗤点夫宋;近年来之诗人,皆宋之诗人也,必嗤点夫唐。”[①]但这种学宋也因而形成了一些弊端,“如因散文化、口语化成分增多而导致语词俚浅”[②]等,因而持非议者大有人在。如姜宸英就对当时学宋诗而趋于鄙俚的倾向大加搭伐:“无论市儿村妪骂街谇室俚鄙之说,皆强取而韵之,谓之为诗,此学究之陋,借宋人以自诡者也。……数十年以前,学者竞为浮响,浮响者志失;今时竞为鄙俚,鄙俚者声亡。二者均病,而鄙俚之病于今为甚。”[③](《汪中允秦行诗略序》)而四库馆臣对“语录”鄙俚之习的娴熟,便自然而然地将语录体俚俗之特征与“宋诗派”的口语化挂起钩来,成为抨击“宋诗派”的得力武器。这尤可从王士禛先宗唐,转而宗宋,发现宗宋之“语录”鄙俚之习后又返而宗唐的曲折道路。如王士禛《精华录》提要云:“我朝开国之初,人皆厌明代王李之肤廓,钟谭之纤仄,于是谈诗者竞尚宋元,既而宋诗质直流为有韵之语录,元诗缛艳流为对句之小词。”[④]再如毛奇龄《徐宝名诗集序》:“往者见宝名于姜侍御座间。会侍御创诗体,祛风雅旧习而易为谩言,一如扚宋人语录而假以韵者。此即后此学宋者所嚆

---

① 纳兰性德:《原诗》,王镇远、邬国平编选:《清代文论选》下,人民文学出版社1999年版,第433页。

② 顾易生等:《宋金元文学批评史》下,上海古籍出版社1996年版,第272页。

③ 王镇远、邬国平编选:前引书,第279页。

④ 王士禛:《精华录》提要,永瑢等:《四库全书总目》(下册)卷173,中华书局1965年版,第1521页。

矢也。……长安言诗者大抵拾侍御余唾而自称宋诗洮胶焉。”[①]也把“学宋者”之“祛风雅”而“易为谩言”俚语的弊端以“语录”之鄙俚特征进行对应批评。再如其《唐贤三昧集》提要云:“(本朝)诗自太仓、历下,以雄浑博丽为主,其失也肤;公安、竟陵以清新幽渺为宗,其失也诡。学者两途并穷,不得不折而入宋,其弊也,滞而不灵,直而好尽,语录、史论皆可成篇,于是士禛等重申严羽之说,独主神韵以矫之。”[②]既指出宋诗派兴起的原因,也明示“宋诗质直”,其弊在于“直而好尽”,这与宋人“语录体”通俗直白,如话家常的特征如出一辙。

其次,“桐城派”古文尚雅正的观念与语录体之相悖。桐城派古文家论文尚“雅洁”,故主张于语录之“芜杂俚近”之辞,不可入于古文。从方苞到姚鼐都是持此观点的。如方苞云:“古文中不可入语录中语。”(见沈廷芳《书方望溪先生传后》)姚鼐《复曹云路书》:“当唐之世,僧徒不通于文,乃书其师语,以俚俗谓之语录,宋世儒者弟子,盖过而效之。……愿先生凡辞之近俗如语录者,尽易之使成文,则善矣。”[③]《述庵文钞序》亦云:“然而世有言义理之过者,其辞芜杂俚近,如语录而不文。”[④]后来吕璜《初月楼古文绪论》亦有“古文之体……忌语录”之语。对此,有学者认为“其

① 毛奇龄:《西河集》卷54,四库全书本。

② 王士禛:《唐贤三昧集》提要,《四库全书总目》(下册)卷190,中华书局1965年版,第1730页。

③ 姚鼐:《惜抱轩文集》卷6,四部丛刊本。

④ 同上书卷4,四部丛刊本。

说都本于方氏”。[1] 李绂（1673—1750）也曾提出古文写作应“禁用儒先语录”。其《古文辞禁》云：“语录一字，始见于学佛人录庞蕴语，相沿至宋，始盛其体，杂以世俗鄙言，如‘麻三斤’、‘乾矢橛’之类，秽恶不可近。而儒者弟子无识，亦录其师之语为语录，仿其体，全用鄙言，如‘彼’、‘此’字自可用，乃必用‘这’、‘那’字；‘之’字自可用，乃必用‘的’字；‘矣’字自可用，乃必用‘了’字。无论理倍与否，其鄙亦也甚矣。……南宋以还，并以语录入古文，展卷怃然，不能解其为何等文字也。”[2]不过，从李绂之语与方姚之语对照来看，可知桐城派古文家所谓“古文中不可入语录中语”，当是受宋人所谓“南宋以还，并以语录入古文”的言论影响和启发。南宋人对此已有觉察和评议。如魏了翁《答池州张通判》云：“惺惺，此是语录中如‘活泼泼’‘满腔子’之类，皆用世俗语。铭词用此，稍欠经雅。”[3]李绂之论与此极为相似，其承沿之迹宛然。

可以看出，刘克庄批驳宋季诗坛理学之诗乃“押韵语录”，主要是从内容上多涉理路而发，而上述关于“宋诗派”和“桐城派”所论则多从语言形式上来批评指责。经过清代这两个最具影响力的诗文流派的批评实践和大力宣扬，“语录体”在清代一些文人手中，已逐渐作为稳固的批评术语并形成定型的、有明确指向的批评模式。不管这种批评术语和批评模式在具体操作时是否合理，但其本身的独立性和使用的普遍性，无疑是对中国古代文学

---

① 参见郭绍虞、王文生：《中国历代文论选》第3册，上海古籍出版社2001年新1版，第500页。

② 李绂：《穆堂别稿》卷44，清乾隆十二年刻本。

③ 魏了翁：《鹤山集》卷35，四库全书本。

批评史具有开创意义的事情。此外，姚鼐曾任四库全书纂修官，那么前面大量引述四库馆臣评诗文之所云“押韵语录”、“以语录入文”的渊源便自然清晰可见了。或许可以说，上述所引之提要评语很可能就是姚鼐所为。

第三节　言之无文，行而不远

——程朱语录不如《论语》及为人所诟病的原因

语录对文学的影响有迥然不同的两种情况。同为儒家语录体的代表，《论语》、《孟子》与程朱语录在中国文学史上的地位和影响却有天壤之别——一个如日月高悬，泽被后世非一代也。如《论语》、《孟子》为现当代所有文学史所必选论，其自身文学价值及对后代的积极意义毋庸置喙。一个却臭名远扬，历千余年仍不免为人所诟病。这不能不令人深思。原因很多，但却可归之为孔子所言“言之无文，行而不远”这一点上。清韩菼《诸儒语录论》一文颇能说明这一问题，现全文录于下，再逐一来作分析。

诸儒语录论

尝读《论语》书，不特可以识圣人之言，又可览门弟子之记圣言者，简重而有体也。先儒以为出于曾子、有子、子夏之徒，所记盖皆得于圣人之深者，其序次圣言，谨严尔雅，绝有体要。今其书煌煌乎与六经相为表里发明矣。孟氏之书亦非其自著，其徒万章、公孙丑相与记其所言耳。今七篇者是也。愚窃异夫后之学者之仅知记其师之说而不知所以传世而行远也。夫言以足志，文以足言，言之无文，行而不远。文固言语自然之节，必不可以已也。所谓辞达而已者，亦谓其辞则然，而非方言俚语亦可以为辞也。自夫子没千有余年，得程子、朱子而道益大显，其言无不可以羽翼圣经，发皇幽渺，而独其弟子无有整齐比属，使有文章伦理，便于诵读而寻绎者也。此固尊信其师之深，亲承其謦欬，不敢有一毫增损，恐不得其真，而独不知其不可以传世而行远也。夫程子、朱子之书其所自著，虽其小小题叙亦皆有法度，不独书疏劄子而已，传世行远亦足与六经表里发明，而独其平日之言记自弟子者，方言俚语随得辄录，此诚未成之书而不无有待于后者也。昔有问尹和靖者曰：会得时活泼泼地，会不得时只是弄精魂。不知曾有此语否？和靖曰：是学者不善记录。伊川教人多以俗语，引之人便记此两句。盖活泼泼，当时有此俗语，僧家屡用之，伊川岂用禅语者？故和靖直咎记者之失也。抑尤有不可者，宋时僧徒陋劣，乃有语录，儒者亦效僧家作语录。夫左氏有《国语》，夫子《论语》有齐鲁两家，亦有家语。语录之称虽于义无害，然而释氏之书始亦讳其不文，而尝窃庄老之书以文之矣。鸠摩罗什译梵书，乃用《说文》、《尔雅》，可谓有志。其后枝分派别，其说益繁而不能文焉。又其问答所参，即事指喝，本属不经，故直录其语，不加剪裁，独怪儒者服圣教，言圣言，而其书一如释氏之书无为也。自朱子而后，诸儒之语录盛行，与佛书交杂，其言之无文同其书之义例同，要为以儒而入于释之渐不可不慎也。若扬雄作《太玄》拟经，作《法言》拟《论语》，学者非之。今程朱之说非雄比也，学者诚不能及曾子、有子、子夏，而岂必出万章、公孙丑下哉？整齐比属以次于六经语孟之后，而凡诸儒之言之足以羽翼发明者，率仿此义例以成书，而姑置其语录之名若此者，所以传世而行远也。愚是以备论之。①

显然，问题的根源在于"言之无文，行而不远"。这可以从以下几个角度来解释：

其一，是弟子不善记录，即"记者之失也"。这首要责任在于程朱语录之记者"尊信其师之深，亲承其謦欬"，这样一来，对老师的话语原原本本地记录下来，"不敢有一毫增损，恐不得其真"。也就是不能进行必要的加工文饰，独其弟子"无有整齐比属，使有文章伦理便于诵读而寻绎者"的再创造，"故直录其语，不加剪裁"。对此，姚鼐所云"然以弟子记先师，惧失其真，犹有取也尔"，则语气略有缓和。这也反映了弟子素质的高低。《论语》出于曾子、有子、子夏之徒，这些门弟子之记录圣言者，简重而有体，"所记皆得于圣人之深者"，故"谨严尔雅，绝有体要"。孟子之徒万章、公孙丑记其说也如此。故而程朱弟子"方言俚语，随得辄录"的做法，"诚不能及曾子、有子、子夏，而岂必出万章、公孙丑下哉"。《御选唐宋文醇》卷10评韩愈《南阳樊绍述墓志铭》云："即宋时至今未千年，而诸儒语录即有不可明者，可以覆验也。故仲尼曰：言之无文，行而不远。是书中之难解者，转系当日之质言，人人易晓者耳。若文言之，则如《典谟》及《论语》之文，不如是诘

① 《皇清文类》卷8，四库全书本。

屈聱牙矣。”①所谓“言之无文”，既指语言要有文采，要文雅，也指质言需要加工，需要文饰，如《典谟》《论语》一样“文言之”，否则即便“当时质言，人人易晓者”，虽时代不远也会有“不可明者”，这自然会“行而不远”了。

其二，弟子记录师言不仿《论语》，反效释语录，入手源头上便错了。“宋时僧徒陋劣，乃有语录，儒者亦效僧家作语录。”“故直录其语，不加剪裁，独怪儒者服圣教，立圣言，而其书一如释氏之书无为也。”这在姚鼐《复曹云路书》中同样有云：“言之无文，行而不远。当唐之世，僧徒不通于文，乃书其师语，以俚俗谓之语录，宋世儒者弟子盖过而效之。”这说明，宋世儒者弟子不汲取其正统血脉《论语》、《孟子》弟子的成功经验，却从儒家极力反对的佛教徒的做法中入手，无怪乎其“行而不远”了。这一方面在于宋世儒者弟子之见识短浅，一方面也看出禅宗对儒学的深刻影响，最终造就了融儒道释三家为一体的“新儒学”。

其三，“辞达”非指以方言俚语为文。“所谓辞达而已者，亦谓其辞则然，而非方言俚语亦可以为辞也。”孔子的“辞达”指辞能达意，使人明白易懂，这是对其弟子的要求，其弟子也确实能做到“整齐比属”“文言之”而达到“言近指远”“辞约意丰”的效果，而非如程朱弟子“不加剪裁”，“方言俚语”“随得辄录”。《南阳樊绍述墓志铭》对此论述尤切近。姚鼐《复曹云路书》：“言之无文，行而不远。出词气不能远鄙，曾子戒之，况于说圣经以教学者遗后世，而杂以鄙言乎？”可见曾子对老师“言之无文，行而不远”的深

① 《御选唐宋文醇》卷10，四库全书本。

刻理解和遵守，并力戒词气鄙俚。再如明艾南英《答陈人中论文书》："孔子、孟子，可谓条达矣。孟子想足下所不屑，至于孔子，足下宜稍恕之，得无以条达，遂谓《论语》病耶？抑足下生平不悦宋儒，遂并孔子《论语》视同宋儒语录，不复论其文邪？"[①]也说明了论语之"条达"、"辞达"与宋儒语录之"方言俚语"的口语化是有言之"文"与言之"不文"的根本区别的。

其四，文与道。孔子云"言之无文，行而不远"，强调"辞达"，"文质彬彬"，其弟子亦深得师之要领而躬践之，故而《论语》能如日月光照万世而不磨灭。宋世儒者则不然，他们重道轻文，认为"道者，文之根本；文者，道之枝叶。惟其根本乎道，所以发之为文，皆道也。三代圣贤文章皆从此心写出。文便是道"。也正是受儒师这种观点的熏染，故弟子也因此"言之无文"，也因此宋世语录"行而不远"了。有关"文与道"与语录的相关论述，如冯班云："儒者恶文字恶读书，恐天下之人皆化为市人矣。不读书何以知圣人之道？不作文字何以教后人？如儒家语录率然之语，往往意是而词有病，后人读之误认便害事，不修文字也！程子云：做的文章好便是不幸，此只是为东坡而发。不知有文章者未必知道，知道者却须能文。孟子、子思、曾子文字俱好，宋文不尚理，所以儒者不爱文。"[②]可谓透辟。不但如此，宋代理学家魏了翁更非常明确地认为宋世语录"非文"也。其《隆州教授通直郎致仕谯君墓志铭》云："论今士习之弊，不本之躬践，不求之经史，徒剿取伊洛

① 艾南英：《天傭子全集》卷 5，蔡景康编选：《明代文论选》，人民文学出版社 1993 年版，第 390 页。

② 冯班：《钝吟杂录》卷 2，四库全书本。

间方言以用之科举之文。问文，则曰：先儒语录也。语录，一时门弟子所传抄，非文也。”[①]的确，这种以“道学”“载道”为借口以掩饰其不文者所在皆是。如明杨慎《陆韩论文》：“近世以道学自诡而掩其寡陋曰：吾不屑为文。其文不过抄节宋人语录。”[②]

要之，“言之无文，行而不远”，简明而深刻地道出了同为语录体代表之《论语》、《孟子》和程朱语录在文学史上的不同命运。尽管可从文道关系、“记者之失”、“辞达”、借释家语录入手之误等几方面来阐述出现这种不同命运的原因，但上述视角的归宿则都在“言之无文，行而不远”这一孔子及其弟子的作文圭臬之上。当然，先秦文史哲不分，使得《论语》、《孟子》成为中国文学史上的源头之作；而后世文学、哲学学科则截然独立，宋人语录已是纯粹的哲学著作，其文学性的消失亦为历史必然。这一点也不容忽视。

① 魏了翁：《鹤山集》卷76，四库全书本。

② 杨慎：《升庵集》卷52，四库全书本。

第九章　杂　　文

对于我们来说，杂文是一个既熟悉又陌生，似清晰却模糊的文体或者说文类名称。顾名思义，杂文的确内涵复杂，这不但表现在杂文之“杂”上，而且杂文之“文”也义域广泛，经历了一个复杂的演变过程，这也使得其命名方式和分类特征都体现出中国古代文体分类固有的矛盾和理论困惑。作为文体专称意义上的杂文是在宋明人总集别集的编纂过程中定型的，其基础则是以唐宋八大家为主的古文杂文创作，而编选体例和文类设置上则与《文选》和《文心雕龙》有很深渊源。中唐以降古文中的杂文在内容、语言、表现方式及题目篇幅等方面都有着鲜明的文体特征。某种意义上说，古代杂文与近现代杂文的血脉融合，也使得杂文成为中国古代最五彩斑斓和最具生命力的文体之一。

第一节　杂文之“杂”与杂文之“文”

——兼论杂文命名分类的理论困惑

刘勰《文心雕龙》中列有杂文一体，对杂文内涵已有所说明。在中国古代对杂文进行较为集中明确定义和阐释的则是明吴讷和徐师曾。吴讷《文章辨体序说》云："杂著者何？辑诸儒先所著之杂文也。文而谓之杂者何？或评议古今，或详论政教，随所著立名，而无一定之体也。文之有体者，既各随体汇集；其所录弗尽者，则总归之杂著也。著虽杂，然必择其理之弗杂者录焉，盖作文必以理为之主也。"[①]徐师曾《文体明辨序说》云："按杂著者，词人所著之杂文也；以其随事命名，不落体格，故谓之杂著。然称名虽杂，而其本乎义理，发乎性情，则自有致一之道焉。刘勰所云：'并归体要之词，各入讨论之域。'正谓此也。"[②]根据《文心雕龙》、《文章辨体序说》、《文体明辨序说》中对杂文的界定，结合其他相关文献，我们分别从杂文之"杂"和杂文之"文"来详细分析杂文之名称内涵。

先看杂文之"杂"。

(1)名号多品，其体不一。刘勰云："详夫汉来杂文，名号多品：或典诰誓问，或览略篇章，或曲操弄引，或吟讽谣咏，总括其名，并归杂文之区；甄别其义，各入讨论之域。"[③]名号多品，是因为其命方式是"随物命题"，故包罗各种文体而"其体不一"。因此，对于范晔《后汉书·文苑列传》之杂文，元郝经如此定义："杂文，杂于四经之间，而其体不一。如祭文、吊文、移文、纪录、传志。即事为文，随物命题者皆是也。"[④]明陈懋仁《文章缘起注》云："引，

---

① 吴讷著，于北山点校：《文章辨体序说》，人民文学出版社 1962 年版，第 46 页。

② 徐师曾著，罗根泽点校：《文体明辨序说》，人民文学出版社 1962 年版，第 137 页。

③ 刘勰著，范文澜注：《文心雕龙注》，人民文学出版社 1958 年版，第 256 页。

④ 郝经：《郝氏读后汉书》卷 66，四库全书本。

按唐以前文章未有名引者。汉班固作《典引》,然实为符命之文。如杂著,命题各以己意耳,非以引为文之一体也。"[①]可以看出,明吴讷、徐师曾对杂文之定义正是承郝经之说法,即上文所谓"随所著立名,而无一定之体也","以其随事命名,不落体格,故谓之杂著"云云。也就是说,杂文之"杂","杂者,混杂混沌,同时具有无所不包的意义",[②]是文类的泛称,即所谓"杂文所收非止一种文体;因此并非文体之专名,实乃文类之泛称"。[③] 李士彪博士也称:"杂文一词在魏晋南北朝经常是指几种或多种体裁的泛称,并非指一种体裁。"[④]

(2)所录弗尽,弗类者遗。遇到文集编纂或文体著作等文体分类情况时,"文之有体者,既各随体汇集;其所录弗尽者,则总归之杂著也"。所谓"文之有体者,既各随体汇集",是指古代文体分类在"唯名是从,由实定名,为篇立体"[⑤]及"因文立体"[⑥]等分类原则和分类方法行得通时的策略。但由于"杂文"是"随所著立名,而无一定之体也",以及"随事命名,不落体格",即名号多品,其体不一,因此,上述分类原则都行不通时,遂设"杂文"(杂著),即"其所录弗尽者,则总归之杂著也"。明贺复征《文章辨体汇选》所录刘节《广文选序》云:"诸类具矣,弗类者遗,是故次之杂文,以

---

① 陈懋仁:《文章缘起注》,四库全书本。
② 贾奋然:《六朝文体批评》,北京大学出版社 2005 年版,第 75 页。
③ 郭英德:《中国古代文体学论稿》,北京大学出版社 2005 年版,第 72 页。
④ 李士彪:《魏晋南北朝文体学》,上海古籍出版社 2004 年版,第 34 页。
⑤ 同上书,第 21 页。
⑥ 郭英德:《中国古代文体学论稿》,第 75 页。

广遗也。”[1]是亦此意。钱仓水云:“中国古代把无类可归的统称为杂文,而现代杂文却是一种专门的文学样式。”[2]李士彪将“所录弗尽者”称之为“分类之剩余”。如云:“如果不采取为篇立体的办法,总有一些文章无类可归,可称为分类之剩余,所以体裁分类中往往有‘杂’这一类。‘杂’,用现在的话说,就是‘其他’。”并认为“将分类之剩余称为‘杂’,或始于刘歆”。[3]

(3)性质不明,尚未定型。对于《后汉书·文苑列传》和《文心雕龙》中列杂文一体,有学者认为或由于文体性质特征等不确定之故。如贾奋然博士云:“刘勰还建立了有关‘杂体’的文体观念,即将非重要文类以及暂时难以归纳或尚未完全定型文本,或文本类型纳入到杂体之中进行讨论。”“杂体是处于发展中的文体名目,其文体特征尚不明晰或处于变动之中。”[4]郭英德先生认为《后汉书》中“杂文”是著录传主著述中未归入各种文体的杂出篇章,如《宾戏》、《应讥》等,因为“此类作品虽然篇数甚多,但单独列为一类文体,性质并不明确,与其他作品合为一类,则又略显杂乱,所以《文心雕龙》总其名为‘对问’,归并入‘杂文’类”。[5]

(4)文章之枝派,暇豫之末造。刘勰将“对问、七辞、连珠”归之于杂文,认为“凡此三者,文章之枝派,暇豫之末造也”。这

① 贺复征:《文章辨体汇选》卷291,四库全书本。
② 钱仓水:《文体分类学》,江苏教育出版社1992年版,第10页。
③ 李士彪:《魏晋南北朝文体学》,上海古籍出版社2004年版,第33页。
④ 贾奋然:《六朝文体批评》,北京大学出版社2005年版,第75页。
⑤ 郭英德:《中国古代文体学论稿》,北京大学出版社2005年版,第75页。

主要是三者具有或“负俗”、“谐谑”，或“艳词”、“声色”，或“碎文”、“琐语”等特征，非文章之正宗主流，是“学坚多饱，博雅智术”之作者“负文余力”的产物，即闲暇娱乐之余所作也，所谓“暇豫之末造也”。此类“飞靡弄巧”、“枝辞攒映”之文自非刘勰所要求的“原道、征圣、宗经”之文章正宗主干，是以刘勰以“杂文”名之。这与“杂体诗”“向以有异于正体为界说”有相通之处[①]。如吴讷《文章辨体》有“杂体诗”，认为“其为体，厥各不同。今总谓之杂者，以其终非诗体之正也”。徐师曾也云：“以其非正体也，故列之附录。”鄢化志云：“杂体诗是传统正宗诗体之外，各种体裁因素驳杂，规范样式细屑繁多的诗体的总称。”[②]这对理解“杂文”之定义当有所启发。

再看杂文之“文”。

(1)与经史子对举，即文章，包括诗、赋、章、奏等所有“文章”。这是魏晋以来“文章之自觉”观念的产物。典型者如吕大临《上哲宗论选举六事》云：“一曰明经，二曰习史，三曰文辞。文辞之科皆习杂文为业，如制、诰、章、奏、文、檄、书、问、碑、铭、诗、赋之类。……文辞者试杂文二场，每场问目五道。”[③]《新唐书》“选举志”：“高宗朝刘思玄加进士杂文，明经填帖。”[④]《晋书》“干宝”条云：“又为《春秋左氏义外传注》、《周象》、《周官》凡数十篇及杂文、诗，皆行于世。”“李充”条：“充注《尚书》及

---

① 参见鄢化志：《中国古代杂体诗通论》，北京大学出版社2001年版，第2页。

② 同上书，第17页。

③ 赵汝愚：《宋名臣奏议》上卷80，四库全书本。

④ 欧阳修：《新唐书》卷44，四库全书本。

《周易》六篇,《释庄论》上下二篇,诗、赋、表、颂等杂文二百四十首行于世。"[①]《册府元龟》:"袁宏……有诗、赋、诔、表等杂文凡三百首传于世。"[②]

杂文所含文体驳杂,众说纷纭,这尤能从唐宋科举试"杂文"中看出。宋叶梦得云:"永隆后进士始先试杂文二篇,初无定名,唐书已不记,诗赋所起,意其自永隆始也。"[③]或不包括策,如《旧唐书》:"试大经帖十通四,然后试杂文及策,讫封所试杂文及策,送中书门下详覆。"《旧五代史》"选举志":"奏进士元试诗赋各一首,帖经二十,帖对义五通。今欲罢帖经对义,别试杂文二首,试策一道,从之。"可见都将策与杂文分开来谈。或包括诗赋,如宋李心传云:"国初犹循唐制,用诗赋;神宗始以经术选士,遂罢诗赋。又虑不足以尽人材,乃设词学一科,试以杂文。上曰:诗赋亦杂文也。"[④]清毛奇龄云:"是唐人选举但于杂文中增诗赋耳,未尝专用诗赋也。……凡所帖所问必大经小经,所通不一,而后试杂文,其重经学如此。"[⑤]再如《封氏闻见记》:"又,旧例:试杂文者,一诗一赋,或兼试颂论,而题目多为隐僻。"[⑥]或以为论,唐"进士试杂文,自思玄始"。[⑦] 其杂文宋代特指"论"。如宋高承云:"唐贞观八年,刘思玄始令贡士试杂文,

---

① 唐太宗:《晋书》卷82、92,四库全书本。
② 王钦若等:《册府元龟》卷839,四库全书本。
③ 叶梦得:《避暑录话》卷下,四库全书本。
④ 李心传:《建炎以来系年要录》卷148,四库全书本。
⑤ 毛奇龄:《经问》,四库全书本。
⑥ 封演撰,赵贞信校点:《封氏闻见记》卷3,中华书局2005年版,第17页。
⑦ 刘昫撰:《旧唐书》卷190,四库全书本。

今论是也。”[①]或以为词赋,如《经济类编》云:“大率以三场为试,初以词赋,谓之杂文。”[②]

(2)与诗赋对举,即诗赋之外的各类散文。其典型者如宋人李廌《陈省副集序》:“今公之外孙巩,大夫程国显忠以全集示廌,古律诗凡百九十首,杂文一百四十六篇,列为二十卷。”[③]晁补之《上杭州教官吕穆仲书》:“故补之愿伏于门下而受教焉。继之以所为歌诗、杂文一编,投献于左右。”[④]华镇《上侍从书》:“谨录所为杂文一十八篇,赋一首,古诗一十五首为一帙,以备贽见之礼,并序其说以进。”[⑤]此外,华镇《上司业书》、《上顾侍郎书》、《上陆侍郎书》等俱如此说。其他如李纲《道乡邹公文集序》:“其子柄桂集公平生所为文,得赋若干,古律诗若干,杂文若干,合为若干卷。”[⑥]此外,李纲《五峰居士文集序》、《古灵陈述古文集序》亦俱如此类。可见,宋人在编别集时习以诗赋之外的散文统称为杂文。再如周密云:“尧章诗词已板行,独杂文未之见,余尝于亲旧间得其手稿数篇,尚思所以广其传也。”[⑦]

清代四库馆臣最承此说法。如四库全书《曹子建集》提要云:“凡赋四十四篇,诗七十四篇,杂文九十二篇,合计之得二百十

---

① 高承:《事物纪原》卷3,四库全书本。
② 冯琦、冯瑗:《经济类编》,四库全书本。
③ 李廌:《济南集》卷6,四库全书本。
④ 晁补之:《鸡肋集》卷52,四库全书本。
⑤ 华镇:《云溪居士集》卷22,四库全书本。
⑥ 李纲:《梁溪集》卷139,四库全书本。
⑦ 周密撰,张茂鹏点校:《齐东野语》卷12,中华书局1983年版,第212页。

篇。”[1]唐杨炯《盈川集》提要：“凡赋八首，诗34首，杂文39首。”[2]《李太白集分类补注》提要：“此本前二十五卷为古赋乐府歌诗，后五卷为杂文，且分标门类。”[3]诸如此类，不一而足。也就是说，“诗”、“文”对举的文又可称为“杂文”，即各类体裁之文。正如宋李复《与侯谟秀才》所云：“承问子美与退之诗及杂文。子美长于诗，杂文似其诗；退之好为文，诗似其文。”[4]赋也如此。如宋李廌《师友谈记》：“少游言赋中作用与杂文不同，杂文则事词在人意气变化，若作赋，则惟贵炼句之功，斗难、斗巧、斗新。……少游言：赋家句脉，自与杂文不同。杂文语句，或长或短，一在于人。至于赋，则一言一字，必要声律。凡所言语，须当用意屈折斫磨，须令协于调格，然后用之。不协律，义理虽是，无益也。”[5]再如《池北偶谈》中载黄庭坚语：“吾诗在东坡下，文潜、少游上；杂文与无咎伯仲耳。”[6]在这里，宋人所谓杂文当兼指古文和骈文。

(3)文与笔对举，主要指有韵文。如《晋书》“杨方传”：“更撰《吴越春秋》并杂文笔皆行于世。”[7]沈约《宋书》“自序”云：“所著赋、颂、赞、祭文、诔、七、吊、四五言诗、笺、表，皆遇乱零失，今所余

---

① 曹植：《曹子建集》提要，永瑢等：《四库全书总目》(下册)卷148，中华书局1965年版，第1272页。

② 杨炯：《盈川集》提要，永瑢等：《四库全书总目》(下册)卷149，中华书局1965年版，第1278页。

③ 杨齐贤集注、元萧士赟补注：《李太白集分类补注》提要，永瑢等：《四库全书总目》(下册)卷149，中华书局1965年版，第1280页。

④ 李复：《潏水集》卷5，四库全书本。

⑤ 李廌撰，孔凡礼点校：《师友谈记》，中华书局2002年版，第20页。

⑥ 王士禛：《池北偶谈》卷12，四库全书本。

⑦ 唐太宗：《晋书》卷68，四库全书本。

诗笔杂文凡二十首。”①李百药《北齐书》“刘逖传”云：“所制诗赋及杂文文笔三十卷。”②

(4)杂文即各体唐宋古文，与时文对举。如洪迈《容斋随笔·续笔》“国初古文”条云：“子美独与其兄才翁及穆参军伯长作为古歌诗杂文，时人颇共非笑之，而子美不顾也。”③杂文也如古文一样，与时文对举，如《朱子语类》：“今人读书，只要科举用；已及第，则为杂文用。”④宋陈淳云：“或有早登科第，便又专事杂文，为干求迁转之计。”⑤这里的杂文尚为笼统的唐宋古文，而唐宋古文运动、古文家的创获以及宋人总集别集编纂中广泛而大量地设立“杂文”一体，则逐渐使杂文这一义域模糊的文体或文类渐趋清晰和稳定，逐渐符合“因文立体”这一中国古代分类方法，并通过明代“唐宋派”文选家和吴讷、徐师曾、贺复征等文体家的确认和总结，终于让杂文以独特而明晰的姿态在中国古代文体苑林中有了立足之地，进而融入现代杂文(如鲁迅小品文)的领域。

要之，杂文是一个内涵复杂、义域模糊而难以界定的文体文类。当然，“杂”与“文”是互文见义、难以分割的，我们上面分为杂文之“杂”和杂文之“文”来厘清它，这样做只是为了让我们更

---

① 沈约：《宋书》卷100，四库全书本。

② 李百药：《北齐书》，四库全书本。

③ 洪迈撰，孔凡礼点校：《容斋随笔·续笔》卷9，中华书局2005年版，第333页。

④ 黎靖德编，王星贤点校：《朱子语类》(一)卷11，中华书局1986年版，第182页。

⑤ 陈淳：《北溪字义》卷下，四库全书本。

清楚地了解其复杂性和可探索性。杂文从一个文类泛称到一个文体专称的确立,是在唐宋古文运动的创作实践和宋明总集别集编纂中完成的。

宋明以来总集编纂时设立“杂文”一目符合“因文立体”的方法,命名则采取了类同命名法。[①] 对于杂文来说,可以这样理解:刘勰《文心雕龙》“杂文”中三大类“对问、七体、连珠”符合所谓“先有单篇文章的创作,后有多篇文章因其文体相似性而合并归类”这个路数。七体、连珠在宋以后总集编纂时都如《文选》般单独列类,“对问”虽在《文选》中单独列类,但在宋以后总集编纂时却以“杂文”的唯一一脉流传下来,不过已非《文心雕龙》中因为作品数量不够而强把“对问、七、连珠”归入杂文的意图。这时在中唐以降古文创作中产生了大量杂文文体,即具有了“体现出某些共同的惯例化的文体特征的一定数量作品的集合体”。所以,中唐以降古文创作实践和相似作品的大量积累,直接促成了总集编纂中“杂文”一体的设立。

“杂文”之命名则采取了类同命名法。郭英德先生认为:“所谓‘类同命名法’,则是指后人将出于相似的行为方式而创作的具有一定功能特征的各种不同名称的文体,合并其类,为之选定一个文体名称。”[②]并总结出:“除了《文选》以外,历代《文

① 关于因文立体,郭英德先生在《〈后汉书〉列传著录文体考述》一文中云:“中国古代文体归类主要采用了因文立体的路数。也就是说,不是先有文类的设定,后有单篇文章的创作和归类;而是相反,先有单篇文章的创作,后有多篇文章因其文体相似性而合并归类,并为之命名。”参见郭英德:《中国古代文体学论稿》,北京大学出版社2005年版,第132页。

② 郭英德:《中国古代文体学论稿》,北京大学出版社2005年版,第142页。

选》类总集大都专列‘杂文’或‘杂著’，将那些难于独立成类的文体或篇章归并为一类，这实际上也是采用类同命名法。”进而认为“这些篇章的‘类同’之处，不在于文体形态之同，而仅仅在于文体功能之同”[①]。根据附录所列六部宋明总集以及别集的分析，则杂文之“类同”之处应在于其“以文为戏”、“发愤表志”、“托物寓意”、“针砭现实”等内容功能表现等方面的相似之处上，体现了唐宋以来“杂文”概念渐趋固定和统一，实现了由文类泛称到文体专称的转变。

宋明以来总集编纂中的杂文之设是类分中的类从，是类分与类从的结合体，这体现了中国古代文体分类的矛盾和困惑。[②] 如《文心雕龙》中设“杂文”详论“对问、七、连珠”三体，而同时的《文选》则不列杂文，把对问、七、连珠单独设类。其后的《文选》类总集则大多设有“杂文”，并仅从《文心雕龙》杂文之“对问”一体源流而来。总集编纂倾向于类分即细分，但“杂文”是“随所著立名”，“因事立名”而“无一定之体”的，这就难免会出现分体碎杂琐细的弊端，于是便再以诸如“以文为戏”、“发愤表志”、“托物赋文”等文体相似性和惯例来类同命名。这种矛盾和困惑可从贺复征《文章辨体汇选》中体现出来。如四库馆臣批评道：“杂文之外复有杂著。有一文而见两体者，如王褒《僮约》，一见约，再见杂文；沈约《修竹弹甘蔗文》，一见弹事，再见杂文。”[③]可以这样理

---

① 郭英德：《中国古代文体学论稿》，北京大学出版社 2005 年版，第 144 页。

② 关于中国古代文体分类中的类分与类从，可参见郭英德上引书，第 151—154 页。

③ 《四库全书总目》（下册）卷 189，中华书局 1965 年版，第 1723 页。

解,"杂文"是无一定之体而包含众体的。故而王褒《僮约》之立"约"一体是"由题定体,唯名是从"和"为篇立体,临时设类"的一种命名方式。[①] 但这种命名方式会使分类太过琐碎,沈约《修竹弹甘蕉文》之归入"弹"名就是如此。二者在"以文为戏"的文体相似性上又符合唐宋以来"杂文"的文体特征,故也可入于杂文。贺复征"杂文之外有杂著"也是这种分类标准不一样而产生的矛盾和困惑。其所立"杂文"从"以文为戏"、"发愤表志"、"托物赋文"方面确实与杂著相同,这一点上确实没必要同时立两个名称。不过贺复征之立"杂著"是以"文体"功能内容相似,即"以文为戏"为标准而类同命名的;而"杂文"则主要以"文"之文体名称之相似来命名的,既符合"由题定名,唯名是从"的命名方式,同时又兼顾上述杂著之杂文的"以文为戏"的相似功能特征。这些都主要是中国古代文体分类标准不统一而造成的矛盾和困惑。杂文的类从更集中体现在它属于《文章正宗》的"议论"文之中,其中便明收"原"、"解"、"说"、"辨"、"论"、"读"等。

总集和别集容量大小不同,并且在编纂体例上,总集更加标准规范而别集出自众手而标准各异,这都使得二者对杂文的定义有所不同。其相同点则在二者都以"以文为戏"之杂文特征为标准,这尤从唐宋古文八大家别集之杂文中可以看出来。虽然杂文是杂容众体,但是总集中显然更加明确,符合我们所定义之"杂文"的文体规范。别集中杂文之目则包含众体,如大量的序、题跋、颂、赞、墓碑等都被收罗进去,这些便对确立"杂文"文体的明

① 参见李士彪:《魏晋南北朝文体学》,上海古籍出版社 2004 年版,第 21 页。

确含义有所干扰,或者说不符合这种文体规范。同时,别集中杂文包含乐语、帖子词、青词、上梁文等卑体或考词、字说、婚礼结言、劝农文、祈雨文、祈晴文等应用文体,则可以说是“杂文”收容“分类之剩余”的最好说明。这是因为别集作者的这些作品多数为数量少难以归类,便统归“杂文”,是文体分类的“避难所”和“避风港”。[①] 此外,我们所列的《文苑英华》、《唐文粹》等总集中,“杂文”之文体类型尚显得单一,主要包括“原辨解说、言语对答、释读责规”等议论文,其中很多标题简短、“托物赋文”的寓言小品文并不归入杂文之体。到了明清,《唐宋八大家文钞》等选本则把诸如“杂赋”,即具有“以文为戏”特征的赋、赞、传录等文体收罗进来,则更显示了遵从功能类同的文体规范,这里的杂文确有包含众体而独具一格的意义了。

第二节　杂文在唐宋的定型
——从唐宋古文运动和宋以后的总集编纂来考察

杂文之名在南朝梁时便已明确,这个时期的杂文尚为一种模糊不定的文类泛称。范晔《后汉书·文苑列传》中已列杂文之目。如《杜笃传》:所著赋、诔、吊、书、赞、七言、女诫及杂文凡 18 篇;《苏顺传》:所著赋、论、诔、哀辞、杂文凡 16 篇;《王逸传》:其赋、诔、书论及杂文凡 21 篇,又作汉诗 123 篇;《赵壹传》:著赋、颂、

① 参见李士彪:《魏晋南北朝文体学》,上海古籍出版社 2004 年版,第 21 页。

箴、诔、书论及杂文16篇，等等。刘勰《文心雕龙》中列有“杂文”一体，除重点论述阐释“对问、七、连珠”三种文体外，还列举了“典、诰、誓、问、览、略、篇、章、曲、操、弄、引、吟、讽、谣、咏”等16种文体。“而《隋书·经籍志》著录《梁武帝杂文集》10卷、谢沈《文章志录·杂文》8卷及阙名《杂文》16卷、《梁代杂文》3卷，可知梁人习以杂文为文类名称。”①

作为文体专称的杂文是在宋人总集别集的编纂过程中定型的，其基础是以唐宋八大家为主的古文创作。我们抽样选取典型的列有“杂文”或“杂著”的宋人总集和别集，进行列表统计分析，并以明清选唐宋作家选本来印证，从而说明杂文是如何在唐宋古文运动中定型的。（参见附录列表）

中唐“古文运动”和唐末小品文的繁荣是古文和杂文兴起的契机。所以，严格意义上的杂文杂著当指以唐宋古文八大家为代表的“古文”。韩愈、柳宗元等古文家以及皮日休、陆龟蒙、罗隐等小品文家的创作实践，产生了大批优秀的杂文作品。这一切都为宋人编撰总集别集并列“杂文”一体打下了坚实的基础。宋人“古文运动”及印刷术的产生，无疑成为宋人总集别集编纂和杂文文体确立的“催化剂”。宋人总集中，《文苑英华》列杂文多达30卷，仅寥寥数篇为前代之文，其他俱为中唐以后古文。再与《唐文粹》对照可以看出，其代表作家不出韩愈、柳宗元、李华、李翱、独孤及、皮日休、陆龟蒙、罗隐等。不难看出，其作家或为中唐古文运动的中坚，或为晚唐小品文的典范。《宋

---

① 郭英德：《中国古代文体学论稿》，北京大学出版社2005年版，第93页。

文鉴》中杂文虽列卷不多,尚不能看出宋代古文大家的代表作用,但从明代《文编》、《唐宋八大家文钞》、《文章辨体汇选》以及清代《御选唐宋文醇》等总集选本中可以清晰看出,杂文、杂著与唐宋古文八大家的密切对应关系。其中,《唐文粹》中以"古文"明确代表"杂文",这我们可以从其所选"古文"篇目与《文苑英华》及上述明代总集中的杂文的重合相似中看出。从中也可以得出,在宋人观念中,"杂文"即"古文",当然是唐宋"古文运动"以来的古文观念。这里,杂文既指杂文学观念,也是包含众体(赋序赞等)之杂。

唐宋古文中以"原、说、辨、解、言、语、对、答"等为名的议论文,是历代总集中杂文杂著的代表。《唐文粹》中即在杂文一项明列"原、规、戒、读、辨、解、说、评"和"言语对答",与《文苑英华》杂文中标示"杂说、辨论、箴戒、谏刺、纪述、讽谕"等一样,俱以韩愈"原"(《原道》、《原性》、《原人》、《原鬼》)、"说"(《师说》)、"辨"(《讳辨》)、"解"(《进学解》)及柳宗元《说鹘》、《罴说》、《桐叶封弟辨》、《三戒》等作品为典范,把韩柳以来唐宋古文中的诸如此类之文,视为杂文杂著之代表。唐宋别集中也大多以此为例。而明代"唐宋派"及贺复征《文章辨体汇选》在编选总集和列目时也继承了这种"杂文"观念,把唐宋古文中以"原、规、戒、辨、说、解"等为名的杂文视为楷模。这类杂文,除了用"原、辨、解、说"等为文题外,也多用其他动词如"释、言、旨、读、规、表、断、让、明、诘"等为特征,都显示其"议论纵横"、"辨析入理"的风格。这主要还是继承了《文心雕龙》"杂文"中的"对问"一体而来的。

宋代浩瀚的别集中虽然也以上述总集中所列杂文为主要特征，但也包括一些为正统文人所鄙视的“卑体”之文，主要有乐语、帖子词、青词、祝疏文、上梁文、上牌文等。此外，以下文体也多入于杂文，如哀词、考词、祈雨文、祈晴文、劝农文、婚礼结言、字说、名说等。

宋明总集编纂中定型的杂文文体，在编选体例和文类设置上与《文选》和《文心雕龙》有密切关系。《文心雕龙》首列“杂文”一体，详论“对问、七、连珠”三种文体。与其同时并立的文体总集《文选》中未列“杂文”，且对问、七、连珠均单独列目。唐宋以后，文选类总集也主要依《文选》此例，即对问、七、连珠均单独列目，但大多开始列“杂文”一体。具体来说，编选体例上以《文选》为标准，而在“杂文”文类的设置上取则于《文心雕龙》。本书抽样分析所选《文苑英华》、《唐文粹》就是以《文选》为蓝本的总集，即“《文选》类总集”。[1] 如《文苑英华》“盖即以上续《文选》”，“而部系类分，悉宗选例，非嗣文以承统乎？”姚铉《唐文粹序》则云：“岂唐贤之文，迹两汉，肩三代，而反无类次，以嗣于《文选》乎？”《宋文鉴》亦“用《文选》、《古诗十九首》例，并行编纂”。但我们知道，《文选》中并未列杂文或杂著一体，文体学意义上的“杂文”之目最早始于《文心雕龙》中。

不过，宋人总集如《文苑英华》、《唐文粹》、《宋文鉴》等中所列“杂文”、“杂著”，又与《文心雕龙》之杂文内涵有了很大不同，仅与其“对问”一脉渊源相连，“连珠”和“七”体则淡出其外。“连

---

① 参见郭英德：《中国古代文体学论稿》，北京大学出版社 2005 年版，第 105 页。

珠”体仅在《文心雕龙》中归入杂文,后世总集别集或文体学意义上的总集别集都单独列类,故而无任何示范意义。“七”体不但在南朝梁便已单独成类如《文选》,在后世也大多如此。仅《文苑英华》“杂文”之首选昭明太子《七契》、梁简文帝《七励》和何逊《七召》,并归于“问答”。明唐顺之《文编》之“杂著”首编选枚乘《七发》一篇,并且是杂于“对问”各篇之中的。因此,除了少数选本把“七”体入于杂文还保留着一点沿袭《文心雕龙》杂文之“对问”之例的痕迹之外,其他历代浩如烟海的文体总集中便都荡然无存了。

虽然《文心雕龙》杂文中的“七”体、“连珠”在进化演变的过程中消失得几无影踪,但“对问”一脉却蓬勃发展,成为后世《文选》类总集“杂文”列目的根据和滥觞。一方面,《文苑英华》设“问答”于杂文中,《唐文粹》“古文”中设“言语对答”,明确了这种继承关系。最重要的是,唐宋古文中最具杂文特征的篇目都是以韩愈、柳宗元、皮日休、罗隐等“说解辨原”类为主,其文体特征都属“对问”。如韩愈《对禹问》、《师说》、《进学解》,柳宗元《晋问》等便都是继承《文心雕龙》杂文中“对问”中的《对楚王问》、《答客难》、《解嘲》、《答宾戏》、《达旨》、《应间》、《客讥》、《释诲》、《客傲》、《客问》、《客咨》等文章特征的。要之,从列表中明清总集选本之“杂文”篇目与此相似之处,可以清楚地看出其沿袭之迹。从某种意义上说,唐宋以来古文,至少古文中“以文为戏”之杂文的创作实际,是与这种分类传统不可分的。也就是说,自《文苑英华》以后的总集中,杂文杂著之“对问”一脉的特征未变,而这种继承《文心雕龙》“杂文”之“对问”一脉的传统也一直未变。

宋明以来总集中的“杂文”、“杂著”多有“以文为戏”的文体特征，也称为“寓言文”或“小品文”，有时又统以“杂说”概之。探究其源，当与刘勰《文心雕龙》所谓“杂文”乃“文章之枝派，暇豫之末造也”是一脉相承的。刘勰“杂文”三体“对问、七、连珠”便具有“负俗”、“谐谑”之特征。此类文章大多“借物寓意”，以抒幽愤不平之志。如《文苑英华》所载《讼风伯》、《诉螭》、《哀溺》、《骂尸虫》、《释疾文》、《诘凤》、《塞废井文》、《木猫说》、《蟹志》、《禽暴》、《蝜蝂传》以及《唐文粹》之《猛虎说》、《说鹘》、《说天鸡》等等。关于杂文“以文为戏”的特征，郭英德先生云：“《文苑英华》已增加了杂文、判等类，收录唐代‘以文为戏’之文。姚铉更在‘古文’类下详列子目十九，包括原、规、书、读、辨、解、说等，大量收录文人日常应用文章。《宋文鉴》复加题跋、杂著两类，并收杂体诗。”①并认为姚铉编纂《唐文粹》“将《文苑英华》的‘杂文’类改名为‘古文’，其下按文体细列子目十九，包括原、辨、读、解、说、题等”。②

当然，唐宋以来杂文“以文为戏”的文体特征还来源于《文心雕龙》之“谐隐”。这不但是说“谐隐”便有“以文为戏”的意味，是“以文为戏”之滥觞，而且《文心雕龙》“谐隐”中的一些“选文定篇”便能在后世选本中找到例子。如“谐隐”中束晢的《劝农赋》，在附录列表中的总集以及很多别集的“杂文”中就多以《劝农文》归入“杂文”、“杂著”中。而《九锡文》如《鸡九锡文》、《驴山公九

① 郭英德：《中国古代文体学论稿》，北京大学出版社 2005 年版，第 115 页。
② 同上书，第 112 页。

锡文》、《大兰王九锡文》、《常山王九锡文》等也同样被明张溥收入《汉魏六朝百三家集》之"杂文"中。再如贺复征《文章辨体汇选》卷769"杂文"之收入《头责子羽文》。其他如束皙《饼赋》、荀子《蚕赋》等都与列表中后世杂文中的游戏之文篇名和内容有相似之处。

中唐以降的古文家继承了《文心雕龙》杂文中"对问"及"谐隐"的文体概念,并吸收其写作方法及风格上的营养,创作出了类似"以文为戏"的大量杂文。宋代印刷术的发明,促进了宋人编纂总集别集的热情,进而在总集编纂分类实践的基础上,使得唐宋古文运动中产生的杂文定型下来。到了明代,"唐宋派"的重大影响以及编纂唐宋八大家文集的强化,再加上诸如吴讷、徐师曾、贺复征等文体选家的身体力行,"杂文"之文体特征遂确立下来,而其内涵也从宽泛模糊渐趋统一明晰。到了清代,《御选唐宋文醇》、《御选古文渊鉴》等总集遂不出此例。此外,杂文中所谓"小品文"一途,也从唐末皮日休、陆龟蒙、罗隐到晚明张岱、王思任、汤显祖再到近代鲁迅等,呈现出一个清晰的承传脉络。

第三节　中唐以降古文中杂文的文体特征

综上所述,可以大致总结出中唐以降古文中杂文的一些特征来。下面结合《文心雕龙》等来进行"敷理以举统"式的阐述。

内容上,"发愤表志""近于风骚"。以韩柳为代表的杂文多借物寓意,抒发幽愤之情,针砭现实弊政等。如韩愈《进学解》、《送穷文》、《杂说》、《获麟解》、《伯夷颂》、《毛颖传》等,以及柳宗元《答问》、《天说》、《起废答》、《愚溪对》等，都是宋明以来总集选列杂文的名篇。杂文这种“像匕首、像投枪”一样直逼现实和“不平则鸣”的抒情特征，正是继承了刘勰《文心雕龙》杂文中“对问”及“谐隐”文体的“发愤”“箴戒”传统的。如《文心雕龙》“杂文”之“对问”云：“兹文之设，乃发愤以表志。身挫凭乎道胜，时屯寄于情泰，莫不渊岳其心，麟凤其采，此立本之大要也。”①“谐隐”则主张为文要有“苟可箴戒，载于礼典”，“意在微讽，有足观者”以及“会义适时，颇益讽诫”的社会作用。其功能和目的正如明茅坤《唐宋八大家文钞》评价柳宗元杂文时所云：“所托物赋文甚多，大较由迁谪僻徼，日月之久，薄书之暇，情思所向，辄铸文以自娱云。其旨虽不远，而其调亦近于风骚矣。予故录而存之。”②类似的评语，历代不胜枚举，而现代文学史著作中多有深入地研究，此不赘述。唐末晚明小品文、寓言文及近现代杂文都继承了这种精神。

表现方式上，多借“香草美人”而“托物赋文”。以柳宗元杂文为例分析。其特征是“巧借形似之物，抨击政敌和现实。如《骂尸虫文》、《宥蝮蛇文》、《憎王孙文》、《斩曲几文》等，或以动物的阴险邪恶来比喻奸毒小人，或以物体之欹形诡状来象征现实社会，对‘谮下谩上，恒其心术，妒人之能，幸人之失’的丑恶行径和‘末代淫巧’之世予以指斥批判，语言辛辣，笔无藏锋，嘻笑怒骂，痛快淋漓”。③ 确为的评。这些更反映在柳宗元的一些寓言文上。如《三戒》、《罴说》、《蝜蝂传》等借麋、驴、鼠、罴、蝜蝂等动物来讥

① 刘勰著，范文澜注：《文心雕龙注》，人民文学出版社 1958 年版，第 254 页。
② 茅坤：《唐宋八大家文钞》卷 26，四库全书本。
③ 袁行霈主编：《中国文学史》（二），高等教育出版社 1999 年版，第 378 页。

刺社会现实丑恶，昭示人生社会哲理，“用语精警，立意深刻，给人留下深长的思考和回味”。[1] 诸如此类，在下列附表中可以一目了然。这样的杂文大多借物寓意，仅从题目就可想象作者要抒发的幽愤不平之气。如柳宗元《诉螭》，韩愈《讼风伯》、《祭鳄鱼文》，陆龟蒙《蟹志》、《蠹化》，刘禹锡《叹牛》、《讆舟》、《说骥》，皮日休《悲挚兽》，秦观《吊砖钟文》，路振《祭战马文》，宋高宗《祭赤鹦鹉文》，唐顺之《祭弓矢文》、《祭刀文》等等，都是发挥了《离骚》“香草美人”传统，即“恶禽臭物，以比奸佞；香草美人，以喻忠贞”。

上述以“鸟兽虫鱼草木”等为题的寓言文最为多见和广泛。与此相似，以生活中的一些事物来抒发心中不平也比比皆是，如曹植《释愁文》，卢照邻《释疾文》，韩愈《送穷文》，柳宗元《乞巧文》，孙樵《逐痁鬼文》，皮日休《祀疟疠文》，明邹守愚《逐妖文》等，也同样借游戏笔墨以表怨愤之情。

题目随事命名，简明扼要；篇幅短小精悍，类似小品文。唐宋以来杂文最显著的特征是“随所事立名，不拘体格”，“题目显豁”，简短显明。题目名称多为两字，其他多者也不过三到五字，故题中一般无具体的“文体”名称，这也是其被归入杂文的最主要因素。最典型的可以从附录列表之贺复征《文章辨体汇选》杂著中看到，几乎一色的两字标题，让人一下便能感觉出“杂文”之简明扼要的鲜明特征。而其篇幅也确实如其标题一样“短小精悍”，言简意赅，语约意丰，回味无穷。这一点从附录其他选集中也可以清晰看出。

---

① 袁行霈主编：《中国文学史》（二），高等教育出版社 1999 年版，第 379 页。

语言上，言辞犀利，笔无藏锋。最典型的是以皮日休、陆龟蒙、罗隐为代表的晚唐小品文。“这是韩柳杂说、寓言小品等类文体在新形势下的继续和发展，也是晚唐日趋尖锐的各种社会矛盾下的产物。”如皮日休《读司马法》、《原谤》，陆龟蒙《野庙碑》、《记稻鼠》，罗隐《说天鸡》、《英雄之言》、《越妇言》等等。其特征有三：一是篇幅短小精悍，“随所著立名，而无一定之体”；二是多为刺时之作，有的放矢，批判性强；三是情感炽烈，生气贯注。[①] 宋明以来也不乏佳作。如刘敞《责和氏璧》，司马光《饭车》，王令遒《道旁父老言》，曾巩《杂识》，苏轼《罪言》、《太息》、《酒经》、《药诵》，方孝孺《言命》，宗臣《诫俗》，屠隆《浮巧》等等。

正如鲁迅所云：“唐末诗风衰落，而小品放了光辉。但罗隐的《谗书》几乎全部是抗争和愤激之谈；皮日休和陆龟蒙自以为隐士，别人也称之为隐士，而看他们在《皮子文薮》和《笠泽丛书》中的小品文，并没有忘记天下，正是一塌胡涂的泥塘里的光彩和锋芒。”[②]（《小品文的危机》）鲁迅等现代杂文家正是继承了唐宋以来的杂文传统，其作品才产生了“如匕首，如投枪”的效果来。可以说，现代意义上所指的杂文是与中唐以降唐宋古文运动中的杂文一脉相承的，受唐末、晚明之寓言小品文的影响尤深。

---

① 参见袁行霈主编：《中国文学史》（二），高等教育出版社 1999 年版，第 383 页。

② 复旦大学、上海师范大学中文系选编：《鲁迅杂文选》下，上海人民出版社 1973 年版，第 80 页。

附录　历代总集选本选列“杂文”“杂著”篇目一览表

1.《文苑英华》,李昉等

杂文篇名	作者	杂文篇名	作者	杂文篇名	作者
七契	昭明太子	哀溺	柳宗元	讼忠	牛僧孺
七励	梁简文帝	憎王孙	柳宗元	通儒道说	李观
七召	何逊	逐毕方	柳宗元	儒义说	来鹄
对蜀父老问	何逊	骂尸虫	柳宗元	相孟子说	来鹄
钓矶应诰文	骆宾王	招海贾	柳宗元	寓卫人说	李甘
进学解	韩愈	秋风摇落	梁孝元皇帝	仲由不得配祀说	来鹄
释言	韩愈	拟招隐士	范缜	针子云时说	来鹄
答问	柳宗元	狱中学骚体	卢照邻	诘凤	陈黯
学解嘲对书	沈亚之	招北客文	独孤及	大儒评	陆龟蒙
五悲文	卢照邻	文祝延	沈亚之	杂说四篇	韩愈
吊屈词	刘蜕	为人撰乞巧文	陈学士	本政	韩愈
释疾文	卢照邻	湘中怨解	陈学士	爱直	韩愈
祝疟疠文	皮日休	迎潮送潮词	陆龟蒙	论书	刘禹锡
吊屈原	柳宗元	悯祷辞	刘蜕	受命于天说	黄颇
九讽系述	皮日休	拟剧秦美新	岑文本	寄言	韦端符
九讽	皮日休	玉牒真纪	谢偃	释疑	权德舆
反招魂	皮日休	唐贞符解	柳宗元	公狱说	杨夔
悼贾	皮日休	唐天志	欧阳詹	善恶鉴	杨夔
谗风伯	韩愈	金镜	唐太宗	志过	权德舆
诉螭	柳宗元	读荀卿子	韩愈	天说	柳宗元

续表

杂文篇名	作者	杂文篇名	作者	杂文篇名	作者
蜡说	柳宗元	复性书三	李翱	御暴说	陈黯
朝日说	柳宗元	君子无荣辱解	韦端符	木猫说	陈黯
乘桴说	柳宗元	知道	房千里	文道元龟	陈黯
读韩愈毛颖传	柳宗元	原人	韩愈	辩三杰	韩愈
画谏	卢硕	十原	皮日休	张中丞传后叙	韩愈
代河湟父老奏	陈黯	两戒	皮日休	夏平	沈亚之
说凤尾诺	陆龟蒙	补泓战语	皮日休	旌故平庐军节士	沈亚之
原晋乱说	杨夔	吊旧友	张琛	金刚经报应述	独孤及
祭祀祈说	沈颜	对禹问	韩愈	甘露述	欧阳詹
贤之用舍	李华	桐叶封弟辩	柳宗元	表医者郭常	沈亚之
君之牧人	李华	太华山仙掌辨	王涯	陆歙州述	李翱
国之兴亡	李华	辩文	王涯	牧宋竟陵因游说	周愿
材之小大	李华	三子言性辩	杜牧	国学官书	周墀
原道	韩愈	说玉	符载	书何易于	孙樵
原性	韩愈	说车	柳宗元	谒夫子庙文	李观
原毁	韩愈	泽宫诗	刘禹锡	救沈志	刘禹锡
原鬼	韩愈	五诫	姚元崇	伤我马词	刘禹锡
设渔者对智伯瑶	柳宗元	守诫	韩愈	谴猫	牛僧孺
复吾子松说	柳宗元	口兵诫	刘禹锡	鸡触人述	牛僧孺
寿颜子辩	皇甫湜	犹子蔚适越诫	刘禹锡	观八骏图说	柳宗元
私辩	牛僧孺	三戒	柳宗元	祝牛宫辞	陆龟蒙
华心	陈黯	敌戒	柳宗元	朱氏梦龙解	刘蜕
塞废井文	杜牧	箴言	白居易	象耕鸟耘辩	刘蜕
祝灶解	陆龟蒙	画谏	白居易	告白蛇文	陆龟蒙
春秋决疑	皮日休	代河湟父老奏	白居易	蓄狸说	杨夔

续表

杂文篇名	作者	杂文篇名	作者	杂文篇名	作者
截冠雄鸡志	李翱	原十六卫	杜牧	题安昌侯传	皮日休
说鹘	柳宗元	书田将军边事	孙樵	行难	韩愈
罴说	柳宗元	中和乐九章	卢照邻	交难说	李观
捕蛇者说	柳宗元	补大礼乐祭法文	皮日休	述行	李观
纪鸮鸣	林简言	补周礼九原系文	皮日休	祇园寺净土院志	梁肃
养狸述	舒元舆	九夏歌九篇	皮日休	植松论	符载
纪稻鼠	陆龟蒙	山书十八篇	刘蜕	观市	刘禹锡
蟹志	陆龟蒙	为建安王誓众词	陈子昂	观博	刘禹锡
禽暴	陆龟蒙	补逸书	陈子昂	骰子选格序	房千里
铁炉步志	柳宗元	读司马法	皮日休	植兰说	杨夔
吏商	柳宗元	时日无吉凶解	沈颜	止妒	杨夔
鞭贾	柳宗元	袄祥辨	沈颜	广陵散解	韩皋
蝜蝂传	柳宗元	相解	皮日休	魏生兵要述	刘禹锡
农夫祷	刘轲	禹书	刘蜕	纪异	白居易
悲剡溪古藤说	舒元舆	较农	刘蜕	义激	崔蠡
书褒城驿屋壁	孙樵	疏亡	刘蜕	纪锦裙	陆龟蒙
蠹化	陆龟蒙	删方策	刘蜕	言赠	林简言
较贪	杨夔	寒泉子对秦惠王	陆龟蒙	上洪范图章	卢硕
西边患对	沈亚之	读韩诗外传	皮日休	旱辞	周墀
叛解	李甘	题叔孙通传	皮日休	答问谏者	陈黯
罪言	杜牧	题后魏书释老志	皮日休		

2.《文章辨体汇选》,贺复征

杂文篇名	作者	杂文篇名	作者	杂文篇名	作者
杂著		文章	李德裕	善学	阙名
说难	韩非	祷祝	李德裕	事养	阙名
山亡	干宝	祥瑞	李德裕	燕书二首	宋濂
时化	元结	喜征	李德裕	言命	方孝孺
世化	元结	较农	刘蜕	择逊	罗玘
材之小大	李华	禺谤	刘蜕	审力	罗玘
言医	李华	古渔父	刘蜕	黜谀	刘凤
行难	韩愈	禹书二	刘蜕	慎履	宗臣
咸宜	柳宗元	山书十四	刘蜕	诫俗	宗臣
谤誉	柳宗元	蠹化	陆龟蒙	国势	张居正
讯甿	刘禹锡	冶家子言	陆龟蒙	制器	张居正
叹牛	刘禹锡	悲挚兽	皮日休	语言谈	张献翼
警舟	刘禹锡	诮庄生	皮日休	浮巧	屠隆
说骥	刘禹锡	荆巫	罗隐	务真	屠隆
述病	刘禹锡	英雄之言	罗隐	代石言	虞淳熙
观博	刘禹锡	责和氏璧	刘敞	弹陶	黄道周
观市	刘禹锡	饭车	司马光	责和氏璧	黄道周
吴相客说	袁皓	拾樵	司马光	奕言	班固
处士言	袁皓	野记二篇	李觏	篆势	蔡邕
寄言	韦端符	常记	李觏	隶势	蔡邕
拜岳言	陈黯	道旁父老言	王令道	字势	卫植
讽诈	王霭	杂识二	曾巩	草书势	崔瑗
登华旨	沈颜	南山	阙名	隶书体	晋成公
象化	牛僧孺	啸说	阙名	草书状	索靖

续表

杂文篇名	作者	杂文篇名	作者	杂文篇名	作者
书品论	庾肩吾	瘞古志石文	邹观光	应诘	骆宾王
述张长史十二笔意	颜真卿	释愁文	曹植	字诂判	张巡
棋经诀	黄庭坚	头责子羽文	张敏	对禹问	韩愈
书述	祝允明	修竹弹甘蕉文	沈约	伤我马词	刘禹锡
(以下拟类)		北山移文	孔稚圭	喻古之治	卢硕
杂文		释疾文	卢照邻	画谏	卢硕
诅楚怀王文	秦惠王	送穷文	韩愈	复性书	李翱
誓墓文	王羲之	乞巧文	柳宗元	谕业	皇甫规
瓜步山揭文	鲍照	斩曲几文	柳宗元	甘露述	欧阳詹
授陆敬游十赉文	陶弘景	逐痁鬼文	孙樵	解江灵	李翱
谒西岳大王文	李靖	乞巧文	沈亚之	广潜书	李觏
祭鳄鱼文	韩愈	送穷文	段成式	罪言	杜牧
招海贾文	柳宗元	祀疟疠文	皮日休	大明宫纪梦	孙樵
吊九江驿碑材文	欧阳詹	登高文	陆龟蒙	骂僮志	孙樵
悲剡溪古藤文	舒元舆	跛奚移文	黄庭坚	书褒城驿	孙樵
吊砖钟文	秦观	送穷文	刘基	农夫祷	刘轲
祭战马文	路振	诮伯牙文	方孝孺	梓州率寺文冢铭	刘蜕
祭赤鹦鹉文	高宗	诘博望侯文	张邦奇	战秋辞	陆龟蒙
逐妖文	邹守愚	驱疟鬼文	陆勋	黑心符	于义方
谪龙母文	徐祯卿	僮约	王褒	论鉴识收藏购求阅玩	张彦远
瘞旅文	王守仁	昆弟诰	夏侯湛	十六汤	苏廙
祭弓矢文	唐顺之	训诸生诰	虞溥	问养生	苏轼
祭刀文	唐顺之	梁武帝舍道归佛书	虞溥	续楚语	苏轼
瘞笔文	陆树声	言志书	萧大圜	酒经	苏轼

续表

杂文篇名	作者	杂文篇名	作者	杂文篇名	作者
药诵	苏轼	论汉史赞	刘子翚	养生契	汪道昆
前怪石供	苏轼	禅本草	释慧日	为蚺谢上表	刘凤
后怪石供	苏轼	故物谱	元好问	绛州戏判	徐渭
罪言	苏轼	菜蔬略	刘基	论曲	李贽
太息	苏轼	求石磬对	刘基	论佛	陈继儒
告友	王回	土偶对	贝琼	禅门本草补	袁中道
伤仲永	王安石	冒雨寻菊述	商辂	辞约	黄道周
同学一首别子固	王安石	毁舟对	皇甫汸	佣记	黄道周
山居	罗大经	雁训	唐顺之		
示六经堂学者	刘子翚	鹤田券	许相卿		

3.《宋文鉴》,吕祖谦

杂文篇名	作者	杂文篇名	作者	杂文篇名	作者
时鉴	柳开	续谥法	刘敞	汜水县尉考词	傅尧俞
败谕	种放	责和氏璧	刘敞	济源县主薄考词	傅尧俞
碑解	孙何	君临臣丧辨	刘敞	录事参军考词	傅尧俞
书异	丁谓	闵习	王安石	道旁父老言	王令
责荀	贾同	许氏世谱	王安石	自讼	刘恕
禁焚死	贾同	读玄	司马光	东坡酒经	苏轼
望岁	高弁	训俭示康	司马光	述医	龚鼎臣
戮鳄鱼文	陈尧佐	杂识二首	曾巩	吊砖钟文	秦观
州名急就章	欧阳修	告友	王向	责沈文贻知默侄	陈瓘
儒辱	孙复	记客言	王向		
补赵肃充州学教授词	宋祁	临淄尉考词	黄庶		

4.《文编》，唐顺之

杂文篇名	作者	杂文篇名	作者	杂文篇名	作者
答客难	东方朔	原过	王安石	文与可飞白赞	苏轼
答宾戏	班固	师说	韩愈	韩干画马赞	苏轼
七发	枚乘	杂说	韩愈	师子屏风赞	苏轼
晋问	柳宗元	捕蛇者说	柳宗元	管幼安画赞	苏辙
解嘲	扬雄	国马说	李翱	王定国真赞	苏轼
进学解	韩愈	稼送张琥	苏轼	秦少游真赞	苏轼
获麟解	韩愈	说用	曾巩	参廖子真赞	苏轼
难蜀父老	司马相如	明	苏洵	文与可画墨竹屏风赞	苏轼
喻巴蜀檄	司马相如	守戒	韩愈		
为袁绍檄豫州	陈琳	释言	韩愈	石宅先生画竹赞	苏轼
为徐敬业讨武曌檄	骆宾王	罪言	苏轼	讳辩	韩愈
送穷文	韩愈	对禹问	韩愈	桐叶封弟辩	柳宗元
乞巧文	柳宗元	咸宜	柳宗元	读仪礼	韩愈
圣主得贤臣颂	王褒	庖丁	庄周	读墨子	韩愈
子产不毁乡校颂	韩愈	问养生	苏轼	读荀子	韩愈
会圣宫颂	欧阳修	续楚语	苏轼	读孟尝君传	王安石
原道	韩愈	日喻	苏轼	题逸少帖	苏轼
原性	韩愈	偃松屏赞	苏轼	题唐氏六家书后	苏轼
原毁	韩愈	三马图赞	苏轼	书黄子思诗集后	苏轼
原鬼	韩愈	王元之画像赞	苏轼	书东皋子传	苏轼

5.《唐宋八大家文钞》，茅坤

杂文篇名	作者	杂文篇名	作者	杂文篇名	作者
讳辩	韩愈	晋问	柳宗元	苏明允哀词	
进学解		乞巧文		稼说	苏轼
获麟解		斩曲几文		刚说	
择言解		宥蝮蛇文		前赤壁赋	
师说		憎王孙文		后赤壁赋	
杂说		吊屈原文		祭欧阳文忠公文	
子产不毁乡校颂		三戒		祭魏国韩令公文	
伯夷颂		谤誉		问养生	
张中丞传后叙		对贺者		日喻	
读荀子		愚溪对		明正	
读仪礼		设渔者对知伯		太息	
读墨子		会圣宫颂	欧阳修	药诵	
送穷文		跋唐华阳颂		传神	
释言		秋声赋		六一居士传后	
猫相乳		憎苍蝇赋		书黄子思诗集后	
守戒		怪竹辩		易说	苏辙
对禹问		论尹师鲁墓志		诗说	
通解		记旧本韩文后		春秋说	
行难		读李翱文		管幼安画赞	
天说	柳宗元	书梅圣俞稿后		御风辞	
观八骏图说		唐论	曾巩	黄楼赋	
捕蛇者说		讲官议		祭欧阳少师文	
鹘说		公族议		代三省祭司马丞相文	
说车		为人后议		书白乐天集后	
伊尹五就桀赞		救灾议		书金刚经后	
读韩愈所著毛颖传后题		书魏郑公传		书楞严经后	

6.《御选唐宋文醇》爱新觉罗·弘历

杂文篇名	作者	杂文篇名	作者	杂文篇名	作者
原毁	韩愈	咸宜	柳宗元	衡论	苏洵
对禹问		鞭贾		名二子说	
杂说四		序棋		送石昌言使北引	
读荀		伊尹五就桀赞		日喻	苏轼
读鹖冠子		梁丘据赞		问养生	
读仪礼		武冈铭		叔孙通不能致二生	
读墨子		剑门铭		狄山论匈奴和亲	
获麟解		寿州安丰县孝门铭		和归去来兮辞	
进学解		复性书三	李翱	书韩魏公黄州诗后	
师说		陆歙州述		三槐堂铭	
守戒		高愍女碑		书魏郑公传	曾巩
诫惧箴	柳宗元	杨烈妇传		原过	王安石
忧箴		读开元杂报	孙樵	进说	
师友箴		孙氏两斋录		伤仲永	
答问		乞巧对		读孟尝君传	
敌戒		明用	欧阳修	读孔子世家	
谤誉		权书	苏洵		

第十章　乐　　语

乐语，又叫致语，和帖子词一样，是始于宋代并兴于宋代的一种亦雅亦俗，亦尊亦卑，独特复杂而颇受争议的文体。关于它的名称涵义之介绍，明代两大文体总集作者贺复征、徐师曾的描述阐释较为详细集中，但已自拘囿模糊，难概全貌。虽然乐语始于宋人，但“乐语”之名最早源自《周礼·大司乐》，指代《诗经》，是古代“诗乐舞”一体的反映，也是礼乐同源的文化体现。根据应用对象、场合及功能上的不同，乐语可分为“内庭宴饷”和“吏民宴会”，即“官方”的和“民间”的两种形式。口号既是一种独立的文体，也是乐语致语的必要组成部分。今人《辞学大词典》和《曲学大辞典》中均将乐语收录在内，这既显示了它与词、曲等文体的交叉联系，也暴露了古今学术界对这一文体界定的各执一隅和难以统一。本书在大量占有第一手文献材料的基础上，从“释名以彰义”入手，通过对其形制模式、题材内容、语言特征、源流演变及和其他诸多文体的密切关系等方面的研究，力图展现出其本来面目。此外，通过对“乐语”文体雅俗尊卑这一争论的焦点问题的思考，深入挖掘其与诸如礼乐、杂剧、百戏等社会文化的关系，进而揭示这一文体形成与宋代俗文学、俗文化之间的关系以及这一文体的发展规律。

第一节　诗乐舞一体的文学渊源
礼乐同源的文化体现

乐语，又名致语、教坊乐语、教坊致语、教坊词等。其体制形式见下节所录苏轼《集英殿春宴教坊词》。关于"教坊乐语"之名称内涵、源流演变以及雅俗杂陈的文体特征，明代徐师曾、贺复征两大文体总集有集中阐释。贺复征云："致语始于宋人，盖内庭宴饷，侍御优伶之辞。皆词臣拟撰，今制因之。录数则，以备一体。"①徐师曾《文体明辨序说》更详细准确：

> 按乐语者，优伶献伎之词，亦名致语。古者天子、诸侯、卿大夫，朝觐聘问，皆有燕饷，以洽上下之情，而燕必奏乐，若《诗·小雅》所载《鹿鸣》《四牡》《鱼丽》《嘉鱼》诸篇，皆当时之乐歌也。夫乐曰雅乐，诗曰雅诗，则虽备共声容，娱其耳目，要归于正而已矣。
>
> 古道亏缺，郑音兴起，汉成帝时，其弊为甚，黄门名倡，富显于世。魏晋以还，声伎渐盛。北齐后主为鱼龙烂漫等百戏，而周宣帝征用之，盖秦角抵之流也。隋炀帝欲夸突厥，总追四方散乐，大集东都，为黄龙、绳舞、扛鼎、负山、吐火之戏，千变万化，旷古莫俦，呜呼极矣！自唐而下，雅俗杂陈，未有能洗其臣(尘)者也。宋制，正旦、春秋、兴龙、地成诸节，皆设

① 贺复征：《文章辨体汇选》卷200，四库全书本。

大宴，仍用声伎，于是命词臣撰致语以畀教坊，习而诵之；而吏民宴会，虽无杂戏，亦有首章，皆谓之乐语。其制大戾古乐，而当时名臣，往往作而不辞，岂其限于职守，虽欲辞之而不可得欤？然观其文，间有讽词，盖所谓曲终而奏雅者也。今采而不削，聊以备一体云。①

贺复征、徐师曾对致语这一文体的阐释透露出此文体这样一些消息：乐语致语，是翰苑词臣所撰优伶献伎之词。源于《诗经·小雅》，在古代是典型的雅乐雅诗。由于百戏角抵、参军杂剧、声伎优伶及四方散乐的融入，历汉至隋有一个由雅入俗的转变过程，"自唐而下"，则"雅俗杂陈"。始于宋人，在宋代有"内庭宴饷"和"吏民宴会"，即"官方"的和"民间"的两种形式。其解释总嫌过于简略，不足以说明"乐语"这个具有丰富内涵的文体。本书便结合其他相关史料，或对贺、徐所云阐发推演，指出其所言出处，或补二人所言之不足。

"乐语"始于宋人，其源则可远溯至《诗经》，是《周礼》的组成部分，即"诗乐舞"一体、礼乐同源的文化体现。宋人对此已有认识：

乐德、乐语、乐舞教国子。……自诗言志至律和声，即教以乐语也。②

① 徐师曾撰，罗根泽点校：《文体明辨序说》，人民文学出版社1962年版，第169页。

② 章如愚：《群书考索》续集卷55，四库全书本。

形于声歌者为“乐语”。乐语者,非若后世所谓乐章等语,使学者寻行数墨以为传授之习,要皆乐德之寓者也。[1]

郑节曰:乐语,非特诏乐者歌诗章,凡是教导言语之间以乐教之,便谓之乐语。……以乐达其语,谓之乐语。[2]

明清以来多沿袭宋说,如明董斯张云:“以乐语教国子,以乐达其语,故曰乐语。”[3]清顾镇《虞东学诗诗说》之“诗乐说”云:

凡诗皆乐也。乐之入物,所以节诗而从律也。《周礼·大司乐》以乐语教国子,乐语者,诗也。荀卿曰:诗者,中声之所止也。盖以诗为本,以声为用。离诗以言乐,则钟鼓之徒乐而非乐也,故谓笙诗无辞者,非也。离乐以言诗,则后世之徒诗而非诗也,故谓诗有不入乐者,非也。[4]

清姜宸英云:“大司乐以乐语教国子……歌乐即诗也,以配乐而歌,故云歌乐,亦是以声节之诗,古者谓之乐语。”[5]朱鹤龄云:“《周礼·大司乐》掌成均之法以教国子弟。……以乐语教之,曰兴道讽诵言语……诗言志以下所谓乐语也。”[6]可以看出,历代对乐语的解释虽不尽相同,但都道出了其与歌诗礼乐的血缘关系。

---

① 易祓:《周官总义》卷13,四库全书本。
② 王与之:《周礼订义》卷38,四库全书本。
③ 董斯张:《广博物志》卷33,四库全书本。
④ 顾镇:《虞东学诗诗说》,四库全书本。
⑤ 姜宸英:《湛园札记》卷1,四库全书本。
⑥ 朱鹤龄:《尚书埤传》卷2,四库全书本。

前引徐师曾所言乐语与《诗·小雅·鹿鸣》诸篇之关系，则尤其能够从中看出古代乐语与宋人致语的渊源。而徐氏所言显然是本于宋人朱鉴和朱熹的。如宋朱鉴云：

《小雅》诸篇皆君臣燕饮之诗，道主人之意以誉宾，如今人宴饮有致语之类。

《南山》《有台》等数篇，是享时常用底，叙宾主相好之意，一似今人致语。①

清程川《朱子五经语类》亦引上述朱熹语。② 可见，乐语这一文体的名实都与《诗经》挂起钩来。朱熹和徐师曾从其应用的场合和宴饮的功能上与《诗·小雅》诸篇联系起来，并从"致辞"之"道主人之意以誉宾"、"叙宾主相好之意"的特征考虑，将"乐语"与《诗经》大小序的文体形式和功能等同起来。而我们将乐语之名与《周礼·大司乐》之乐德、乐语、乐舞以及"诗言志以下所谓乐语也"和"乐语者诗也"相印证，既佐证补充了徐师曾从音乐的发展来说明乐语这一文体的演变与古乐、今乐的关系，也从"礼舞"等方面给宋人乐语体制形态及内涵找到了其渊源所自。当然，这一切都只切合于官方的乐语定义，因为只有官方的乐语才具有教坊之乐舞结合的形式，并形成了宫廷礼制。当然，致语和口号也是对《诗经》大小序及"乐语者诗也"之形式本质的某种存留。至

① 朱鉴编：《诗传遗说》卷2，四库全书本。
② 程川：《朱子五经语类》卷50，四库全书本。

于“民间”的致语口号，则主要从宴饮之功能尚依稀可辨其影子，礼乐的特质已隐藏消失了。此外，也说明了民间的乐语是从官方的乐语演化借鉴而来。

“致语”一名最早见于《文心雕龙·哀吊》：“班彪、蔡邕，并敏于致语，然影附贾氏，难为并驱耳。”[①]这里的致语是指“致哀辞”“致吊文”，即临吊表哀之致辞，虽与古人致语之庆贺颂扬内容上大相径庭，但其同为致意、致词之语言形式，有某种相似之处。况且刘勰论潘岳哀辞，认为其“叙事如传”“结言摹诗”，这与先之以“致语叙事”，继之以“口号为诗”也不无契合。[②]

根据应用对象、场合及功能上的不同，乐语可分为“内庭宴飨”和“吏民宴会”，即“官方”和“民间”两种形式。对于前者而言，每遇正旦、春秋、兴龙、坤成等重大节令，则“设大宴”，撰致语，其词由翰苑词臣撰写，交由教坊习诵，伴有隆盛的优伶歌舞、杂剧百戏等，有帝后皇室成员及朝廷重臣参加，声势浩大，已经成为宋代宫廷礼制的重要组成部分。对于后者民间而言，则举凡普通吏民婚寿升迁、生辰宴饯、时节宴会、庆寿礼席等习俗，皆有宴饯仪式，致语口号也渐渐成为了一种固定的形式被沿袭下来。与官方的相比，民间致语“无杂戏”而“有首章”（即致语口号），这种民间宴会自由松散，轻松不拘，规模较小。正是由于这种划分，也使得官方和民间的乐语在名称和体制模式上有繁简之不同。以苏轼《东坡全集》卷 115 所载“乐语”为例。所谓“民间”的，包括《斋日致语口号》、《黄楼致语口

① 刘勰著，范文澜注：《文心雕龙注》，人民文学出版社 1978 年版，第 241 页。
② 同上书，第 240 页。

号》、《赵倅成伯母生日致语口号》、《王氏生子致语口号》、《寒食宴提刑致语口号》五首。其“无杂戏”，仅“有首章”。“首章”是针对“教坊词”、“教坊乐语”的前部“教坊致语口号”而言的，即仅有对偶韵语之“致语”和“七律”形式的“口号”。所谓官方的，包括《坤成节集英殿宴教坊词》、《集英殿秋宴教坊词》、《兴龙节集英殿宴教坊词》、《紫宸殿正旦教坊词》、《兴龙节集英殿宴教坊词》五首。每首依次下列教坊致语、口号、勾合曲、勾小儿队、队名、问小儿队、小儿致语、勾杂剧、放小儿队、勾女童队、队名、问女童队、女童致语、勾杂剧、放女童队等十五种名目。这是官方“教坊乐语”的标准体制模式，即“正体”。可见，这是与教坊杂剧紧密相连的。而其礼制程式之繁复固定，将在下节详论。可以看出，官方的名称有诸如教坊词、教坊致语、教坊乐语等，而内容体制上也包含勾放杂剧及乐舞在内的更多含义。其与礼乐息息相关，故而更适于“乐语”这一名称。而“民间”的则简单多了，唯称“致语口号”而已。也因此，其名称更接近于“致语”。这也许就是乐语虽又名致语，但又微有区别的原因。致语即致辞，如致意、致敬一样，是表达之意思。乐语则与“礼乐”即“诗礼乐舞”联系在一起。

无论官方还是民间，致语都离不开口号，口号成为了致语这一文体体制中不可或缺的一个组成部分，所以有必要对其作一简要介绍。口号为诗体名称，严羽云“或四句，或八句”，[①]多用为诗题，即“口占”之义。清王琦《李太白集注》卷九之《口号赠杨征君》原注云：“诗题有口号，始于梁简文帝《和卫尉新渝侯巡城口

---

① 严羽著，郭绍虞校释：《沧浪诗话校释》，人民文学出版社 1961 年版，第 169 页。

号》,庾肩吾、王筠俱有此作。至唐遂相袭用之。即是口占之义。"[1]因其多为"途中、马上、舟中、筵上"之"口占"之作,故其文体特征为"达意宣情而已,贵在明白条畅"。[2] 大多为"席上口占,以寓笑谑之意耳。若作咏古,味同嚼蜡"。[3] 故而"口号"之用,有《春秋地形口号》、《五礼源流口号》、《历法口号》等,这是为了"取便于学者之记诵"、"贻诸学者,用为读左之一助"。[4] 如严羽所言,口号是"或四句或八句"而多以七绝为主。但致语中"口号"则大体为七律,七绝和长短句可视为变体。其随意口占和戏谑通俗之特征,或许对理解致语自古以来被轻视有一臂之助。

上面结合贺复征、徐师曾、朱熹等对"乐语"、"致语"、"口号"的名称源流与《诗经》、《周礼》及乐舞、宴饮关系的介绍,对这一文体进行了"释名"和"探源"。当然,这只能说它们之间无论从内容还是形式上都存在着某些相似之处,或暗含着某种关联。我们知道,每一种文体都不是凭空突然产生的,它都有一个潜在的孕育发展过程。迅速成熟发展于宋代的这一文体也不例外。所以,更应该从宋代本身的文化土壤中来深入挖掘这一文体的内在本质和形制特点。

关于致语,再作一点儿补充。《中国戏曲曲艺词典》和《中国词学大辞典》所收"致语"之阐释,把致语作为戏曲、话本小说和长短句三个文体的有机组成部分来看待。如前者云:"致语,古代戏

① 王琦:《李太白集注》卷9,四库全书本。
② 宫梦仁:《读书纪书略》卷31,四库全书本。
③ 王琦:《李太白集注》卷9,四库全书本。
④ 顾栋高:《春秋大事表》卷9下、19下,四库全书本。

曲、曲艺名词。(1)宋代艺人表演之前,先有一人上场致辞,多是颂赞词。(2)宋元说话话本前的'入话',略似近代曲艺中的书帽。"①后者云:"致语,为词人所作骈四俪六的文字,用于联章词的开头。宋词致语乃唐代乐舞中致词形式的演化。"②这一方面说明了致语这一文体与诗、词、曲、小说等俗文体有着千丝万缕的包容关系,显示了它丰富复杂的特征;一方面也看出了当今学者仍然不视其为独立文体,而把它视为其他文体的附庸。这也更说明了对此文体深入研究的必要性和紧迫性。

第二节　源流正变与文体规范

"致语始于宋人",在宋代臻于成熟和极盛,总集、别集中林林总总,且作者多为翰苑词臣中的文章大家。元明以后虽有继作,但已是凤毛麟角,整体呈衰颓之势,体制与宋人也大异其趣。

遍检宋人别集、总集等文献,可以发现,最早作乐语者当属杨亿。杨亿(974—1020),字大年,真宗时任翰林学士,知制诰。其所作乐语当在真宗朝任翰苑词臣时(998)。《五百家播芳大全文粹》卷88载其《寿宁节大燕教坊》乐语一首。题目下先致语口号,接下来依次是教坊合曲、勾舞僮、队名、问舞僮、舞僮、勾杂剧、放舞僮队等名目。其以"舞僮"概指"小儿队"、"女弟子队"或"女僮

---

① 上海艺术研究所、中国戏曲家协会上海分会编:《中国戏曲曲艺词典》,上海辞书出版社1981年版,第23页。

② 马兴荣、吴熊和、曹济平主编:《中国词学大辞典》,浙江教育出版社1996年版,第21页。

队”,与下录苏轼之名目有很大不同,从中可以看出这正是“乐语”文体初创时的本来面目。其后,宋祁、王珪、欧阳修、苏轼、陈师道、黄庭坚等遂在北宋把这一文体定型并推向高潮。南宋以来,如陆游、周必大、真德秀、刘克庄等均有继作,使其呈繁荣之势。其中,别集以史浩《鄮峰真隐漫录》、洪适《盘州文集》创作数量为最,各达三卷和近50首。总集则以《五百家播芳大全文粹》和《翰苑新书》所收最多。

乐语在其演变发展的过程中,不但形成了语言内容等创作上的文体规范,要求人们在撰制时应“得体”,而且还产生了许多惯例和破例,有正体、变体之分。

教坊乐语在语言上以俳谐通俗、明白条畅为“得体”。教坊致语又称“白话”、[①]“念语”、“白语”等,反映了其“达意宣情”、“明白条畅”的语言风格。因其由教坊优伶之杂剧色、参军色、副末等念诵,故语言上“不必典雅”,以通俗晓畅为得体。不单口号多为“席上口占,以寓笑谑之意”。要求“达意宣情而已,贵在明白条畅”。优词乐语也“惟语时近俳乃妙”,“工丽切当”方为“得体”。如宋张邦基云:

> 优词乐语,前辈以为文章余事,然鲜能得体。
>
> 王安中履道政和六年,天宁节集英殿宴,作教坊致语,其诵圣德云……可谓妙语也。至“放小儿队”词云……益更工丽而切当矣。

---

① 《锦绣万花谷》前集卷11,四库全书本。

履道之掌内制，可谓尽职。凡乐语不必典雅，惟语时近俳乃妙。如王履道《天宁节宴》"小儿致语"云……又《正旦宴》"小儿致语"云……皆为得体。

……乐语中有俳谐之言一两联，则伶人于进趋诵咏之间，尤觉可观而警绝。如石懋敏《若外州天宁节赐宴》云……皆为人所脍炙也。[1]

苏轼之作信笔自然，尤为人所称颂。如李纲《跋赵正之所藏东坡春宴教坊词》云："东坡乐语信笔而成，初不停辍，改不过数处，属对精切，皆经史全语，不假雕琢，自然成章。吁，可畏而仰哉！"[2]苏轼此教坊词如下：

集英殿春宴教坊词

教坊词语　中和化育万寿排场

臣闻人和则气和，故王道得而四时正；今乐犹古乐，故民心悦而八音平。幸此圣朝，陶然化国。饬三农于保介，维暮之春；兴五福于太平，既醉以酒。恭惟皇帝陛下：乘乾有作，出震无私。宪章六圣之典谟，斟酌百王之礼乐。天方祚于舜孝，人已诵于尧言。故得彝伦叙而水土平，北流轨道；壬人退而蛮夷服，西旅在庭。稍宽中昃之忧，一均湛露之泽。方将曲蘖群贤而恶旨酒，鼓吹六艺而放郑声。虽白雪阳春，莫致

① 张邦基撰，孔凡礼点校：《墨庄漫录》卷7，中华书局2002年版，第203页。
② 李纲：《梁溪集》卷163，四库全书本。

天颜之一笑；而献芹负日，各尽野人之寸心。臣猥以贱工，叨尘法部。幸获望云之喜，敢陈击壤之音，不揆芜才，上进口号：

口号

万人歌舞乐芳辰，长养恩深第四春。令下风雷常有信，时来草木岂知仁。璇玑已正三阶泰，玉管初知九奏纯。更欲年年同此乐，故应相继得元臣。

勾合曲

太平无象，善万物之得时；和气致祥，喜八风之从律。大合钧天之奏，克谐治世之音。上奉严宸，教坊合曲。

勾小儿队

斑白之老，既无负戴之忧；龆龀之童，亦遂嬉游之乐。行歌道路，联袂阙庭。仰奉宸慈，小儿入队。

队名

初成暮春服，来献太平谣。

问小儿队

聚戏里闾，岂识九重之奥；成文缀兆，忽随六乐之和。宜近彤墀，悉陈来意。

小儿致语

臣闻春为阳中，生物各遂其性；乐以天下，圣人岂私其身。故饮食尽忠臣心，而游豫为诸侯度。方迟日之无事，矧嗣岁之有年。大启璧门，肃陈燕豆。恭惟皇帝陛下，道隆而德备，质文而性仁。总揽群才，盖天受之神策；澄清庶政，故民献以宝符。顾良辰乐事之难并，宜群臣嘉宾之并集。广场千步，方山立于众工；大乐九成，固海函于杂技。臣等沐浴膏泽，咏歌升平。幸以髫髦之微，得参舞羽之末。敢干宸听，伏俟俞音。

勾杂剧

胪传已久，陛楯将更。宜资载笑之欢，少进群优之技。缓调丝竹，杂剧来欤！

放小儿队

清歌屡奏，盖曲尽于下情；妙舞载陈，示不遗于小物。既毕沛风之和，稍同沂水之归。再拜天阶，相将好去。

勾女童队

燕私之乐，下侍于臣工；靡曼之观，聊同于俚俗。审音而作，振袂稍前。上奉宸欢，两军女童入队。

队名

瑞日明歌扇，仙飙动舞衣。

问女童队

工师奏技，侍卫毕观。顾游女之何施，集彤庭而有待。欲知来意，宜悉敷陈。

女童致语

妾闻圣人授民以时，王者与众同乐。故仓庚鸣而蚕女出，游鱼跃而灵沼春。盖良辰岂易得哉，亦贤者而后乐此。伏惟皇帝陛下：温恭允塞，缉熙光明。学无常师，文武识其大者；仁能济众，尧舜其犹病诸。齐泰阶之六符，走重译之万里。天人并应，礼乐将兴。岂惟尘土之贱微，敢度乾坤之广大。万舞九奏，虽未象于成功；间歌三终，亦庶几于颂德。欲殚末技，少效寸诚。

勾杂剧

风斜御柳，既穷绮丽之观；日转庭槐，少进诙优之戏。再调丝竹，杂剧来欤！

放女童队

翠袖风回，已尽折旋之妙；文茵霞卷，尚观顾步之余。再拜天墀，相将好去。

此外，从批评其“鄙俚不经”、“俳谐”、“俳优”之指责中也能透视出乐语文体的这一语言特征。当然历代对“乐语”这一文体的贬低，如称“优词乐语，前辈以为文章余事”、“文章末技耳”，“至于骈辞俳语，技之尤小者也”，“非文章正轨”云云，主要是其与杂剧这一俗鄙文体的血脉相连，以及祝圣颂寿的缘故。

教坊乐语在内容上以歌功颂德、祝圣庆寿为主，“间有讽词”和“寓规谏意”便为人所推重。也因此，对于如前引徐氏所云“间有讽词，盖所谓曲终奏雅者也”便更加推重。如宋张端义云：

东坡，天人也，凡作一文必有深旨。撰“小儿致语”云：“自古以来，未有祖宗之仁厚；上天所佑，愿生贤圣之子孙。”其意深切著明。[1]

又如明杨慎云：“宋时御前内宴，翰苑撰致语八节，撰帖子，虽

① 张端义：《贵耳集》卷上，四库全书本。

欧苏曾王司马范镇皆为之。……愚谓于丽语中寓规谏意如六一公……填词如此,何异谏书乎？工执艺事以谏,况翰苑本以文章讽谏乎？”[①]但乐语之讽谏不过是“曲终奏雅”,且微乎其微,难以成为其创作的主流,只能是一种如“帖子规谏”一样的儒家理想罢了。[②]

由于“乐语”容易陷入“谀词雕刻求工”“致失王言之体”的缘故,故而要想写好也殊非易事。如元方回云:“生日诗、致语诗皆不易为,以其绚情应俗而多谀也。”[③]所以,乐语写得好也为人所称道并可带来好运。如周密云:“熊克字子复,博学有文。王季海守富沙日,漕使开宴,命子复撰乐语。季海读之称善。询司谒者曰:‘谁为之?’答曰:‘新任某州熊教授也。’自此甚见前席。”[④]按后由季海举荐,皇上欲置之“三馆”兼翰苑也,真正由州县之“民间”乐语而一跃入宫廷龙门之“官方”乐语了。

乐语在其形成演变的过程中,不但形成了上述语言内容等创作上的文体规范,要求人们在撰制时应“得体”,而且还产生了许多惯例和破例,遂有正变之分。大体有以下几种情况。

1. 内廷宴饷之作即官方的乐语,一般由教坊致语、口号、勾合曲、勾小儿队、队名、问小儿队、小儿致语、勾杂剧、放小儿队、勾女僮队、队名、问女童队、女童致语、勾杂剧、放女童队等十五节组成。宋初苏轼、苏颂、王珪、范祖禹、宋祁等人之作均是如此,只名

---

① 杨慎:《升庵集》卷68,四库全书本。

② 参见拙文:《简论帖子词》,《文学评论》2008年第2期。

③ 方回:《瀛奎律髓》卷12,四库全书本。

④ 周密撰,张茂鹏点校:《齐东野语》卷8,中华书局1983年版,第148页。

称稍有变化。如称女童为女弟子等。这几成惯例，是宫廷乐语的正体。但也有变体。如前引杨亿的乐语只有八节，而且以“舞僮”概指“小儿”和“女童”便是，这主要是因为杨亿为乐语文体初创者的原因。其他如陈师道《兴龙节致语》由“致语、口号、对庭、口号、勾曲”五节组成，并出现了“对庭”名目。刘一止《请交代致语》依次为致语、口号、圣节勾队、问队、放队。金国使节贺正旦诸节宴会则均为“致语、口号、勾合曲”三节。此外，元明宫廷乐语便唯有致语口号，勾放杂剧等辞已无，更近于宋人的民间宴会致语。

2. 致语口号如孪生姊妹，共同组成乐语的最重要部分，并行不悖，缺一不可。尤其在民间乐语中惟存这两节，这在宋代差无异制。但元明出现变异，或仅有致语而无口号，或仅有口号而无致语。致语一般长短不拘，从几十字到四、五百字者不等，但特殊的有奉旨止用十句的，如周必大淳熙三年《金国贺会庆圣节使副到阙紫宸殿宴致语》便是。[①]

口号一般为七律，但个别也有用七绝，六绝及长短句的。七绝均见于元代，如元徐大年《御酒师山燕诸生致语》，[②]谢应芳《剃僧头致语》[③]及《祝先致语》之“进馒头”等。宋洪迈《万首唐人绝句》卷69中尚有题为“乐语”的七言绝句，已非宋乐语之体了。六言绝句乐语，清查慎行《苏诗补注》卷48“六言乐语”一首（四句）。长短句乐语，这在宋代也为数不少。计有：欧阳修《西湖念语》，前为致语，下列《采桑子》组词13首及《朝中措》、《长相思》、《诉衷

① 周必大：《文忠集》卷119，四库全书本。
② 郑玉：《师山集》附录，四库全书本。
③ 谢应芳：《龟巢稿》卷10，四库全书本。

情》、《踏莎行》、《归山谣》等10首。[①] 黄裳《劝酒致语》有《蝶恋花》四首。[②] 欧阳修《圣节鼓子八队致语》后有《踏莎行》、《蝶恋花》、《玉楼春》(2首)、《踏莎行》、《小金山》、《虞美人》七首词。[③] 周紫芝《太仓稊米集》卷62之"致语六首"之《二妙堂落成家集》致语后为自制《苏幕遮》词一首。宋程珌《洺水集》卷16"前庭勾曲"有《醉蓬莱》词,《后筵勾曲》有《西江月》词,以及《汤词》、《鹧鸪天》词。在这里,长短句词是作为乐语、致语口号这一文体中口号部分的变体形式出现的。而《中国词学大辞典》所列"致语"条,则是把致语作为了联章词的附庸。其云:"致语为词人所作骈四俪六的文字,用于联章词的开头。宋词致语乃唐代乐舞中致辞形式的演化。"这里,联章词是主体。

3. 用于"内廷宴饷"的官方乐语主要由翰苑词臣即翰林学士专职撰写,即贺复征所云致语"皆词臣拟撰"。在宋代,馆阁词臣除了"撰述王言,作帝王的喉舌"外,还担负着撰写诸如帖子词和乐语之类应用文字的职责。[④] 如《宋史·礼二十二》云:"大宴集英殿,尚书郎、监察御史已上皆预学士撰致语。"[⑤]周密亦云:"五日,大燕集英殿,尚书郎官、监察御史已上,并与学士院撰致语。"[⑥] 李心传《建炎杂记》甲集卷3之"北使礼节"所载与此相同。[⑦] 明

① 欧阳修:《文忠集》卷131,四库全书本。
② 黄裳:《演山集》卷31,四库全书本。
③ 欧阳澈:《欧阳修撰集》卷6,四库全书本。
④ 陈元锋:《北宋馆阁翰苑与诗坛研究》,中华书局2005年版,第108页。
⑤ 脱脱等:《宋史》卷119,四库全书本。
⑥ 周密:《武林旧事》卷8,西湖书社1981年版,第128页。
⑦ 李心传:《建炎杂记》甲集卷3,四库全书本。

黄佐云:“学士之职在前代为荣选,然所掌者,大封拜、大诏令、大制作之外,下至于青词、斋文、口宣、致语之类无大关系者,皆俾为之,殆无虚日。”①明代则不由学士撰写,这就是徐师曾所云:“当时名臣,往往作而不辞,岂其限于职守,虽欲辞之而不得欤?”不但“限于职守”,而且非他官所随意可作。如洪迈云:“所在州郡,相承以表奏书启委教授……然遇圣节乐语尝为之,因又作他用者三两篇,每以自愧。邹忠公为颍昌教授,府守范忠宣公属撰《兴龙节致语》,辞不为。范公曰:‘翰林学士亦作此。’忠公曰:‘翰林学士则可,祭酒、司业则不可。’范公敬谢之。”②这一方面说明乐语乃翰林学士专职,同时在州县也是由州县教官即教授之专任决定的。如宋林駉《古今源流至论》续集卷十载绍兴三十六年诏曰:“教官之职,不撰乐语,不兼他职,其任专也。”③清潘永因亦载:“陈莹中初任颍川教官,时韩持国为守,开宴用乐语,左右以旧例必教授为之,公因命陈。陈曰:‘朝廷师儒之官,不当撰俳优之文。’公闻其言,不以为忤,而荐于朝。”④其实上面三例已属“吏民宴会”,即民间乐语了。除了教授之职任专不撰乐语(可以看出,依旧例教授是撰乐语的,这只是特例,也因此被特别记载下来)。对于民间乐语,其撰者便要求不很严格,范围很广,甚至代作拟作者也不在少数。如宋史浩、王子俊代人致语颇多见。陈渊、晁公遡、朱新仲等都偶有代作。明王立道则有《拟端午日西湖泛龙舟并宴两宫致

① 黄佐:《翰林记》卷19,四库全书本。
② 洪迈撰,孔凡礼点校:《容斋随笔四笔》卷15,中华书局2005年版,第808页。
③ 林駉:《古今源流至论》续集卷10,四库全书本。
④ 潘永因:《宋稗类钞》卷11,四库全书本。

语》。欧阳修并曾“自为优人致口号”。

4. 乐语多为生辰、节令、婚寿、升迁、宴饯等场合所作，充满喜庆气氛，故若遇丧葬则罢。如苏轼《论魏王在殡乞罢秋燕札子》：“臣窃意皇帝陛下笃于仁孝，必罢秋燕，不待臣言。但至今未奉指挥，缘上许教坊致语等文字准令合于燕前一月进呈。臣既未敢撰，亦不敢稽延。”[①]于此也可见教坊致语的撰进日期为燕前一月。明代遂沿此例。如清张廷玉《明史》卷213载：“是年诏翰林撰中秋宴致语，皆言先帝未撤几筵，不可宴乐，帝为罢宴。”[②]这是定例，但也偶有丧葬致语的，如宋沈斐辑《嘉祐集附录》卷下载有《老苏先生会葬致语口号》一篇。这便如同刘勰《文心雕龙》之“哀吊”所言“班彪、蔡邕，并敏于致语”，更近于“致哀辞”之意了。

5. 在总集别集中，乐语作为文体类目，一般都只包括官方的教坊乐语和民间的致语口号，是一个狭义的文体名称。但也有例外，贺复征《文章辨体汇选》中“致语”便包含了“贺词”。苏轼《东坡全集》卷118有乐语十六章，其中包括帖子词和贺词。其实，帖子词和贺词与乐语一样，是两种独立的文体。所以，这种分类便都是广义的“乐语”了，与我们所论的乐语文体已经不相符合。

此外，作为与朝廷礼乐密切相关的一种文体，乐语又是一个具有复杂仪式程序的文体，并形成了一些固定的惯例，也有破例，这将放在下一节详细论述。

---

① 苏轼：《东坡全集》卷55，四库全书本。

② 张廷玉：《明史》卷213，四库全书本。

第三节　雅俗尊卑一体　历代褒贬不一

宋人乐语由于内容上的谀词颂圣，语言上的鄙俚不经，音乐上的大戾古乐，文体上与杂剧、百戏、角抵的血脉交融及与帖子词、青词等文体同样的位卑名贱，故自其诞生之日起，便非议四起，屡屡为人所轻视。然而，其血缘上与《诗经》礼乐之渊源使得宋代以来便贵为宫廷礼制的组成部分，加上翰苑词臣方能染指的尊崇，又让人们不得不仰视它，给予些许尊重。此外，乐语在宋人总集别集中雅俗杂陈、尊卑混处的尴尬处境，也让我们不得不谨慎地对待它和研究它。

首先，历代贬低、痛诋其鄙俚卑俗的声音从未断绝过，主要有如下几种情况：

内容上，认为乐语"绚情应俗而多谀"，以及"谀词雕刻求工"，"而究非文章正轨"。故而从儒家"明道""致治"的观念出发，称"优词乐语，前辈以为文章余事"。对于吕祖谦《宋文鉴》收入乐语，宋程珌《书皇朝文鉴后》批评道：

> 文以鉴为言，非苟云尔也。上焉者取其可以明道，次则取其可以致治，又次则取其可以解经评史，又次则取其辞高义密，而可以追古作者，以模楷后学。至若教坊乐语之俳谐，风云露月之绮组，悉当削去，乃成全书。①

---

① 程珌：《洺水集》卷9，四库全书本。

这种儒家正统观念驱使下对待文集收录乐语等俗文体的态度,到了清代则愈演愈烈。如《御制题胡宿文恭集》云:“教坊致语宁忠告?道院青词实异端。”下注:“胡宿文笔颇佳,允宜刊以传世。第集中兼及道场青词,殊乖正道。且代教坊致语及为内中侍御贺词,则尤为琐狎。”因此,也要求祝颂乐语“中寓规谏意”,从而称道苏轼“凡作文必有深旨”,撰“小儿致语”“其意深切著明。”

文体上,把它与青词、功德疏、斋文、口宣、帖子词、密词、道场文等为人所鄙视的文体同等对待,认为其“殊乖文体”“殊乖正道”,不可与诗文等正宗文体同列集中。如宋王珪《华阳集》之《四库提要》云:“至其中有青词、密词、道场文、斋文、乐语之类,虽属当时沿用之体,而究非文章正轨,不可为训。”[①]宋葛胜仲《丹阳集》之《四库提要》云:“惟青词、功德疏、教坊致语之类沿宋人陋例,一概滥载于集中,殊乖文体。”[②]明邱濬《送侍读学士徐先生掌南京翰林院序》中称翰林学士之职:“所掌者大封拜、大诏令、大制作之外,下至于青词、斋文、口宣、致语之类无大关系者,皆俾为之,殆无虚日。”[③]宋人不但大量写作乐语这类卑俗文体,而且往往收载于文集中,可以说宋人对待乐语的态度正与明清人大相径庭。

音乐上,认为乐语是郑卫之音,大戾古乐。清李光地云:“皇上裁教《孝经》曰:‘移风易俗莫善于乐。’然则乐者,行于民间,非

---

① 王珪:《华阳集》提要,永瑢等:《四库全书总目》(下册)卷152,中华书局1965年版,第1314页。

② 葛胜仲:《丹阳集》提要,永瑢等:《四库全书总目》(下册)卷156,中华书局1965年版,第1346页。

③ 邱濬:《重编琼台稿》卷11,四库全书本。

独朝庙用之也。后世纵有议乐事者，典领有司，施之祭祀朝会而已。至于教坊词谱，则端人正士往往鄙为俗乐、淫乐而莫之读。"[①]乐语乃"优伶献伎之辞"，其间演唱乐舞均是杂剧、百戏之俗乐，这是与崇尚雅正的儒家思想相背的。徐师曾更从音乐史的角度，描述了由汉至宋"郑音兴起"及"雅俗杂陈"的局面，致使乐语"其制大戾古乐"。乐语这种文体因乐而殃的命运正与宋代长短句词、宋杂剧被正统文人所鄙视是相同的。

尽管乐语如优伶般为人所轻贱，被批驳得一无是处，但其骨子里却自有一脉与皇室王公扯不断的纽带，这和同为翰林学士所撰的帖子词的情况一样，雅俗和尊卑交融为一体，主要体现在它与宫廷礼乐及翰苑词臣的关系上。

首先，乐语、致语、口号是宋代礼乐的重要组成部分，这是直接秉承前述《周礼·大司乐》及《诗经》的渊源而来的。翻检《宋史》、《辽史》、《金史》之"礼志、乐志、礼乐"以及《武林旧事》、《读礼通考》、《五礼通考》等便会发现，教坊乐语、致语口号频频出现在吉礼、宾礼、嘉礼、大礼、燕射、恭谢、庆寿册宝、圣节、春秋宴饷等重大宫廷礼制的仪式上，与杂剧、百戏、优伶乐舞等组成一系列严密的礼仪程式。兹举一例以见一斑。如周密《武林旧事》卷一"大礼南郊明堂"云："教坊排立，奏念致语口号讫，乐作……教坊排立，再奏致语口号，舞毕。""登门肆赦"："其日，驾自文德殿，诣丽正门御楼，教坊作乐迎导，参军色念致语，杂剧色念口号……至南宫门教坊迎驾，念致语口号如前。""恭谢"："大礼后，择日行恭

① 李光地：《榕村集》卷29，四库全书本。

谢礼。第一日……第二日上乘辇,自后殿门出,教坊都管以下于祥曦殿南迎驾起居,参军色念致语,杂剧色念口号……中道排立迎驾,念致语、口号如前。"[1]其他"燕射"、"车驾幸学"、"元夕"诸节等等,皆如此隆重繁复。

其次,翰林学士除了撰写大封拜、大诏令、大制作等"王言之体"外,还撰述乐语、帖子词等应用文字,这无疑会给这一卑贱的文体带来些许荣耀色彩,折射出它亦尊亦卑的双重身份。而作者大多在将乐语收入文集时,一方面放在内制、制词、翰林遗稿、翰林词草、玉堂类稿中,抬高了它的地位和身份,显示着它的尊贵的同时,也炫耀着自己仕宦上的腾达荣显;一方面把它与青词、祝文、帖子词、诗余、口宣、功德疏等"下等"文体并列等同,暗示人们自己对此文体的不屑和孤傲。宋代文人对待乐语这种爱恨交织的矛盾心理正与对待"小词"和帖子词的态度相似,是"造极于赵宋之世"的雅俗文化交融的反映。[2]

乐语独在宋代这片土壤中生长成熟,露出勃勃生机,其兴盛的原因与长短句、杂剧、话本、帖子词等一样,除了统治者鼓励享乐政策等原因外,主要在于市民文化即俗文化的兴起,滋养了这些"市民文体"或者说俗文体,给了它们生存发展的适宜环境和空间。而贬低它的缺陷的一些名词诸如"琐狎"、"鄙俚不经"、"淫乐"、"俗乐"等等,莫如说正是它的特点、它的优点。可以这样说,乐语像词、杂剧、话本小说等一样,是宋代文体发达的象征。

---

① 周密:《武林旧事》卷1,西湖书社1981年版,第6—13页。

② 参见拙文:《简论帖子词》,《文学评论》2008年第2期。

第十一章 学　　记

作为记体文中的一类，学记“属宋人新创”。[1] 其名称、内涵与《礼记·学记》都有着极深的渊源。宋仁宗庆历初颁诏大兴学校政策下，学记遂应运而生。所谓“因念国家大兴学校，三十年来，凡作孔子庙记、州学记者遍天下，殆千百数，烂漫甚矣，古未尝有也”。[2]（张俞《答吴职方书》）其创作可谓盛况空前，其后终宋皆蓬蓬勃勃，未见衰态。除了伴随宋代官学、私学的发达应时而兴以外，学记这一文体的成熟与宋代政治、文学、哲学思潮的发展都密不可分。欧、曾、王、苏等古文大家及理学大师朱熹、张栻等人之作遂成“千古不可磨灭”之规范。此外，宋人学记秉承着孔子《论语》和《礼记·学记》的教育理念，还深刻反映着宋代教育思想发展的历史，可以说是宋代文化集大成的象征。

① 杨庆存：《宋代散文研究》，人民文学出版社2002年版，第198页。

② 《成都文类》卷21，四库全书本。

第一节　《礼记·学记》的深远影响
——释名以彰义　原始以表末

“记者,纪事之文也。”(潘昂霄《金石例》)记体文大体可分为“亭台堂阁记、山水游记、书画记、藏书记、学记”几类。[①] 明吴讷云:“记之名,始于《戴记·学记》诸篇。”[②]其后徐师曾《文体明辨序说》因之。这早在宋陈骙《文则》便有此说,其云:“自有《考工记》《学记》之类,文遂有记。”[③]如果说这仅仅是从“正名”的需要为“记体文”寻根溯源的话,那么宋人“学记”则于千百年后,不折不扣地成为《礼记·学记》之名实相副地再现和重生了。

《学记》是《礼记》中的一篇,“为三代圣王教科之书”,“世世教士当以此为法”。[④] 关于学记名称的含义,《礼记·学记》郑玄注云:“名学记者,以其记人学教之义。”[⑤]也就是“建学立师”、“建学教人”、“建学造士”之义。而宋人学记、书院记中的名篇名作也多于“明于学校之本”、“从学立言”、“成就人才”、“长育人才”、“仁义教化”处纵横议论,直承母体《礼记·学记》之宗旨,所谓“《学记》言古者学校教人传道授业之次第,与其得失兴废之所由”(《钦定礼记义疏》卷首),也即“图治之本,惟学为先”、“国家

---

① 杨庆存:《宋代散文研究》,人民文学出版社 2002 年版,第 194 页。

② 吴讷著,于北山校点:《文章辨体序说》,人民文学出版社 1962 年版,第 41 页。

③ 陈骙:《文则》,四库全书本。

④ 王炳照、阎国华主编:《中国教育思想通史》第 3 卷,湖南教育出版社 1994 年版,第 387 页。

⑤ 李光坡:《礼记述注》卷 15《学记》,四库全书本。

崇学求贤”、“得才贤而教育之”之意。

现存《学记》最早者当属唐梁肃《昆山县学记》(见《文苑英华》),其体制已与宋人学记无二。[①] 此后宋人文献有记载独孤及、柳宗元曾撰学记者,经查证都属误书。如宋王谠《唐语林》卷四“企羡”条云:“闽自贞元以前未有进士,观察使李锜始建庠序,请独孤常州及为《新学记》云:‘缦胡之缨,化为青衿’。”[②]经查此语出自独孤及《福州都督府新学碑铭》一文中。[③] 而王应麟《玉海》卷二百四《辞学指南》所谓“柳子厚《柳州学记》说仲尼之道与王化远迩”云云,则是指其《柳州文宣王新修庙碑》一文。[④] 此外,宋赵明诚《金石录》卷八载贞元五年六月卢群撰罗让行书之《襄州新学记》,宋陈思《宝刻丛编》卷三亦载,然不见他书。而明杨士奇《东里集》卷二十一“孔子庙学记”条云:“右魏《孔子学记》,曹植撰,梁鹄书。”当指《曹子建集》之《学宫颂》和《孔庙颂》两文,与“学记”更是无涉。

宋代自庆历四年(1044)颁诏州县立学,学校大兴,学记始盛。在此之前,宋代现存最早者当属作于景祐年间的王禹偁《潭州岳麓山书院记》和余靖《洪州新置州学记》(崇祐丙子1036)为最早。而王应麟《玉海》卷一百一十二之“绍兴太学”条云:“六月二十一日诏王赏撰《太学记》”下注:“太祖重建国学,陶谷撰记。”[⑤]这是记载最早的宋人学记。

---

① 参见刘成国:《宋代学记研究》,《文学遗产》2007年第4期。

② 王谠:《唐语林》卷4,四库全书本。

③ 独孤及:《毗陵集》卷9,四库全书本。

④ 王应麟:《玉海》卷204《辞学指南》,四库全书本。

⑤ 王应麟:《玉海》卷112,四库全书本。

学记因官学私学不同而有学记和书院记的区别。官学分中央官学和地方官学。中央官学称“太学记”,地方官学称州学记、郡学记、县学记、府学记、军学记、路学记、乡学记、社学记、小学记等。书院属高级私学。两宋书院发达,为私人讲学论道的高级学校,称“书院记”。中央官学唯我独尊的特殊地位,使得“太学记”数量相对较少,宋人学记的主流在地方官学和书院,而书院则南宋最为发达。

在教学内容和目的上,太学主要讲儒家经典,地方官学则为了国家“长育人才”,也可以说是为科举进士、明经科而准备的。书院则某种程度上排斥科举时文,更多的是宋代哲学或者说新儒学(理学、道学)的学术中心。

学记与碑记、庙记等文体有很多相似之处,容易混淆。学记都要刻石立碑,以表彰兴学之功,供人瞻仰并具警示作用。[1] 故而“学记”也多被录入一些金石总集中,如《金石例》等中便有大量的学记。此外,也有总集别集将学记列入“碑传体”中的。更主要的是,一些庙碑尤其是文宣庙碑(即孔子庙碑),或者是为新建学校奠基所作碑铭等,其内容也多论“建学立师”等,与学记相似,后人往往将其视为“学记”。如前文所述之柳宗元《柳州文宣王新修庙碑》和独孤及《福州都督府新学碑铭》即是。

与此相似,“庙记”与“庙学记”关系更加微妙复杂。沿古人例,宋代学校也一样,修建文宣庙和供奉孔子牌位是同时进行的,有学校必有文宣庙,其制是“学左庙右”。当然在未颁诏立学和学校不普及之时,即宋人以前千余年,供奉文宣王庙便已相当普遍,

---

① 参见刘成国:《宋代学记研究》,《文学遗产》2007 年第 4 期。

但不见得有学校。就是说,“有学必有庙”,但“有庙不必有学”。故而在重视学校的宋代,便有人对此提出疑问,如王安石《繁昌县学记》云:“然则事先师先圣者,以有学也;今也无有学而徒庙事孔子,吾不知其说也。……天子始诏天下,有州者皆得立学,奠孔子其中如古之为,而县之学士满二百人者亦得为之。”这样,有庙无学者,便即庙建学。而文宣王庙记之内容也是与学记一样多谈建学立师。区别是,庙记侧重在立师,而学记则在建学立师,侧重在建学。但庙记文体与学记是不同的。如《襄州穀城县夫子庙记》:“长史云:是庙记不是学记。”此外,文集中有以“学记”为文体列目者,但已非其本意了。

第二节 “袁州为冠”与欧曾王苏

——选文以定篇 敷理以举统

宋人学记以古文大家李觏为翘楚,欧曾王苏等为代表,而南宋理学家朱熹、叶适、魏了翁等则使“书院记”成为传播学术的载体。这既为由宋至清历代评论家所公认,也可从历代总集选本如《宋文鉴》、《五百家播芳大全文粹》、《文章轨范》、《唐宋八大家文钞》、《御选古文渊鉴》、《御选唐宋文醇》等对上述诸家及作品的选评中得到证明。

李觏以一篇《袁州学记》冠绝全宋,其“议论关涉,笔力老健”(楼昉《崇古文诀》),“当时及后世多称之”,与“京兆章友直篆额、河东柳淇书世号三绝”;“熙宁、元丰间馆阁第天下学记,以袁州为冠”。(祖无择《龙学修袁州学记》)今录于下。

袁州学记(至和元年)

皇帝二十有三年,制诏州县立学。惟时守令,有哲有愚,有屈力单虑,秖顺德意,有假官借师,苟具文书。或连数城,亡诵弦声,倡而不和,教尼不行。三十有二年,范阳祖君无择知袁州。始至,进诸生,知学官阙状,大惧人材放失,儒效阔疏,亡以称上旨。通判颍川陈君侁闻而是之,议以克合。相旧夫子庙狭隘不足改为,乃营治之东北隅。厥土燥刚,厥位面阳,厥材孔良,瓦甓、黝垩、丹漆举以法,故殿堂、室房、庑门各得其度。百尔器备,并手偕作,工善吏勤,晨夜展力。越明年成,舍菜且有日,盱江李觏谂于众曰:惟四代之学,考诸经可见已!秦以山西鏖六国,欲帝万世,刘氏一呼而关门不守,武夫健将卖降恐后,何邪?《诗》《书》之道废,人唯见利而不闻义焉耳。孝武乘丰富,世祖出戎行,皆孳孳学术,俗化之厚,延于灵、献。草茅危言者折首而不悔,功烈震主者闻命而释兵。群雄相视,不敢去臣位尚数十年。教道之结人心如此。今代遭圣神,尔袁得贤君,俾尔由庠序践古人之迹。天下治,则擅礼乐以陶吾民;一有不幸,犹当伏大节,为臣死忠,为子死孝,使人有所法,且有所赖。是惟朝家教学之意。若其弄笔以徼利达而已,岂徒二三子之羞,抑为国者之忧。此年实至和甲午,夏某月甲子记。①

① 曾枣庄、刘琳主编:《全宋文》第42册,上海辞书出版社、安徽教育出版社2006年版,第303页。

《袁州学记》获得如此高的评价及举足轻重的地位，主要有以下三方面原因。首先，李觏一生以教学为业，可谓“明于学校之本者也”。李觏（1009—1059），字泰伯，北宋建昌南城（今江西省南城县）人。“李觏既是范仲淹庆历新政的积极拥护者，又是王安石熙宁新法的思想先驱者。”[①]其早年仕途淹蹇，曾应郡守祖无择之邀主持南城官学，又别创盱江书院，“从而师之者，恒数十百人”。（同上）后结识范仲淹，应聘到润州讲学。范仲淹荐之于朝，晚年为太学助教、直讲，权同管勾太学。其次，李觏是范仲淹“庆历新政”“兴学”政策的积极拥护者和实践者。宋人学记的兴盛以庆历四年仁宗颁诏兴郡县之学为标志。作为庆历新政的领袖，范仲淹当时“参贰国政，亲奉圣谋，诏天下建郡县之学”。[②]（《邠州建学记》）而范仲淹对李觏的赏识提拔及李觏的终生教学经历，无疑成了范氏“庆历兴学”的最有力执行者。《袁州学记》在这时产生并因此成为宋人学记的旗帜典范，当时便被人誉为“昔馆阁第天下学记，以袁州李泰伯所作为第一”，其地位和意义便不言自明了。第三，《袁州学记》不但以“词旨严练、锋锷逼人，有振衣千仞之概，比欧曾王应实过之”为人所称道，更主要的是其能于“忠孝大节处发明”，“关系世教”，即所谓“一有不幸，犹当伏大节，为臣死忠，为子死孝”云云，故能“万世不磨灭”也。如朱熹云：“往时李太伯作《袁州学记》，崇诗书，尚节义，文字虽粗，其说振厉，使人读之森然，可以

① 王炳照、阎国华主编：《中国教育思想通史》第3卷，湖南教育出版社1994年版，第12页。

② 范仲淹：《范文正公文集》，四库全书本。

激懦夫之气。"[①]谢枋得所评更为直接明朗,其云:"本朝大儒作学记多矣,三百年来人独喜诵《袁州学记》,非曰笔端有力,有光焰,超然不群,其立论高远宏大,不离乎人心天理,宜乎读者乐而忘倦也。叶水心云:'为文不足关世教,虽工无益也。'可与知者道。"[②]可见,李觏《袁州学记》之特立独出,不但与其一生从事教学的经历和庆历兴学的时代政治环境有关,更与古文运动及宋代理学的发达密不可分。

李觏《袁州学记》之后,古文大家欧阳修《吉州学记》,曾巩《宜黄县县学记》、《筠州学记》,王安石《虔州学记》、《繁昌县学记》、《慈溪县学记》以及苏轼《南安军学记》等都是宋人学记中的名篇,历代为人所景仰。如茅坤评《慈溪县学记》云:"予览学记,曾王二公为最,非深于学不能记其学如此。"[③]清蔡世远评《吉州学记》云:"欧曾学记虽于道之大原未能洞彻,学者下手工夫未能亲切指示,然从经史中几经研究,议论正大,文笔茂美,卓然儒者之文。"[④]都显示了欧曾王学记的独特地位。

欧阳修《吉州学记》乃宋人学记中的"典型之文",其内容"思见道化之成",乃"格局阔大,波澜老成","和平而工者"。现录于下。

---

① 黎靖德编,王星贤点校:《朱子语类》(八)卷122,中华书局1986年版,第2957页。

② 谢枋得:《文章轨范》卷6,四库全书本。

③ 茅坤:《唐宋八大家文钞》卷87,四库全书本。

④ 《御选唐宋文醇》卷26,四库全书本。

吉州学记(庆历四年)

庆历三年秋,天子开天章阁,召政事之臣八人,问治天下其要有几,施于今者宜何先,使坐而书以对。八人者皆震恐失位,俯伏顿首,言此非愚臣所能及,惟陛下所欲为,则天下幸甚。于是诏书屡下,劝农桑,责吏课,举贤才。其明年三月,遂诏天下皆立学,置学官之员,然后海隅徼塞四方万里之外,莫不皆有学。呜呼,盛矣!学校,王政之本也。古者致治之盛衰,视其学之兴废。《记》曰"国有学,术有序,党有庠,家有塾。"此三代极盛之时大备之制也。宋兴,盖八十有四年,而天下之学始克大立,岂非盛美之事须其久而后至于大备欤?是以诏下之日,臣民喜幸而奔走就事者以后为羞。其年十月,吉州之学成。州旧有夫子庙,在城之西北。今知州事李侯宽之至也,谋与州人迁而大之,以为学舍,事方上请而诏已下,学遂以成。李侯治吉,敏而有方。其作学也,吉之士率其私钱一百五十万以助;用人之力,积二万二千工而人不以为劳;其良材坚甓之用,凡二十二万三千五百,而人不以为多;学有堂筵斋讲,有藏书之阁,有宾客之位,有游息之亭,严严翼翼,壮伟雄耀,而人不以为侈。既成,而来学者三百余人。予世家于吉,而滥官于朝,进不能赞扬天子之盛美,退不得与诸生揖让乎其中。然予闻教学之法本于人性,磨揉迁革,使趋于善,其勉于人者勤,其入于人者渐,善教者以不倦之意,须迟久之功,至于礼让兴行而风俗纯美,然后为学之成。今州县之吏,不得久其职而躬亲于教化也。故李侯之绩，及于学之立而不及待其成。惟后之人，毋废慢天子之诏而殆以中止。幸予他日，因得归荣故乡而谒于学门，将见吉之士皆道德明秀而可为公卿，问于其俗而婚丧饮食皆中礼节，入于其里而长幼相孝慈于其家，行于其郊而少者扶其羸老、壮者代其负荷于道路，然后乐学之道成。而得时从先生、耆老席于众宾之后，听乡乐之歌，饮献酬之酒，以诗颂天子太平之功。而周览学舍，思咏李侯之遗爱，不亦美哉！故于其始成也，刻辞于石，而立诸其庑以俟。①

其"意思气象俱胜，句句切庆历吉州之学，其中照应极绵密。长史批分三段看：前言宋之学久而后立，而归美于天子；次言吉州之学不久遂成，而归美于李侯；后言学之道又必久而后成，以深致责望后人之意，尤觉神理警动"。② 此分三段看与杨庆存先生所云"欧阳修《吉州学记》先述朝廷诏令立学，次叙吉州学校兴办经过与规模，而以议论教学方法，想象教育效果作结"，③有异曲同工之妙。元刘诜认为："自宋庆历欧阳公作学记以来，殆未始过此。"④元刘岳申更称："天下学记，惟欧阳公以道德明秀，可为公卿者望。"⑤

关于曾巩筠州、宜黄两学记，明王慎中称："皆谓之大文字

---

① 曾枣庄、刘琳主编：《全宋文》第35册，上海辞书出版社、安徽教育出版社2006年版，第111页。

② 何焯：《义门读书记》卷38，四库全书本。

③ 杨庆存：《宋代散文研究》，人民文学出版社2002年版，第198页。

④ 刘诜：《桂隐文集》卷1，四库全书本。

⑤ 刘岳申：《申斋集》卷6，四库全书本。

矣。”前者“开局甚宽，收束甚紧，题之前后意无不到”。虽“不如宜黄记所见之深，而其行文亦属作者之旨”。后者则“直从学立言，所以深避筠州一记之雷同，而昌明博硕，无非经籍之腴润，诸学记中罕见其匹”。[①] 朱熹对曾巩这两篇学记尤为称赏。宋吴泳云：“古今文人学士见诸纪载者不知其几，而文公独取古灵先生《天台孔子庙记》，曾南丰宜黄及筠州二学记，盖华藻之辨易工，而义理之文难好也。”[②]这也因为“曾文多本经术，议论亦平实，故朱子喜读之”。其中，《宜黄县县学记》尤为人所称道。今录于下。

宜黄县县学记

古之人，自家至于天子之国皆有学，自幼至于长，未尝去于学之中。学有《诗》《书》六艺、弦歌洗爵、俯仰之容、升降之节，以习其心体、耳目、手足之举措；又有祭祀、乡射、养老之礼，以习其恭让；进材、论狱、出兵授捷之法，以习其从事。师友以解其惑，劝惩以勉其进，戒其不率，其所为具如此。而其大要，则务使人人学其性，不独防其邪僻放肆也。虽有刚柔缓急之异，皆可以进之于中，而无过不及。使其识之明，气之充于其心，则用之于进退语默之际，而无不得其宜，临之以祸福死生之故，而无足动其意者。为天下之士，为所以养其身之备如此，则又使知天地事物之变，古今治乱之理，至于损益废置、先后始终之要，无所不知。其在堂户之上，而四海九

① 茅坤：《唐宋八大家文钞》卷103、105，四库全书本。

② 吴泳：《鹤林集》卷31，四库全书本。

州之业，万世之策皆得，及出而履天下之任，列百官之中，则随所施为，无不可者。何则？其素所学问然也。盖凡人之起居、饮食、动作之小事，至于修身为国家天下之大体，皆自学出，而无斯须去于教也。其动于视听四支者，必使其洽于内；其谨于初者，必使其要于终。驯之以自然，而待之以积久。噫！何其至也。故其俗之成，则刑罚措；其材之成，则三公百官得其士；其为法之永，则中材可以守；其入人之深，则虽更衰世而不乱。为教之极至此，鼓舞天下，而人不知其从之，岂用力也哉？及三代衰，圣人之制作尽坏，千余年之间，学有存者，亦非古法。人之体性之举动，惟其所自肆，而临政治人之方，固不素讲。士有聪明朴茂之质，而无教养之渐，则其材之不成，固然。盖以不学未成之材，而为天下之吏，又承衰弊之后，而治不教之民。呜呼！仁政之所以不行，贼盗刑罚之所以积，其不以此也欤？宋兴几百年矣。庆历三年，天子图当世之务，而以学为先，于是天下之学乃得立。而方此之时，抚州之宜黄犹不能有学。士之学者皆相率而寓于州，以群聚讲习。其明年，天下之学复废，士亦皆散去，而春秋释奠之事以着于令，则常以庙祀孔氏，庙不复理。皇祐元年，会令李君详至，始议立学。而县之士某某与其徒皆自以谓得发愤于此，莫不相励而趋为之。故其材不赋而羡，匠不发而多。其成也，积屋之区若干，而门序正位，讲艺之堂、栖士之舍皆足。积器之数若干，而祀饮寝食之用皆具。其像孔氏而下，从祭之士皆备。其书经史百氏、翰林子墨之文章无外求者。其相基会作之本末，总为日若干而已，何其周且速也！当四方学废之初,有司之议,固以谓学者人情之所不乐,及观此学之作,在其废学数年之后,惟其令之一唱,而四境之内向应而图之,如恐不及。则夫言人之情不乐于学者,其果然也欤?宜黄之学者,固多良士。而李君之为令,威行爱立,讼清事举,其政又良也。夫及良令之时,而顺其慕学发愤之俗,作为宫室教肄之所,以至图书器用之须,莫不皆有,以养其良材之士。虽古之去今远矣,然圣人之典籍皆在,其言可考,其法可求,使其相与学而明之,礼乐节文之详,固有所不得为者。若夫正心修身,为国家天下之大务,则在其进之而已。使一人之行修移之于一家,一家之行修移之于乡邻族党,则一县之风俗成,人材出矣。教化之行,道德之归,非远人也,可不勉欤!县之士来请曰:"愿有记。"其记之。十二月某日也。[①]

清何焯称其为文"宏肆,自汉代以来能为如此之文者,不过五六人耳"。[②] 而《古文雅正》则认为其"比吉州、慈溪学记更说得详明亲切,有学识,有笔力,此种文于世道人心大有关系,堪与《原道》并传"。[③] 茅坤《唐宋八大家文钞》更标榜其"非深于经术者不能,韩、欧、三苏所不及处"。[④] 可谓褒美过甚。可见,不论从古文笔法着眼,还是从义理教化来看,都给予二学记以极高的评价,这

① 曾枣庄、刘琳主编:《全宋文》第58册,上海辞书出版社、安徽教育出版社2006年版,第141页。

② 何焯:《义门读书记》卷42,四库全书本。

③ 蔡世远:《古文雅正》卷11,四库全书本。

④ 茅坤:《唐宋八大家文钞》卷103,四库全书本。

在宋代朱熹已经如此。

王安石学记名篇最多，风格亦独特。宋方大琮云："观荆公学记，则赣剽悍，殆风气使然。绍兴后来之变，殆亦有以激之。"[①]其《虔州学记》"论议却自醇正，文章极其疏古"。[②] 明茅坤评论此文云："荆公文往往好为深远之思，遒婉之调，然亦思或入于渺而调或入于诡，须细详得之。"[③]今录于下。

虔州学记

虔于江南地最旷，大山长谷，荒翳险阻，交、广、闽、越铜盐之贩，道所出入，椎埋、盗夺、鼓铸之奸，视天下为多。庆历中，尝诏立学州县，虔亦应诏，而卑陋褊迫不足为美观。州人欲合私财，迁而大之久矣，然吏常力屈于听狱，而不暇顾此。凡二十一年而后改筑于州所治之东南，以从州人之愿。盖经始于治平元年二月提点刑狱宋城蔡侯行州事之时，而考之以十月者，知州事钱塘元侯也。二侯皆天下所谓才吏，故其就此不劳，而斋祠、讲说、候望、宿息，以至庖湢，莫不有所。又斥余财市田及书，以待学者，内外完善矣。于是州人相与乐二侯之适己，而来请文以记其成。余闻之也，先王所谓道者，性命之理而已。其度数在乎俎豆、钟鼓、管弦之间，而常患乎难知，故为之官师，为之学，以聚天下之士，期命辩说，诵歌弦舞，使之深知其意。夫士，牧民者也。牧知地之所在，则彼不

① 方大琮：《铁庵集》卷17，四库全书本。

② 圣祖仁皇帝：《御制文集》第3集卷39，四库全书本。

③ 茅坤：《唐宋八大家文钞》卷87，四库全书本。

知者驱之尔。然士学而不知,知而不行,行而不至,则奈何?先王于是乎有政矣。夫政,非为劝沮而已也,然亦所以为劝沮。故举其学之成者,以为卿大夫,其次虽未成而不害其能至者,以为士,此舜所谓庸之者也。若夫道隆而德骏者,又不止此,虽天子北面而问焉,而与之迭为宾主,此舜所谓承之者也。蔽陷畔逃,不可与有言,则挞之以诲其过,书之以识其恶,待之以岁月之久而终不化,则放弃、杀戮之刑随其后,此舜所谓威之者也。盖其教法,德则异之以智、仁、圣、义、忠、和,行则同之以孝友、睦姻、任恤,艺则尽之以礼、乐、射、御、书、数。淫言诐行诡怪之术,不足以辅世,则无所容乎其时。而诸侯之所以教,一皆听于天子,天子命之矣,然后兴学。命之历数,所以时其迟速;命之权量,所以节其丰杀。命不在是,则上之人不以教而为学者不道也。士之奔走、揖让、酬酢、笑语、升降,出入乎此,则无非教者。高可以至于命,其下亦不失为人用,其流及乎既衰矣,尚可以鼓舞群众,使有以异于后世之人。故当是时,妇人之所能言,童子之所可知,有后世老师宿儒之所惑而不悟者也;武夫之所道,鄙人之所守,有后世豪杰名士之所惮而愧之者也。尧、舜、三代,从容无为,同四海于一堂之上,而流风余俗咏叹之不息,凡以此也。周道微,不幸而有秦,君臣莫知屈己以学,而乐于自用,其所建立悖矣。而恶夫非之者,乃烧《诗》、《书》,杀学士,扫除天下之庠序。然后非之者愈多,而终于不胜。何哉?先王之道德,出于性命之理,而性命之理出于人心。《诗》《书》能循而达之,非能夺其所有而予之以其所无也。经虽亡,出于人心者犹在，则亦安能使人舍己之昭昭，而从我于聋昏哉？然是心非特秦也。当孔子时，既有欲毁乡校者矣。盖上失其政，人自为义，不务出至善以胜之，而患乎有为之难，则是心非特秦也。墨子区区，不知失者在此，而发尚同之论，彼其为愚，亦独何异于秦！呜呼，道之不一久矣！扬子曰："如将复驾其所说，莫若使诸儒金口而木舌"，盖有意乎辟雍学校之事。善乎其言！虽孔子出，必从之矣。今天子以盛德新即位，庶几能及此乎。今之守吏，实古之诸侯，其异于古者，不在乎施设之不专，而在乎所受于朝廷未有先王之法度；不在乎无所于教，而在乎所以教未有以成士大夫仁义之材。虔虽地旷以远，得所以教，则虽悍昏嚣凶，抵禁触法而不悔者，亦将有以聪明其耳目而善其心，又况乎学问之民？故余为书二侯之绩，因道古今之变及所望乎上者，使归而刻石焉。[①]

《繁昌县学记》和《慈溪县学记》为"皆说得正大"和"关涉大"之文。[②] 其中，《繁昌县学记》"论学处亦最确"，[③]而《慈溪县学记》"与《虔州学记》皆借一州一邑发挥大议，闳阔重厚之文"。[④]其"前半论学与子固宜黄一样，介甫特欲为简括之笔耳"。[⑤] 作为唐宋古文大家和宋人学记之最，曾、王俱有"创体之功"，但如其古

① 曾枣庄、刘琳主编：《全宋文》第65册，上海辞书出版社、安徽教育出版社2006年版，第36页。

② 黄震：《黄氏日抄》卷64，四库全书本。

③ 茅坤：《唐宋八大家文钞》卷87，四库全书本。

④ 圣祖仁皇帝：《御制文集》第3集卷39，四库全书本。

⑤ 蔡世远：《古文雅正》卷11，四库全书本。

文一样,风格却自不同。清蔡世远云:“曾王之文始用长句,不古不时,自是创体。然王虽长句,犹有峭劲气,曾则以平达胜也。”可见,即从几篇学记之中也能反映出他们各自的散文风格和不同之处来。

苏轼《南安军学记》与欧阳修、曾巩之文截然不同。唐顺之对此云:“苏文本尚驰骋,而此作《南安军学记》尤涣散,不肯受约束,然惟长公可耳,欧曾集内无此也。”正因为其文“淡宕不可为法”,[①]故不能与李觏、欧阳修、曾巩、王安石等作一样成为宋人学记的创作“规范”。

南宋学记以朱熹、叶适、魏了翁等理学家为代表,而“书院记”尤为发达成熟,并成为理学家传播道学的发源地和学术交流载体。在这样的学术风气濡染下,南宋诸子学记都从“高文醇理”和“有资教化”等方面打上了时代的深深烙印。

综上所述,我们可以对宋人学记的文体特征和写作规范作一简要总结:

1. 学记以叙事为正体,杂以议论为变体。徐师曾云:“《金石例》云:‘记者,纪事之文也。’……其文以叙事为主,后人不知其体,顾以议论杂之。故陈师道云:‘韩退之作记,记其事耳,今之记乃论也。’”[②]作为记体文的一类,学记也不例外,以叙事为正体,杂以议论者为变体。如《玉海》云:“西山先生曰:‘记以善叙事为主,前辈谓《禹贡》《顾命》乃记之祖,以其叙事有法故也。后人作

---

① 茅坤:《唐宋八大家文钞》卷140,四库全书本。

② 徐师曾著,罗根泽点校:《文体明辨序说》,人民文学出版社1962年版,第145页。

记，未免杂以论体。'词科所试，唯南渡前元丰《尚书省飞白堂》等记及《绍兴新修太学记》犹是记体，皆可为法。"①杂以议论者，则为人所讥嘲。如蔡絛云："王文公见东坡《醉白堂记》云：'此乃韩白优劣论。'东坡闻之，曰：'不若介甫《虔州学记》，乃学校策耳。'"②尽管如此，但宋人散文尚议论，以议论为主，记体文自不能免。所谓"欧苏以下，议论浙多，则记体之变，岂一朝一夕之故哉？"③这当然包括欧阳修、苏轼之学记的议论成分。这样，大抵学记文体，"叙事之后，略作议论以结之，此为正体"。至于范、欧、苏、张（文潜）、朱熹等记"虽专尚议论，然其言足以垂世而立教，弗害其为体之变也"。宋人学记中的名篇如欧、曾、王、苏之作也大体如此。如杨庆存《宋代散文体裁样式的开拓与创新》一文中认为，王禹偁《潭州岳麓山书院记》犹"以记叙为主体"，到了欧阳修《吉州学记》则"记实之外，议论成分转多。其后，曾巩《宜黄县县学记》与《筠州学记》，王安石《虔州学记》、《太平州新学记》、《繁昌县学记》等，大都循王、欧体式。至苏轼《南安军学记》始以议论为主，叙事为辅。南宋学记叙议结合，构思多变，数量也几可抗衡亭堂记"。④

2. 学记或以道"教学之意"，或以见"忠孝大节"。学记乃"建学立师"之意，故为文以"从学立言""明于学校之本"者为主。如

① 王应麟：《玉海》卷204《辞学指南》，四库全书本。

② 蔡絛：《西清诗话》，四库全书本。

③ 吴承学：《中国古代文体形态研究》，中山大学出版社2002年版，第145页。

④ 杨庆存：《宋代散文研究》，人民文学出版社2002年版，第198页。

朱熹云:“南丰作宜黄、筠州二学记,好,说得古人教学意出。”[①]所谓“说得古人教学意出”,正指出了宋人学记之渊源于《礼记·学记》以及孔子《论语》的实质。茅坤称赏王安石《繁昌县学记》“论学处亦最确”。但宋人学记之最佳者如李觏《袁州学记》则以略于论学,而从忠孝大节之大处起议论为贵。如《书李觏袁州学记后》云:“觏之言略于四代设学之规,惟以忠孝大节进勉诸生。至于慷慨激昂,洞见肺膈,使人有所动而有所畏,其可谓明于学校之本者也。”[②]清蔡世远也云:“欧曾王学记叙三代之学甚详,此(袁州学记)独点明一笔,从忠孝大节发明,朱子谓其从大处起议论者也。”[③]这种着眼于“高文醇理”“有资教化”的视角,显然与宋谢枋得所谓“人心天理”“此等文章关系世教,万世不磨灭”,朱熹“崇诗书,尚节义”以及黄震“思见道化之成”的观点是一脉相承的。可见,“论学”与“义理”是学记的两个核心内容。

3. 学记要就题立意,借一州一邑有所发明,方为得体。学记之“建学立师”的题材限制,如果只是泛泛而谈,此记可挪于他记,便有雷同重复之嫌,毫无新意可言了。故王应麟云:“所谓立意,如学记泛说尚文,是无意也。须就题立意,方亲切。柳子厚《柳州学记》说‘仲尼之道与王化远迩’,此两句便见岭外立学,不可移于中州学校也。”[④]因此,朱子云:“《琼学记》文鄙拙,不足有所发

---

① 唐顺之:《稗编》卷71,四库全书本。
② 《皇清文类》卷首,四库全书本。
③ 蔡世远:《古文雅正》卷10,四库全书本。
④ 王应麟:《玉海》卷204《辞学指南》,四库全书本。

明。"①而王安石《慈溪县学记》"与《虔州学记》皆借一州一邑发挥大议",故能成"闳阔重厚之文"。

第三节 庆历新政、熙丰变法及古文运动
——宋人学记成熟并兴盛的原因

学记自《礼记·学记》滥觞,经历漫长的孕育,至唐代又初见端倪,宋人则令其勃然焕发生机,在中国古代散文文体之林中争得一席之地。学记成熟并兴盛于赵宋,绝非偶然,其中有深刻的政治、文学、哲学等复杂原因。

首先,庆历新政是宋人学记兴起的最直接、最根本的原因。我们知道,学校尤其是地方官学是学记的载体,没有学校或学校的发展,学记便成为无源之水,无本之木,或者说学记的繁荣就无从谈起。这里,范仲淹有功至巨。他于庆历四年(1044)领导的兴学运动,可以说是吹响了宋人学记兴起的号角。范仲淹有丰富的教育办学经验,曾主讲于应天府书院,两次主持国子监,支持胡瑗开办苏州郡学,聘请李觏到润州讲学等,故于学校教育之意义有深刻认识,对学校教育之"长育人材"的重要性极为了解。他认为:"当太平之朝,不能教育,俟何时而教育哉?"(《上执政书》)作为庆历新政的领袖,一个政治改革家,他深信治理天下需要培养人才,而人才的获得必须出自学校,如《邠州建学记》所云:"庠序者,俊义所由出焉。

① 朱熹:《晦庵集》卷53,四库全书本。

三王有天下，各数百年，并用此道，以长养人才，材不乏而天下治，天下治而王朝安，期明显之效矣。”当时的状况是，“朝廷并不以开办学校为大事，尤其对地方官学，且有诏令不许州县官随便开办”。[①] 于是，在“庆历甲申岁即庆历四年（1044）”，范仲淹借“参贰国政”之机，“亲奉圣谋，诏天下建郡县之学”，地方学校遂逐渐兴起，也标志了学记这一文体的繁荣时代到来。这次朝廷颁诏堪称历史性的一步，其如此关键和重要，以致作为故实成了大多宋人学记中不可或缺，须着重提出的历史事件。如祖无择《龙学修袁州学记》云：“本朝庆历中诏天下郡县兴崇学校。”[②]刘跂《曹州重修学记》云：“仁宗皇帝庆历四年诏书下取士教养之令三事，其一曰立学，郡县之吏顿首奉诏，庠序并兴”，[③]等等，所在皆是。“庆历甲申兴学”对宋人学记的影响不言而喻。作为范仲淹政治革新的支持者和参与者，李觏的《袁州学记》和欧阳修的《吉州学记》无疑用文本的形式宣言了对“庆历兴学”的拥护和支持。李觏和欧阳修之学记在后世的典范作用，折射出了学记文体产生的政治背景。

王安石“熙丰变法”再一次借助政治力量把宋代兴修学校推向高潮，同时也把学记文体再一次推向高潮。“庆历兴学失败后，州县兴学之诏虽未撤销，但实际上已是有名无实。”[④]即王安石所

---

① 王炳照、阎国华主编：《中国教育思想通史》第3卷，湖南教育出版社1994年版，第6页。

② 祖无择：《龙学文集》卷7，四库全书本。

③ 刘跂：《学易集》卷6，四库全书本。

④ 王炳照、阎国华主编：《中国教育思想通史》第3卷，湖南教育出版社1994年版，第134页。

谓："今州县虽有学，取墙壁具而已，非有教导之官长育人才之事也。"（同上）与范仲淹一样，王安石在变法改革中，深感"天下之人才不足"，故称"方今之急，在于人才而已"（《上仁宗皇帝言事书》），而"古之取士，皆本于学校，故道德一于上，而习俗成于下，其人才皆足以有为于世。自先王之泽竭，教养之法无所本，士虽有美材而无学校师友以成就之，议者之所患也"。（《乞改科条制》）这样，王安石从中央官学之国子学、太学到地方郡县学校进行了一系列改革，成为其变法的重要组成部分。正如其《明州慈溪县学记》所云："天下不可一时而无政教，故学不可一日亡于天下。"可见其对学校教育的重视和改革学校的坚定信心，并成为庆历新政后学记文体再次兴盛的重要基础。所以，虔州、慈溪、繁昌诸学记既重申了他的论学主张，也可视为他变法中学校教育政策的补充。

要之，李觏、欧阳修、王安石之学记俱为宋人学记中的名篇，为后人所称赏，这固然与他们极深的文学素养和禀赋不可分开，但亲历"兴学"政策的政治改革家身份，无疑使他们更能切实体会和领悟"建学立师"、"建学造士"和"长育人才"的重要，故而在"学记"中出言便能要言不烦，切中肯綮，最终成为学记文体中的典范。从中还可以看出，北宋学记内容以"长育人才"为主，而南宋学记以"忠孝大节"为主，各有其政治上（庆历、熙丰变法）和哲学上（南宋理学思潮）的深刻背景。

其次，欧阳修领导的"古文运动"及古文大家的作用和影响。前面"选文定篇"中列举了宋代以来为历代公认的名家名作，包括李觏、欧阳修、曾巩、王安石、苏轼等。不难发现，这些人是宋代古文运动的发起者和中坚力量，基本包罗进“唐宋古文八大家”中去了。这种现象可以从两方面来理解。一方面，唐宋古文运动及“八大家”的成就和影响，为历代文人所瞩目，所景仰，也因此成为历代尤其明清以来总集选本的必选之作。而学记是他们优秀的记体散文中的组成部分，故而他们优秀的学记为人们所评鉴、所称赏也便是顺理成章的事。如上文颇多举例的《唐宋八大家文钞》、《御选古文渊鉴》、《御选唐宋文醇》、《古文雅正》等明清古文选本便属于这种情况。一方面，如果说上述这种情况中，几位古文大家的优秀学记还仅属于整体古文层面上的不可分割的组成部分的话，那么，当把“学记”作为一种独立的文体专门提出来观照研究时，再来看宋人学记名篇集中出现在“古文运动”和古文大家作品中这种现象，就会发现，“古文运动”的发生可以说是与“庆历新政”和“熙丰变法”紧紧地联系在一起的，或者说是同步进行的。上述范、李、欧、曾、王、苏诸人都是这些纠缠在一起的文学、政治运动的组织发起者和参与拥护者，这样再回头看宋人学记名家名作与古文运动的关系便一目了然，很容易让人理解了。

第三，南宋理学的发展以及学记和书院记的关系。宋人学记与书院记是并行发展的。在北宋，书院“仅仅是为了补学校教育的不足”。[①] 不但在教学内容和建学宗旨上与地方官学都有很大不同，而且书院记在数量上也难与学记争胜。“北宋时期兴起的书院，只能起着代替或补充官学的功能，其讲学内容仍是汉唐经

① 王炳照、阎国华主编：《中国教育思想通史》第3卷，湖南教育出版社1994年版，第168页。

学和辞章之学,和理学并没有多少直接的联系。”[①]到了南宋,随着理学的发展,“几乎所有理学家都在创办、主持书院的教学,许多理学学术活动都在书院举行,大量理学学派也是在书院形成”。(同上)

这样,书院这种正规化、制度化的高级私学蓬勃发展,其况大有压过郡县之学之势。南宋以来古文已逐渐衰落,以古文为特色优势的传统学记也步入僵化路子,重复保守,难有新意。于是南宋散文进入理学家诸如朱熹、吕祖谦、楼昉、张栻等人之文。而书院记作为理学思想的学术传播载体,既代表着理学家的散文创作成就和倾向,也反映了他们的哲学思想,无论从内容上和创作特点上都与北宋以来的“异名同实”的学记有了很大的不同。可以说,宋代理学尤其南宋理学的发展,使得宋人学记即书院记兴盛出现了第二次高潮,并具有自己鲜明的特点。

此外,先秦诸子讲学传授和百家争鸣的学术氛围,是《礼记·学记》出现的契机。《礼记·学记》用“学记”的方式全面系统地总结概括了包括《论语》、《大学》等在内的儒家学派的学校教育经验和基本理论。饶有意味的是,宋人“学记”、“书院记”与宋代官私大兴学校以及学术思想的自由争鸣的关系,恰与千余年以前《礼记·学记》产生的土壤有相似之处。所以,时代环境以及文化的重现,使宋人学记的繁荣有了几许历史循环的意味。

宋人学记不但在文学史上有其重要地位,如在数量上很多作

---

① 王炳照、阎国华主编:《中国教育思想通史》第3卷,湖南教育出版社1994年版,第169页。

家的学记都超过其他“记体”文的创作,并以众多名家名作丰富宋代古文园地,而且在教育哲学等其他许多方面都产生深远影响,并具有极高的文献价值。首先,通过细心研究整个宋代全部的学记、书院记,不但可以清晰地描摹出宋代官私学校的分布、建制时间和发展等,而且从中可以总结出不同时代统治者(包括帝王和郡县官吏)或文学家、政治家的教育理念,并勾勒出一个纵向的历史脉络,进而形成一部完整的宋代教育思想史,或者说补其不足。其次,通观整个宋代的书院记并予以概括和总结,比较北宋和南宋理学家书院记中理学观念的不同,一方面可以清晰地发现南北宋理学思想的区别和发展轨迹,一方面可以了解宋人书院的分布建制和发展历史以及理学家和书院记作者在宋代书院中的作用和影响。

第十二章　宫　词

宫词自诞生之日起，便与乐府结下了不解之缘——滥觞于汉魏古题乐府，成熟于中唐“新乐府运动”。这与清人对宫词的源流认识截然不同。宫词在体裁上多为古律绝诗体，诗体而称为词，与其笔涉男女之情和入乐的乐府歌辞特征都有关系。宫词在情感和艺术上最大的特色便是“怨”，这继承了孔子“兴观群怨”说和汉魏古诗“怨而不怒，温柔敦厚”的传统。以王建《宫词》百首为代表的组诗，成为后来宫词文体的主要形式。《宫词》组诗多描写富贵升平和宫禁事实，这不但与“新乐府运动”的美刺精神相违背，而且也使得宫词最为感人的情感艺术特质荡然无存。唐代宫词的繁荣和杰作辈出，使得宫词文体风格渐趋统一并独立定型，宋人已认可并进行总结，称之为“宫词体”。“宫词体”是融合了“乐府”、“宫体”、“花间”、“香奁”等文体风格的独特文体。

第一节　滥觞于汉魏古乐府
成熟于中唐新乐府
——兼论清人在宫词源流认识上的误区

宫词是中唐以元白为首的“新乐府运动”的产物，其源头则在汉魏古乐府之“长门怨”和“长信怨”等相和歌辞中，昭示着其与“乐府”极深的血缘关系。清人对宫词的源流问题已表示了极大的关注，但或远溯诗经，或近指王建，皆未能找出症结所在。

“宫词多是吟咏深宫怨情的诗歌，中唐以后盛行。”①“新乐府运动”是宫词产生和繁荣的基础，或者说宫词创作是新乐府运动的重要组成部分。天宝安史乱后，大唐国势剧衰，各种弊政全面显露出来。诗人们更加关注民生疾苦，大胆地揭露指摘各类现实弊端。于是，以杜甫发端，元白力行创作的“新乐府运动”遂成为当时的文学主流。除了“宫市、两税法、进奉”三大弊政外，在唐初太宗时就备受关注的“宫女”问题也日益尖锐突出起来，这使得中唐诗人多有描写“宫怨”题材之作，宫词遂成为新乐府运动吟唱的主题之一。“宫女”问题是白居易最为关注的社会问题之一，如《后宫词》所云：“三千宫女胭脂面，几个春来无泪痕？”当时宫女队伍过于庞大，其弊端表现为“上则虚给衣食，有供亿糜费之烦；下则离隔亲族，有幽闭怨旷之苦”。（《请拣放后宫内人》）这样，在元白张王领导的“新乐府运动”强烈关注现实的热情和精神指引下，具有“怨刺”特征的宫词遂乘势兴盛开来。

新乐府运动中，顾况、元、白、王建等都兼擅宫词，或者说“宫词”是他们新乐府运动的重要组成部分。元稹、白居易以中唐“新乐府运动”的领袖身份，使得二人的“宫廷”题材之作诸如《上阳白发人》、《连昌宫词》、《行宫》、《行宫词》等作品成为宫词史上的典范。在这股强劲的文学思潮影响下，中唐以后很多诗人都有以

① 陶文鹏等：《唐诗三百首新译》，北京出版社 1993 年版，第 438 页。

宫怨为题材的诗作,而径以“宫词”为名的诗作也渐多起来。这以新乐府运动的先驱、大历诗人顾况发端,元、白、张、王为旗帜,一大批诗人如崔国辅、马逢、王昌龄、薛逢、刘禹锡、李商隐、温庭筠、陆龟蒙、杜荀鹤、徐寅、释贯休、朱庆余、何满子、韩偓、段成式、鲍荣、商尧藩、张祜、皇甫冉、张蠙等都有“宫词”之作传世,一些人更是因“宫词”而名垂诗史,如王建、朱庆余、张祜、杜荀鹤等。

作为中唐新乐府运动的中坚,王建《宫词》百首的独特组诗形式和“诗史”的性质,使其成为“宫词”史中最为引人注目的一个诗人并影响深远。而其宫词的组诗形式则使“宫词”这一文体得以定型,并标志着唐宋宫词的成熟和繁荣。其后历唐末宋代,《宫词》组诗便成为宫词这一文体最为典型的创作形式和鲜明标志。如五代后蜀花蕊夫人和宋初宰相王珪等都因袭其体而创作了宫词百首,明毛晋辑为《三家宫词》。此外和凝、宋白、王仲修、胡元迈、宋徽宗等更把这一组诗形式推向极致,遂又有《五家宫词》、《十家宫词》之目,这显然都受王建的极大影响。

宫词借中唐新乐府运动的契机而繁荣起来绝非偶然,因为其胚胎的母体便是汉魏古乐府中的相和歌辞,诸如《怨歌行》、《长门怨》、《婕妤怨》、《长信怨》、《蛾眉怨》、《宫怨》、《宫中调笑》、《怨诗》等曲调。汉魏古乐府中的宫词都以“怨”字为名,描写皇帝妃子间争宠失宠而被冷落,从而心生凄怨之情,是名副其实的“宫怨”诗。这类“宫怨”诗历魏晋六朝到隋唐都有拟作,这在《乐府诗集》中可以清晰地看出其发展脉络。这个时期,可以说是“宫词”的发轫期。唐代有许多此类宫怨诗,尽管无“宫词”之名,但也往往被看作“宫词”。如王昌龄拟古乐府之作《长信怨》、《春宫曲》以及杜荀鹤的《春宫怨》等等，不可胜数。《乐府诗集》“新乐府辞”中选有白居易《上阳白发人》和元稹《连昌宫词》，可以说与此类古题乐府“宫词”具有最为直接的继承关系，并从乐府发展史中体现出来。

作为中唐新乐府运动产物的宫词，无论从文体名称还是艺术特点、创作精神上都直接秉承汉魏乐府中的宫怨类古题乐府。首先，宫词之名称从汉魏到唐朝有一个由具称到泛指、由不定到单一的发展演变过程。宫词之祖即汉魏乐府中的《长门怨》、《长信怨》等皆以具体的后宫宫殿名为题，白居易《上阳白发人》和元稹《连昌宫词》之承沿之迹宛然，可以说是其嫡传。最早纯粹以“宫词”为题者当属顾况，王建以后作者日多，渐成主流。因大多描写不知名姓的普通宫女，故虽题名专一固定，但描写对象和内容则趋于宽泛。《连昌宫词》既以具体宫名为题又称宫词，可视为上述两个命名方式的过渡链接。这三大较为清晰的命名系统之外，宫词之名五花八门，但都不出宫怨题材或事关宫禁之事。

其次，新乐府运动的创作精神是与汉魏乐府一脉相承的，其中有一个清晰的承传脉络：

> 概括地说，由汉乐府的“缘事而发”，一变而为曹操诸人的借古题而写时事，再变而为杜甫的“因事立题”，这因事立题，经元结、顾况等一脉相承，到白居易更成为一种有意识的写作准则，所谓“歌诗合为事而作”，这就是新乐府运动形成

的一般历史过程。元稹、张籍、王建是这一运动中的重要作家。①

宫词的源流发展脉络与此极为相似,可以说是一脉双支,并行不悖,而同一批作家作品更成为联系乐府和宫词的纽带。一些作家本身便乐府、宫词兼擅,或者说以这两种文体为主。如张籍、王建。许觊《彦周诗话》云:“张籍王建,乐府宫词皆杰出,所不能追逐李杜者,气不胜耳。”②郑方坤云:“花蕊夫人宫词之外,尤工乐府。”③这都可证明宫词与乐府的极深渊源,表明了二文体在创作特点上有相似之处,是新乐府运动的并蒂之花。

第三,宫词与乐府的密切关系还体现在宫词之称为“词”及其入乐的乐府歌辞特征上。宫词在文体体裁上多为古律绝诗体,诗体而称为词,与其笔涉男女之情和入乐的乐府歌辞特征都有关系。一方面,宫词多描写宫廷后妃宫女的“怨旷之情”,笔涉男女之情,这与儒家传统要求诗文“言志载道”的传统是相违背的,故称之为词,显示了此文体之卑,这与长短句词和帖子词的情形有很多相似之处。④ 一方面,是由“宫词”入乐的乐府歌辞特征决定的。“宫词”是中唐新乐府运动的产物,虽然“新乐府”的最大特点便是不入乐,主要在精神上与汉魏古题乐府相通,但是,宫词源于汉魏乐府“相和歌辞”中宫怨类诗的血缘关系,终究让它无法抹

① 游国恩等:《中国文学史》(二),人民文学出版社 1963 年版,第 142 页。
② 何文焕辑:《历代诗话》(上),中华书局 1981 年版,第 385 页。
③ 郑方坤:《五代诗话》,文渊阁四库全书本。
④ 参见拙文:《简论帖子词》,《文学评论》2008 年第 2 期。

杀汉魏乐府称为“辞”的音乐歌词的独特身份。所以，宫词称为词更多还在于它与乐府音乐上相和歌辞的渊源。而且，即使在中唐以后，宫词也未完全与音乐断绝关系，这有宫词被归入“歌咏门”的例子为证。如阮阅《诗话总龟》后集卷二十六、三十二、四十一之“歌咏门”都有宫词录入。宫词与音乐的关系还可从元陶宗仪《说郛》中得到证明：

又杂取唐人小诗长句及明皇太真事，终以微之《连昌宫词》补缀成曲，刻板流传。

今大石调《念奴娇》世以为天宝间所制曲，予固疑之。然唐中叶渐有今体慢曲子。而近世有填《连昌宫词》入此曲者。

以此知唐伶妓当时名士诗句入歌曲，盖常事也。蜀王衍召嘉王宗寿饮宣华苑，命宫人李玉箫歌衍所撰宫词，五代犹有此风，今亡矣。[①]

另外，宫词也有长短句体裁，长短句词产生于中唐及与音乐的关系也可为证。如李后主、和凝、韦端己、鹿虔扆等词人俱有以《玉楼春》、《如梦令》等词牌所撰的长短句词宫词，不但题名为宫词，而且内容上也多写宫怨之情。《草堂诗余》载和凝“春入神京万木芳”一词，便“颇尽宫中之怨”。[②] 明董斯张《吴兴备志》引杨慎《升庵词品》云：“元姚子敬选《古今乐府》一卷，以夏英公《喜迁

① 陶宗仪：《说郛》卷19，文渊阁四库全书本。

② 《草堂诗余》卷1，文渊阁四库全书本。

莺》宫词为冠。”[①]此外，乐府、宫词和竹枝词、杨柳枝词并在中唐兴起，都是与中唐唱诗及民歌等音乐息息相关的。如高棅《唐诗品汇叙目》云：“大历以还，作者之盛，骈踵接迹而起，或自名一家，或与时唱和，如乐府、宫词、竹枝、杨柳之类，先后述作，纷纭不绝。逮至元和末而声律不失，足以继开元、天宝之盛。”[②]陈寅恪指出：“乐天之作新乐府，乃用毛诗，乐府古诗，及杜少陵诗之体制，改进当时民间之歌谣。……实则乐天之作，乃以改良当日民间口头流行之俗曲为职志。”[③]宫词作为新乐府运动中与乐府诗相提并论的诗体，无疑也符合上述特征。

清人对宫词的源流问题已表示了极大的关注，但都一致把目光集中在《诗经》或王建身上，未能看到乐府才是宫词的真正源头。清人宫词著作以周升《十六国宫词》、胡延《长安宫词》、史梦兰《全史宫词》、杨鼎昌《汉魏宫词》等为代表，其中许多序跋和凡例以及《田氏重刊十家宫词》的序言中，都提到宫词始源于《诗经》或中唐王建。这以朱彝尊为代表，如其《田氏重刊十家宫词序》云：“鄱阳洪伋称宫词古无有，至唐人始为之。不知《周南》十一篇皆以写宫壸之情，即谓之宫词也，奚而不可？然则《鸡鸣》，齐之宫词也；《柏舟》、《绿衣》……卫之宫词也……凡此其宫词所自始乎？”[④]其他如：

---

① 董斯张：《吴兴备志》卷22，文渊阁四库全书本。

② 高棅：《唐诗品汇叙目》，文渊阁四库全书本。

③ 陈寅恪：《元白诗笺证稿》，上海古籍出版社1978年版。

④ 田中玉：《田氏重刊十家宫词》，民国二十二年临榆田氏影宋刻本，北京中国书店新印本1981年版。

古今言诗者必以三百篇为首，而三百篇又以《关雎》为首。《关雎》者，《周南》之始奏，抑而丰镐之宫词也。……宫词者，风化所自，开温柔之极致也。不独《关雎》《麟趾》诸什为然，即屈骚、宋赋以至古诗十九首，莫不寄慨美人，托词思妇，以闺帏燕婉之言，而发其悲天悯人之志……此古者言诗之微意，实后世宫词所滥觞。①

三百篇以《关雎》《葛覃》为风始，《关雎》《葛覃》，宫词之权舆也。自唐王仲初作宫词百首，后之效之者，代有佳什。②

宫词之作，权舆《关雎》，唐宋以来，代有佳什。若其连篇缀玉，累牍贯珠，王建、王珪，斯称盛轨。③

宫词始肇王仲初，继以和凝与花蕊。④

很明显，清代学者对宫词之始源众口一词，或聚焦于《诗经》，或着眼于王建。前者从诗教的角度，看似为了抬尊宫词之体，然仅以思妇闺帏一点对应宫词，实属不类；后者虽看到王建宫词百首的重要地位和影响，但推为肇始，亦为不确。而且，清人非但没有看到宫词与汉魏乐府的渊源，甚至还矢口否认。如杨鼎昌云：

---

① 田中玉：《田氏重刊十家宫词》，民国二十二年临榆田氏影宋刻本，北京中国书店新印本1981年版。

② 史梦兰：《全史宫词·发凡》，咸丰木刻本。

③ 周升：《十六国宫词》，道光十二年刊本。

④ 魏燮均：《〈全史宫词〉序》，史梦兰《全史宫词》，咸丰木刻本。

宫词托始于唐,六朝以上皆无之,汉魏无论已。盖其为调也,博而不纯,华而不朴。汉魏近古,风气不同。使当时以古调为之,适成枘凿。然竹垞先生有言,"《周南》十一篇皆写宫闱之情,谓之宫词,奚而不可?"①

其后何维栋《汉魏宫词序》持相同论调。把这些声音与前面的论断作一比较,对认清宫词的原始发生当不无裨益。

中唐以后,宋代宫词越加繁荣。宋人不但继王建《宫词》百首的组诗形式创作增多,其他直接以"宫词"为名的诗作也代不乏人,历宋如田昼、寇准、宋白、文彦博、许棐、葛起耕、陈允平、张公庠、武衍、吴龙翰、戴昺等都有作品流传。此后,历元明清,"宫词"一直创作不衰,成为诗歌王国中的一枝奇葩,具有了自己独特的文体发展历史。这以明代的《天崇宫词合刻》和上举清人宫词为代表。清人宫词专集虽夥,但却绝少描写宫女宫怨之作,究其原因,蒋寅先生云:"诗歌题材随时代而变,最典型者莫如宫怨、出塞二题,唐诗赋此题最盛,而至清诗绝少。谭宗浚《希古堂文甲集》卷二《与友人论诗书》解之曰:'唐时女谒最盛,观白太傅诗云怨女三千放出宫,其多可想。若我朝则俭德相承,恭读《东华续录》高宗纯皇帝上谕云宫中使用不过廿余人,实足超越前古。然则今日又何宫怨之可言乎?'"②唐宋以后,虽然历元明

① 杨鼎昌:《贻清白斋汉魏宫词》,陕西师范大学古籍善本库藏。

② 蒋寅:《金陵生小言》,广西师范大学出版社2004年版,第126页。

都有大量的宫词作品传世,但由于宫词的题材狭窄,描写对象单一和特殊,故历代宫词都不能超出中唐宫词之范围,艺术表现和情感内容上都难与其争锋,很少有唐人宫词那样"以情动人"的传世名篇。

第二节 兴观群"怨"与"怨"而不怒
——宫词的情感艺术特色

宫词在情感和艺术上最大的特色,"一言以蔽之",便是"怨"。或抒写性情,自怨自伤;或关注现实,怨刺上政;或拟古寓意,寄托贤人失志;或咏史怀古,感慨盛衰兴亡;或记载故实宫禁,展露富贵升平。虽内容不一,但都继承了孔子"兴观群怨"和汉魏古诗"怨而不怒,温柔敦厚"的风格特征。

汉魏古乐府之宫词多表现为自怨自伤,而拟古乐府中的宫词则多为贤人失志之寄托。宫词之祖《长门怨》、《长信怨》等形象地描绘出皇后妃子之怨,即后妃间争宠而产生的妒恨凄怨之情。其描写多以"托辞",借今昔繁华与凄凉对比而深化其深沉的怨恨之情。古乐府中的宫词多以"怨"为名,且大多集中在班婕妤和陈皇后的失宠而被冷落他宫的命运。其如怨如诉,即从诗题中也可见一斑。如"相和歌辞"和"相和楚调"中的怨歌行、怨诗行、怨诗、长门怨、长信怨、阿娇怨、婕妤怨、蛾眉怨、玉阶怨、宫怨等等,这也是唐宋宫词的母体和滥觞。特点是以今昔对比,"作怨诗以自伤"。《乐府诗集·怨诗行序》云:"汉成帝班婕妤失宠,求供养太后于长信宫。乃作怨诗以自伤,托辞于纨扇云。"《长门怨序》

云:“长门怨者,为陈皇后作也。”①

其后历代拟古和作者颇多,大多藉以抒发怀才不遇、仕途坎廪之情。如曹植、傅玄、梁简文帝、江淹、沈约、刘孝绰、刘孝威、阴铿、谢朓、陆机、费昶、徐贤妃、沈佺期、王维、李白、王昌龄、张祜、崔国辅、皇甫冉、陆龟蒙等等,都有拟古乐府宫词之作,可参见《乐府诗集》。如果说《长信怨》、《长门怨》还多为班婕妤、陈皇后“自怨自伤”的话,那么后来的拟古继和之作则更多了借“香草美人”之表现手法和失宠的典故来描写自己不得志或君臣遇合等感情了,曹植等人之诗多如此。如俞陛云评杜荀鹤《春宫怨》:“此诗虽为宫人写怨,哀窈窕而感贤才,作者亦以自况。失意文人,望君门如万里,与寂寞宫花,同其幽怨已。”(《诗境浅说》)②

中唐以后的宫词出现了新的特点,题材范围和表现手法都有所扩大和改变,既有反映新乐府运动宗旨的,也有远离现实的。这可从以下三个方面来看。

一是直接以宫词为名的怀古之作,内容上更多具有了“以史为鉴”的咏史性质,大多被称为《汉宫词》、《魏宫词》、《齐宫词》、《陈宫词》等。如鲍溶、商尧藩、李商隐、段成式、陆龟蒙、皇甫冉等人的《汉宫词》,薛逢的《汉武宫词》,崔国辅、刘禹锡的《魏宫词》,陆龟蒙的《邺宫词》,李商隐的《齐宫词》,温庭筠的《陈宫词》,陆龟蒙、皮日休的《奉和叠韵吴宫词》等等,均以“朝代”为名。这类咏史宫词的典故题材多取自汉魏乐府中的宫怨诗,并扩展历代典

① 郭茂倩:《乐府诗集》卷38,文渊阁四库全书本。

② 转引自王步高主编:《唐诗三百首汇评》,东南大学出版社1996年版,第512页。

型帝妃爱情之历史事件作为题材补充。汉乐府中的“宫怨”诗即那些咏帝妃之间爱情怨情的宫词，大多倾向鲜明，取材范围对象基本确定，所咏主题也无大区别。但唐人的《汉宫词》、《魏宫词》、《齐宫词》、《陈宫词》、《吴宫词》等则大不一样了，除了前两种因汉武帝和魏武帝千秋功业的影响，还多为宫怨主题，后三种则因皇帝淫乐亡国的史实，从而更多具有了借鉴兴亡的“咏史”意味。

二是更多地描写不知名姓的普通宫女，将宫女问题作为政治社会问题提出来，作为元白“新乐府运动”的一个突出部分加以描写，借以怨刺上政。这部分宫词在情感和艺术上都可以说是宫词史中的核心，也杰作辈出，成为了中国文学史上一个重要的不可或缺的组成部分。皇后妃子如班婕妤、陈皇后之间因争宠而得宠失宠之怨，更多的是让我们了解了宫廷后妃间的生存状态。情感上也仅仅因为有今昔盛衰之对比，而感觉到一种命运起落无常、繁华瞬间的感慨，只有一种历史的闲淡的遥望和注视罢了。但历朝历代数以千万计的普通宫女，以青春妙龄幽闭宫中，一生“有三十六年，不得见者”（杜牧《阿房宫赋》）。像《上阳白发人》中的宫女一样，苍颜白发，老死宫中，其深哀巨痛则让我们不能不痛彻心扉。这当以元稹《行宫》、《连昌宫词》和白居易《上阳白发人》描写为最。

三是以王建为代表的宫词组诗，以纪实性而不离升平富贵，去新乐府运动精神已远。王建《宫词》百首最为著名，其后五代后蜀花蕊夫人和宋初宰相王珪等都有继作。《宫词》组诗遂成为宫词这一文体的标志性典型性文体形式。王建宫词百首虽以数量和形式上的独创性而名垂诗史，但其宫词内容却鲜为人所称道。这是因为从王建宫词百首开始，这种组诗形式更多的是以描写宫廷富贵堂皇、歌舞升平和记载宫禁事实为主的。如清陈悰《天崇合刻宫词自序》云："夫宫词之作，体传绮丽，事写升平。至于劫换灰飞，天荒地老，固何取焉！"[①]彭家屏云：

> 雕琼镂玉，王建先花蕊而早传；剪叶裁花，宋白继和凝而独著。捻锦心于绣口，仲修饶有父风；以绝艳为惊才，彦质岂非作者。厥后徽宗御制，写千门万户，不同想象当然；胡伟清吟，摹五夜九重，亦极淋漓尽致。大都连篇累牍，无非歌舞盘游；吮墨含毫，不离神仙富贵。何关体要，实启淫靡。间尝感慨系之，绝无白发宫人，泣谈天宝；谁谓沧桑变矣，犹有黄冠道士，闲话崇祯。[②]

这不但与新乐府运动的美刺精神相违背，与关心现实的怨刺宗旨越来越远了；而且其描写富贵升平和宫禁事实，也使得宫词最为感人和引人注目的情感艺术特质荡然无存。虽然正是因为这种宫词组诗形式，使得宫词这一文体得以独立和具有独创性，但其"诗味"即怨恨之情的消失，却不能不说是宫词史上的败笔。虽然王建宫词百首中也偶有诸如"闻见美人新进入，六宫未见一时愁"、"乞与金钱争借问，外头还似此间无"、"教遍宫娥唱遍词，

① 陈悰：《天崇合刻宫词·序》，清康熙木刻本。
② 同上。

暗中头白没人知”之类令人心酸同情的句子，但比起动辄百首来描写富贵堂皇和宫禁事实的连篇累牍之组诗，便显得微不足道了，这也正是宫词组诗虽声名远播却难为人称道的原因之一。

唐宋以来宫词以描写宫怨为主，这继承了孔子所谓“兴观群怨”说和汉魏古诗“怨而不怒，温柔敦厚”的传统。清人出于提倡诗教的动机，对此多有阐发，颇能道出宫“怨”之源。如田中玉《重刊十家宫词》是为了“俾后之览者由是而得温柔敦厚之本旨，推之于兴观群怨，各得其正，庶几诗教可由是而兴，世风将由是而转焉”。[①]黄叔灿称王昌龄《春宫怨》“言外有风刺，而语意极温柔敦厚，风人之遗”。（《唐诗笺注》卷八）[②]宋人谢枋得已称王昌龄《长信怨》“此篇怨而不怒，有风人之义”。（高棅《唐诗品汇》卷四十七引）[③]

唐人宫词之继承“兴观群怨”之“怨”，“是说《诗》可以用来表达怨情，‘怨刺上政’”。[④] 所谓“怨情”，在宫词中便是后妃宫女的“幽闭怨旷”之情，而“怨刺”上政则表现为新乐府运动中宫词之揭露“宫女”问题这一弊政了，这就如元、白、张、王之宫词和乐府一样，具有“补察时政”的现实功能。

唐人宫词之继承“兴观群怨”之“兴”，指宫词在表现方法上多用对比、比喻和香草美人手法。首先看对比手法。如白居易

① 田中玉：《田氏重刊十家宫词》，民国二十二年临榆田氏影宋刻本，北京中国书店新印本1981年版。

② 转引自王步高主编：《唐诗三百首汇评》，东南大学出版社1996年版，第778页。

③ 同上书，第875页。

④ 王运熙、顾易生主编：《中国文学批评史新编》（上册），复旦大学出版社2001年版，第16页。

《后宫词》:"泪湿罗巾梦不成,夜深前殿按歌声。红颜未老恩先断,斜倚熏笼坐到明。"陶文鹏先生等云:"这首诗写宫女的哀怨,用对比手法,一边是得宠者通宵歌舞,一边是失宠者泪湿罗巾。"①顾况《宫词》:"玉楼天半起笙歌,风送宫嫔笑语和。月殿影开闻夜漏,水精帘卷近秋河。""这首宫词用对比的手法,写失宠宫女的幽怨。……宫女之怨,即从耳闻目睹之富贵欢乐之景中见出。"(同上)这种以"乐景写哀,一倍增其哀乐"的对比手法,是宫词最常见的表现手法和描写手段,也的确让宫词史上的众多名篇名作倍增哀怨之感。其次便是比喻和香草美人的传统。这在"宫词之祖"班婕妤《怨歌行》纨扇为喻中便肇其端。此词以凉飙夺炎热和纨扇的"捐弃箧笥中"比喻宫女的失宠和被冷落的命运,正是继承了离骚"香草美人"的传统。再如朱庆余《宫词》:"寂寂花时闭院门,美人相并立琼轩。含情欲说宫中事,鹦鹉前头不敢言。"其美人鹦鹉之喻都与香草美人相通。而且这种"香草美人"的传统体现了古代文人借宫女之怨之被弃来反映自己怀才不遇或政治失意之感,具有双重的含义。如曹植之《怨歌行》便借宫怨喻君臣遇合。而上举白居易《后宫词》"也有人指出,这首诗写于元和十年(815),诗人因上书言事被贬江州、忠州之后,借后宫怨女之词,以抒政治失意之慨。这样说,诗就有两重含义"。②

唐人宫词之"怨",还与汉魏古诗"怨而不怒,温柔敦厚"的内敛含蓄美学风范相通。这是因为宫词以描写宫廷生活为主,易触犯统

---

① 陶文鹏等:《唐诗三百首新译》,北京出版社1993年版,第528页。

② 同上书,第528页。

治者禁忌，稍有不慎，便可能会招来不测之祸。一方面，后妃宫女之怨情必与皇帝和得势得宠者有关，其“怨情”自然是敢怒而不敢言的。另一方面，皇宫大院，幽深森严，宫廷生活更是秘而不宣，非寻常百姓所能了解，否则会罹祸得罪。如宋李焘云：“承恭（孔承恭）河南人。太祖时献宫词，托意求进用，太祖怒其引喻非宜，免归田里。”①再如王建之几乎引来祸患的例子。阮阅《诗话总龟》云：

唐王建以宫词名家，本朝王岐公亦作宫词百篇。不过述郊祀、御试、经筵、翰苑、朝见等事。至于宫掖戏剧之事，则秘不得传，故诗词中亦罕及。若建者乃内侍王守澄之宗侄，得宫中之事为详。如“丛丛洗手绕金盆，旋拭红巾入殿门。众里遥看新橘子，在前收得便承恩。”又云：“避脱昭仪不掷卢，井边含水喷鸦雏。内中数日多呼唤，写得滕王蛱蝶图。”如此之类，非守澄说似，则建岂能知哉？初，守澄读建宫词，谓之曰：“宫掖之事而子昌言之，倘得罪，将奚赎？”建与之诗云：“三朝行坐镇相随，今上春宫见小时。脱下御衣先赐著，进来龙马每教骑。长承密旨归家少，独奏边机出殿迟。不是姓同亲说向，九重争得外人知。”自是，守澄不敢有言。②

宫词的“幽闭怨旷”之情感特征和“托辞与纨扇”的香草美人表现手法，使得其具有了“含蓄蕴藉，意味深长”的美学风尚。如胡仔

① 李焘：《续资治通鉴长编》卷24，文渊阁四库全书本。
② 阮阅编著，周本淳校点：《诗话总龟》，人民文学出版社1987年版，第314页。

云："诗有句含蓄者，如老杜……有意含蓄者，如《宫词》曰：'银烛秋光冷画屏，轻罗小扇扑流萤。天街夜色凉如水，卧看牵牛织女星。'"[1]又云："《宫词》云：'监宫引出暂开门，随例虽朝不是恩。银钥却收金锁合，月明花落又黄昏。'此绝句极佳，意在言外，而幽怨之情自见，不待明言之也。诗贵夫如此，若使人一览而意尽，亦何足道哉？"[2]魏庆之云："《长恨歌》、《上阳人歌》、《连昌宫词》，道开元、天宝宫禁事，最为深切。然微之有《行宫》绝句云：'寥落古行宫，宫花寂寞红。白头宫女在，闲坐说玄宗。'语少意足，有无穷之味。"[3]再如蔡正孙载评王建《宫词》："'树头树底觅残红，一片西飞一片东。自是桃花贪结子，错教人恨五更风。'陈辅之诗话云：'王建宫词，王荆公独爱此一绝，谓其意味深婉而悠长也。'"[4]等等，宫词中的名篇杰作多有此"深婉悠长"的美学意味。

王建宫词百首组诗多言宫禁故实，即"皆摭实，非凿空语"。故而具有很强的纪实性。如《诗林广记》卷六"王仲初"条云："欧阳公云：'建词多言唐宫中事，群书所缺纪者，往往见于其诗。皆摭实，非凿空语。'"周密《浩然斋雅谈》载："张枢斗南……其姑缙云夫人承恩穆陵，因得出入九禁，备见一时宫中燕幸之事，尝赋宫词七十首，尽载当时盛际，非其他想象而为者。"[5]显然，这与宫词作者多亲历或亲闻宫禁之事有关。正因宫词之"摭实"和写"宫禁

① 胡仔：《苕溪渔隐丛话》前集卷12，文渊阁四库全书本。
② 胡仔：《苕溪渔隐丛话》后集卷15，文渊阁四库全书本。
③ 魏庆之：《诗人玉屑》卷10，文渊阁四库全书本。
④ 蔡正孙：《诗林广记》卷6，文渊阁四库全书本。
⑤ 周密：《浩然斋雅谈》卷中，文渊阁四库全书本。

故实”,故其非作注则后人不能解。如明胡震亨云:“唐诗不可注也……一注诗味索然,反为蛇足耳。有两种不可不注:如老杜用意深婉者,须发明李贺之谲诡,李商隐之深僻;及王建宫词自有当时宫禁故实者,并须作注,细与笺释。”[①]可见,王建宫词如杜甫“诗史”一样,其中多含“宫禁故实”,具有很高的文献史料价值,非作注不能解。这是其价值所在。当然,其诗中故实过多,致使非作注不能解,却正应了“一注诗味索然”的说法。再加上这种宫词组诗多写富贵气和宫禁事,缺乏了“幽闭怨旷”的情感特征,终于落得“诗味索然”,没有了“幽约怨悱”和“意味深长”的美学风貌。这也是王建虽以宫词百首闻名,但却唯一两首诗尚有诗味而为人所称举的缘故。

宫词之哀怨凄婉的情感特征,使得其不免落入了“语弱轻浮”和“妩丽艳发”的绮靡风格,而终无建安风骨。如宋王楙论张祜宫词云:“陆龟蒙亦序曰:‘祜元和中作宫体小诗,辞曲艳发,及老大稍窥建安风格。’”[②]再如周煇云:“煇少小时,尝从同舍金华潘元质和人《春词》,有‘卷帘试约东君问,花信风来第几番?’之句。潘曰:‘宫词体也。语太弱则流入轻浮。’”[③]宋许顗亦云:“张籍王建,乐府宫词皆杰出,所不能追逐李杜者,气不胜耳。”[④]

---

① 胡震亨:《唐音癸签》卷32,文渊阁四库全书本。

② 王楙:《野客丛谈》卷24,文渊阁四库全书本。

③ 周煇撰,刘永翔校注:《清波杂志》,中华书局1994年版,第383页。

④ 何文焕辑:《历代诗话》(上),中华书局1981年版,第385页。

第三节　“宫词体”与宫体、花间、香奁的关系
——“宫词体”的文体风格特征

“宫词于诗中自为一体”，[①]在文体风格上与“乐府诗”、“宫体诗”、“花间派”、“香奁体”等都有相似之处，熔铸众体而自成一格，后人称为“宫词体”。宫词与乐府的密切关系前文已述，兹略。

宫词之题材性质、歌咏对象以及文体形式等方面的特征，与“宫体诗”有着许多相似之处，故而人们有时也称之为“宫体”。我们知道，梁陈宫体诗与南朝乐府小诗在题材（多描写男女爱情）和体裁（多五七言绝句小诗）上有很深的渊源关系，对照宫词与乐府的密切关系，可以称宫体诗与宫词的关系为“同源异流”。梁陈宫体诗是以描写宫廷生活和皇帝与后妃宫女之间艳情为主的，这与宫词的描写对象是相一致的，也因此，唐宋以来的宫词往往被称作“宫体”。如陆龟蒙曰：“祜（张祜）元和中作宫体小诗，辞曲艳发，及老大稍窥建安风格。”[②]陆龟蒙所云张祜之“宫体小诗”，当指其《宫词》“故国三千里，深宫二十年。一声何满子，双泪落君前”。“此诗当时传入宫中，曾为宫人广泛传唱”。[③] 王建以《宫词》百首名世，其宫词亦被称为“宫体小诗”。如元汤允谟云：“唐王建亲书宫体小诗一百二十首，盖宫词极其宛转妩丽，今人罕能

---

① 蒋寅：《金陵生小言》，广西师范大学出版社2004年版，第96页。
② 王楙：《野客丛谈》卷24，文渊阁四库全书本。
③ 陶文鹏等：《唐诗三百首新译》，北京出版社1993年版，第477页。

及。"[①]可见,元和中新乐府运动中的宫词名家王建、张祜之宫词都被称作"宫体",宫词的宫体性质在宋元便已为人所共识了。此外,宋孙应时《烛湖集》载:"胡元迈集句作宫词二百首,求题跋,为书两章:'宫体故宜供帖子,玉堂何日唤诗翁。'"[②]也可为证。当然,宫词描写"怨情"含蓄婉转、温厚和平,这与宫体描写"艳情"大胆直露、放纵淫靡又迥然不同。

宫词具有"宫体小诗"之辞曲艳发和婉转妩丽的语言风格特征,以及描写怨情和后宫宫女脂粉妆奁的起居生活内容,使得其又与花间、香奁体有相通之处。如刘克庄云:"夏英公《宫词》云:'绛唇不敢深深注,却怕香脂汙玉箫',不减香奁、花间之体。"[③]又如明宋公傅编《元诗体要》云:"宫词,诗家之大香奁也。不许村学究语为。本朝宫词者多矣,或拘于用典故,又或拘于用国语,皆损诗体。"[④]可见,宫词之与宫体、花间、香奁等文体风格相近,一方面是由于其内容上描写宫廷后妃、宫女之怨情和起居生活,一方面在于其语言风格上有花间、香奁之艳发妩丽的美学风范。

唐代宫词的繁荣和杰作辈出,使得宫词文体风格渐趋鲜明统一并完全独立定型,宋人已认可和进行总结,称之为"宫词体"。宫词从汉魏乐府发端,中唐新乐府运动中趋于定型和成熟,王建、花蕊夫人及宋代王珪等人的宫词组诗形式又使得其文体完全独立并更加兴盛,到了元明又有很大的发展。在这个漫长的演变发

---

① 汤允谟:《云烟过眼录续录》,文渊阁四库全书本。

② 孙应时:《烛湖集》卷20,文渊阁四库全书本。

③ 刘克庄:《后村诗话》卷2,文渊阁四库全书本。

④ 宋公傅:《元诗体要》卷4,文渊阁四库全书本。

展过程中,宫词不但在中国文学史尤其是诗歌史上留下了其不可磨灭的足迹,而且形成了其独特的文体特征,即“宫词体”。这是融合了宫体、花间、香奁和乐府古诗等文体特征而形成的一种独立而独特的文体。自此,历代仿效“宫词体”者不乏其人,也从侧面证明了“宫词体”的独立定型。如上引《清波杂志》称“卷帘试约东君问,花信风来第几番”之句为“宫词体也”。这是指“宫词体”具有“语弱轻浮”的语言风格特征。范纯仁有《效宫词体上文太师十绝》,[①]以歌颂文太师功绩为主,可见其所谓宫词体是指“宫词体”组诗形式和歌咏宫廷盛世富贵的内容。宋戴昺《效宫词体》云:“柳柳万丝堆怨绪,丁香百结锁愁肠。小桃先得东皇宠,莫妒东风过海棠。”[②]显然,这是指“宫词体”情感艺术上的怨愁和被妒冷落及“小桃海棠”之符合香草美人传统的表现手法。乾隆《宫词体题冷枚汉宫春晓图》三首:

柳暗花明曙景新,生绡图得汉宫春。汉宫春色寻常遍,不到金阶奉帚人。

披香殿里按云和,玉树千枝艳绮罗。为妒平阳频赐锦,选来小玉自教歌。

匀贴胭脂衬粉浓,迎风端不让芙蓉。画师恐是毛延寿,费却金钱更敛容。[③]

---

① 范纯仁:《范忠宣集》卷4,文渊阁四库全书本。

② 戴昺:《东野农歌集》卷5,文渊阁四库全书本。

③ 乾隆:《御制诗集》初集卷20,文渊阁四库全书本。

此处宫词体指描写汉宫宫廷生活、妒忌主题及妆奁失宠等。上述效“宫词体”的不同侧面，显示出了“宫词体”所独具的语言、内容上的一些特征来，即“语弱轻浮”、宫廷生活及宫女、后妃之因妒被冷落的幽闭怨旷之情等。当然，“宫词体”最典型的特征是指王建为首的宫词组诗形式。如宋蔡正孙云：“唐王建《宫词》旧跋云：‘建工为乐府歌行，思远格幽。宫词凡百绝，天下传播，效此体者虽有数家，建为之祖。’”①所谓“效此体者虽有数家”云云，当指后蜀花蕊夫人和宋初王珪等宫词百首作者。可见，“效此体者建为之祖”，当指宫词的组诗形式和宫词“多言宫中事”、“皆摭实，非凿空语”等题材内容。其后张耒有《宫词效王建》，俱是。不难看出，上述所引述效宫词体者俱为宋人，也就是说，宫词经过中唐新乐府发端，经历五代及宋初的发展，至宋代“宫词体”才完全定型独立和为人们所认可。

宫词在体裁上以绝句为主，乐府古诗为辅，但也丰富多姿，不乏长篇巨制及楚辞体、六绝、长短句等等文体形式。作为中唐新乐府运动组成部分的宫词，其众多名作中，除了元稹、白居易几首长篇之作如《上阳白发人》、《连昌宫词》等之外，主要以绝句小诗的形式出现。最著名的王建《宫词百首》也是绝句（七绝），这成为后来宫词的最主要形式宫词组诗的主体。不过，“宫词”的母体是汉魏乐府，故而乐府古诗仍要被看作是宫词体裁的重要形式。当然，除了绝句、乐府古诗和长篇排律外，也不乏诸如楚辞体、六绝和长短句等文体来丰富宫词的体裁形式。六绝，如王安石《宫

---

① 蔡正孙：《诗林广记》卷6，文渊阁四库全书本。

词》:“六宅新妆促锦,三宫巧仗丛花。一片黄云起处,内人遥认官家。”[①]此诗或以为王建宫词。楚辞体,陆游《长信宫词》“忆年十七兮初入未央”[②]诗,十六句句句为带“兮”字的楚辞体。长短句词。我们知道,王建是宫词的代表典范,更为重要的是,其《宫中调笑》“团扇”词不但开文人词的先河,而且从内容题名上都继承了《班婕怨》这一宫词之祖。可以说,从宫词和长短句词都名为词以及写怨情之情感特征上来看,王建《宫中调笑》“团扇”词的地位和作用是令人瞩目和值得研究的。其他如《乐府诗集》“近代曲辞”中标为李白的《宫中行乐词》和令狐楚、张仲素的《宫中乐》都是如此。还有《全闽诗话》卷十载孙道绚“宫词《如梦令》”云云;《五代诗话》卷一载李后主“《玉楼春》宫词”云云;《草堂诗余》载李后主《玉楼春》宫词“晚妆初了明肌雪”一首,和凝《小重山》宫词“春入神京万木芳”,韦端己宫词“一闭昭阳春又春”等等。虽然在上举长短句词中,“宫词”列词牌下,是以题名出现的,也就是标明此词描写内容题材的,但我们知道,宫词体本身便是一种特殊的文体,宫词既是题名,也是文体名称,是诗题兼文体名称的结合体,这在古代文体史上并不多见。其文体性质更多体现在其描写情感内容对象和艺术特色上,而并非以其文体的体裁形式为主要特征,这和帖子词一样,因为它们本身便主要是属于“诗体”或者说绝句诗中的一种,是由题材内容和描写对象及艺术特色的不同而独具“宫词体”特征的。

---

① 李壁:《王荆公诗注》卷40,文渊阁四库全书本。

② 陆游:《剑南诗稿》卷4,文渊阁四库全书本。

关于宫词的作者范围，主要有三种，而且条件颇严。一是宫词描写的对象后妃宫女本人。如汉班婕妤既肇其端也为此作者的典范。二是以新乐府运动为契机的文人之作。如张、王、元、白等，这是宫词创作的主流，杰出作品也多出其手。三是宫词组诗作者。因为宫词组诗多具有“言宫禁事”和“宫禁故实”的写实特征，故而要求宫词作者要熟悉和多闻多见宫中之事。前述王建和张枢便是。如前引《诗林广记》和《唐音癸签》对王建宫词的评论和周密《浩然斋雅谈》卷中所谓张枢“入宫禁，备见宫中燕幸之事，非其他想象而为者”云云。再如金元好问称朱宫教澜“以尝入教宫掖，故集中多宫词”。[①] 蒋寅先生云：“《全闽明诗传》卷五十四载高兆撰《启祯宫词》并注一百首，所载两朝宫闱秘事，皆非外臣闻见所及，可为修史之助。”[②]而后蜀花蕊夫人作宫词百首，则因其后妃身份而使其更符合此写作特征。其他诸如御制、太监、皇后等亲历宫廷之人也不乏宫词之作，更是此一作者群的代表。如明李蓑编《宋艺圃集》卷十五有徽宗皇帝御制宫词 18 首。《彦周诗话》也载政和御制宫词 300 首。明毛晋编《二家宫词》录有徽宗宫词 300 首，宁宗杨皇后宫词 50 首。厉鹗《宋诗纪事》云王仲（宦官）“元丰初内官，效王建作宫词百首以献太皇太后生日诗”。

在宫词的发展史上，有许多作者因宫词而闻名于世，或因一首而冠绝全唐，或因百首而流传后代，如杜荀鹤。郑方坤云：“杜荀鹤诗鄙俚近俗，惟宫词为唐第一。云：‘早被婵娟误，欲妆临镜

---

① 元好问：《中州集》卷 7，文渊阁四库全书本。

② 蒋寅：《金陵生小言》，广西师范大学出版社 2004 年版，第 96 页。

慵。承恩不在貌,教妾若为容。风暖鸟声碎,日高花影重。年年越溪女,相忆采芙蓉。'故谚云:'杜诗三百首,惟在一联中。风暖鸟声碎,日高花影重。'是也。"①其他如朱庆余、薛逢、张祜等都可以说是以一首宫词而闻名的。而王建、花蕊夫人、王珪等则以百首宫词闻名于世。

宫词不但在唐宋人别集中多有其作,而且总集中也地位不轻。除了《三家宫词》、《二家宫词》、《五家宫词》等专集外,其他历代总集中都选有宫词。诸如《万首唐人绝句》、《江湖小集》、《三体唐诗》、《两宋名贤小集》、《唐诗品汇》、《石仓历代诗选》、《古诗镜》、《御定全唐诗》、《御定佩文斋咏物诗选》、《御选宋金元明四朝诗》、《明诗综》、《宋元诗会》、《元诗选》、《御定全唐诗录》等诗歌总集中,宫词所占篇幅都极为可观,足见宫词在中国古代诗史中的地位和价值。此外,家喻户晓的《唐诗三百首》中所选宫词,计有杜荀鹤《春宫怨》、薛逢《宫词》、张祜《宫词》、王昌龄《春宫曲》、顾况《宫词》、白居易《后宫词》、朱庆余《宫词》7 首之多,宫词在唐代这个诗的王国的地位和价值,于此也可见一斑。

---

① 郑方坤:《五代诗话》卷 2,文渊阁四库全书本。

附录　辨体的哲学思辨观和文学方法论

文体的多义性决定了“辨体”也是一个具有复杂内涵的文论范畴。辨体范畴或命题无论从思维方式或概念的发展演变，都深深植根于中国古代传统文化哲学的土壤之中。辨体的思维方式和思辨特点最直观、最直接地体现在“辨”字本身上。辨同异（即分界限），辨源流正变、高下优劣、是非邪正、尊卑雅俗等等，是辨体的主要功能和特征。“辨体”一词连用最早出现在《周礼》中，其辨贵贱尊卑，是儒家礼制之等级制度的写照。辨体的辨同异、源流、古今、正变、优劣、是非等思辨特征有其更深刻的哲学基础，受到诸如古代朴素辩证法、名实之辨、类合同异等传统哲学思想的濡染。辨体的学术渊源与中国古代目录书、史书、佛典等密不可分。辨体又指辨字书、史书、韵书之体。而中国古代文论（文体）专著和总集编纂则是辨体理念最集中的体现。辨体的辩证思维方式不但使辨体内涵显示了哲学上的思辨特征，而且在文学上具有方法论上的重大意义。这可以从与辨体相关的诸如总集的编纂、文论体系的构建、文学思潮和流派的论争、创作批评鉴赏的依据等几方面来论证分析。

第一节　辨体的文化学术渊源及哲学思辨观

作为中国古代文体学的基本理论范畴,"辨体"概念和"文体"一样内涵复杂,辨体理论与批评体系也因此显得庞大而严密。但其主要功能和目的则在于"划界限"和"比高下",即"通过对某一体裁、文类或文体之一定的内在质的规定性掌握,划分各种体裁、文类或文体之间的内外界限,划分各种体裁、文类或文体内部的源流正变的界限,并赋予高下优劣的价值判断和价值评价"。[①]也就是说,辨同异(即分界限),辨源流正变、高下优劣、是非邪正、尊卑雅俗等等是辨体的主要功能和特征。这样,以辨体的辩证思考"为基本起点",便会纲举目张,驭繁就简,从而使辨体成为古代文体学中"贯通其他相关问题的核心问题"。[②]

对于辨体的内涵,傅刚和吴承学两位学者所持观点基本相同。傅刚认为文体辨析有三个基本内容:一是辨文体的类别;二是辨文体的风格;三是辨文体的源流。[③] 吴承学先生则分别以"划界限"和"分高下"来概括。若从辩证思考的角度来看,这三方面内容都具有思辨特征而略有不同。所谓辨文体的类别、风格及划界限者是辨同异,即辨文体类别、风格之间的同异界限而分类归类。而辨源流、分高下则是对辨体之辨源流正变、高下尊卑、是非优劣、邪正雅俗、古今名实、贵贱利病、主次轻重、得体失体、文质

---

① 吴承学、沙红兵:《中国古代文体学学科论纲》,《文学遗产》2005 年第 1 期。

② 吴承学、沙红兵:前引文。

③ 傅刚:《昭明文选研究》,中国社会科学出版社 2000 年版,第 53 页。

古律等等哲学思辨特征的概括，含有更多的价值评判。

辨体的思维方式和思辨特点最直观、最直接地体现在“辨”字本身上。辨的本义是判别、区分。《经典释文》：“辨，别也。”[①]《群经音辨》：“辨，判也。”[②]此义推衍组合为分辨、辨别、辨析、辨解、划分、区别等，其本身便具有极强的思辨特征。如《易·同爻》：“君子以类族辨物。”清刁包注曰：“君子观同人之象而以类族辨物。类族辨物，程朱说大异。试从程说推之，盖统人物而言也。以人之类言之，士有士类，农有农类；以物之类言之，牛有牛类，马有马类，此之谓类辨。以人之族言之，张为张族，王为王族；以物之族言之，毛为毛族，羽为羽族，此之谓族辨。各以其族类辨物之异同也。又尝从朱说推之，类族属人，辨物属物，类其族之源流以正名分，秩然其不可乱也。辨其物之差等，以别名器，凛然其不可假也。”[③]《左传·成公十八年》：“周子有兄而无慧，不能辨菽麦。”[④]这里指类聚区分，辨别同异，即划分界限。又如陆九渊《与朱元晦》：“辨是非，别邪正，决疑似。”[⑤]范仲淹《上张右丞书》：“至于稼穑之难，狱讼之情，政教之繁简，货殖之利病，虽不能辨，亦尝有闻言。”[⑥]这里指辨别是非优劣高下尊卑等价值判断。辨又通

① 陆德明：《经典释文》卷1，四库全书本。
② 贾昌朝：《群经音辨》卷2，四库全书本。
③ 刁包：《易酌》卷3，四库全书本。
④ 杜预注、唐陆德明音义、唐孔颖达疏：《春秋左传注疏》卷28，四库全书本。
⑤ 陆九渊：《象山集》卷12，四库全书本。
⑥ 范仲淹：《范文正集》卷8，四库全书本。

辩，清朱骏声《说文通训定声·坤部》："辩，假借为辨。"[1]《周易要义》："君子以辨上下定民志。"孔颖达疏："君子法此履卦之象，以分辨上下尊卑，以定正民之志意，使尊卑有序。"[2]综上所述，"辨"字体现了主体辨者之辨"同异、是非、邪正、繁简、利病、上下、尊卑"等的辩证思维方式。这里，辨是主体的思维方式、思辨特征；体是客体的存在方式，即文体是核心。也就是说，"辨体是主客体相互依存的活动。辨不仅是方法，而且也是思维和观念；不仅是过程，而且也是结果；不仅是理性的思辨，而且是感性的领悟"。[3]

从深层渊源上来说，中国传统文化哲学才是孕育辨体理论范畴的母体。辨体之名称内涵更多从传统文化中演变而来。其思维思辨特征尤得益于传统哲学的辩证思维方式的滋养。正如党师圣元先生在《中国古代文论范畴研究方法论管见》一文中指出："将传统文论范畴与传统文化哲学范畴联系起来作整体考察，尤其是考察文化哲学范畴向文论范畴汇通、演变的过程，从文化哲学的高度来研究问题，才能搞清楚一个文论范畴产生、形成及发展的全过程，才能对该范畴的义理有一个透彻的认识，并深刻领悟该范畴所代表的审美意识所蕴涵着的深厚的文化哲学精神。"[4]作为文论范畴和理论体系，辨体也不例外，而且更适用于此，也只有用这种方法，才能真正地领悟其辨"同异、源流、正变、古今、本

---

① 参见《汉语大字典》(缩印本)，湖北辞书出版社，四川辞书出版社 1992 年版，第 1682 页。

② 魏了翁：《周易要义》卷 1 下，四库全书本。

③ 张利群：《辨味批评论》，广西师范大学出版社 2000 年版，第 173 页。

④ 党圣元：《中国古代文论范畴研究方法论管见》，《文艺研究》1996 年第 2 期。

末、体用、优劣、高下”之辩证思维方式和哲学思辨特征。这是中国古代文论研究的方法论问题，李春青先生也云：“从方法论角度看，中国古代文论研究的入手处常常不应是诗文作品，也不应该是诗文理论本身，而应该是特定的哲学、道德、政治观念。”[①]也就是说，辨体不但萌蘖于中国传统儒家文化中，与诸如《礼》、《易》等血脉相连，而且其辩证思维方式和思辨特征更是借鉴、沿袭了传统哲学中诸如《易》、《荀子》、老庄、董仲舒等的辩证思想。下面就辨体与传统文化和哲学的渊源关系上分别加以论述。

首先，辨体之辨白是非优劣是儒家礼制上下尊卑关系的反映。辨体一词连用最早出现在《周礼》中，是儒家礼制之等级制度的写照。《周礼》：“内饔掌王及后、世子膳羞之割烹煎和之事，辨体名肉物，辨白品味之物。”郑玄注曰：“体名，背、胁、肩、臂、臑之属。”[②]宋易祓《周官总义》卷三注云：“牲有体名，或贵或贱，当辨其可用而去其不可用。”[③]对此，清毛奇龄《辨定祭礼通俗谱》卷四解释得尤为透彻：“周礼注……士丧礼分七体，特牲分九体，少牢分十一体，其中有肩、胉、髀、胁、脊、臂、臑、肫、脡、骼诸名总是，以前后左右分贵贱之等。周礼‘内饔掌割烹’有‘辨体’，谓解羊豕之体而辨其前后左右横直之不同。今其制已不可考则，但分六体，而以前为贵，以后为贱，而次第献之，似亦不失礼意矣。”[④]其中，“辨体谓解羊豕之体而辨其前后左右横直不同”云云，与后世

① 李春青：《宋学与宋代文学观念》，北京师范大学出版社2001年版，第8页。
② 郑玄注、唐陆德明音义、唐贾公彦疏：《周礼注疏》卷4，四库全书本。
③ 易祓：《周官总义》卷3，四库全书本。
④ 毛奇龄：《辨定祭礼通俗谱》卷4，四库全书本。

以人体喻文体有相似之处,其承沿之迹很明晰。吴承学先生《生命之喻》一文即以辨生命之体而喻辨析文体,所谓:"文之有体,即犹人之有体也……如果人体是显性形态,文体就是隐性形态。人体是文体的象征,文体是一个和谐统一的有生命的整体。"[①]这样,从哲学思辨的角度来看,不但"辨贵贱,可用不可用"体现着辩证的思考,而且"辨体谓解羊豕之体而辨其前后左右横直之不同",显然还属于形而下的有形具体的层面上,而最终的目的和功能则是上升到无形的、抽象的、形而上层面上,即以前后左右分贵贱之等。这条文献以及这种阐释可以说弥足珍贵,它可以透彻地反映本书的研究思路和宗旨。这也正是吴承学先生构建古代文体学学科时的基本内涵之一,即"古代文体学的方法论和思维方式研究,集中体现着其以辨体的辩证思考为基本起点的思路。概括起来,就是中国古代文体兼有形而上与形而下、抽象与具象于一'体'"。[②]

其次,辨体的思辨特征深受传统哲学思想的濡染滋养。上面从传统礼制文化源头上追溯了文体辨析的由来与演变,辨体已然具备了辨贵贱、同异的思辨特征。其实,辨体的辨同异、源流、古今、正变、优劣、是非等思辨特征有其更深刻的哲学基础。党师圣元先生在《中国古代文论范畴研究方法论管见》一文中指出:"这是因为在传统文学理论批评的发轫时期,先秦诸子的文艺思想与文艺批评方法与他们的哲学思想及其方法论原则是浑然一体的,

① 吴承学:《生命之喻》,《文学评论》1994 年第 1 期。

② 吴承学、沙红兵:《中国古代文体学学科论纲》,《文学遗产》2005 年第 1 期。

影响所及，自然形成了传统文论及其范畴与传统哲学及其范畴互相渗透、互相交融的特点。”[①]落实到辨体这一文论范畴上，最主要的有《周易》、《老子》、《庄子》、《易传》之朴素辩证法和相对主义，孔子、荀子、董仲舒的正名思想和名实之辨以及墨子、荀子、《易传》之类合、辨有与同异等哲学思想。朴素辩证法为人所熟知，兹略。先看孔子、董仲舒的正名思想。孔子正名的具体内容就是“君君、臣臣、父父、子子”（《论语·颜渊》）。董仲舒则云：“名之审于是非也，犹绳之审于曲直也”，“事各顺于名，名各顺于天”（《深察名号》）。“正名的思想在董仲舒这里和孔子那里一样，都是为了维护上下尊卑的等级制的。”[②]其后汉末魏初之综核名实、清谈、人物品评及玄学的兴起，对六朝文体学兴起、文体辨析之盛产生了深远影响。这种名实之辨无疑是刘勰文体论中“释名以彰义”的滥觞。

接下来，分析墨子、荀子、《易传》中的类合、同异思想对辨体观念的影响。关于墨子所谓“同类之同、同名之同，是之同、然之同，有非之异、有不然之异”云者，党圣元先生分析到：“类主要分析同与异，尤为重要的是类同与不类，即根据事物种属包含关系进行推论、论证。”[③]此外，荀子所谓“不异实名”、“辨异而不过、推类而不悖”、“举统类而应之”以及易传之“天地睽而其事同也，男女睽而其志通也，万物睽而其事类也”、“君子以同而异”云云，以及董仲舒之“以类合之，天人一也”（《春秋繁露·阴阳义》）等命

① 党圣元：《中国古代文论范畴研究方法论管见》，《文艺研究》1996年第2期。

② 任继愈主编：《中国哲学发展史》，人民出版社1994年版，第127页。

③ 党圣元：《中国古代文论范畴研究方法论管见》，《文艺研究》1996年第2期。

题,都对中国古代文体分类和辨别同异产生了深远的影响。这些都是以类聚区分为特征的总集编纂的渊薮。此外《周易衍义》所云"辨吉凶、参阴阳以辨君子小人","十一爻以辨体,发挥乾坤",[①]以及《尚书古文疏证》之"明主客君臣之位,顺五行生克之序,辨体用常变之殊"[②]等等,其所谓辨吉凶、阴阳、君子小人、乾坤、主客君臣、生克、体用常变云云,都可见"辨体"之辩证思维方式及与上述诸"体"之"辨"的渊源关系。

第三,辨体又指辨字书、史书、韵书之体。(1)辨体与书法的关系。曾巩《相国寺维摩院听琴序》云:"书非能肆笔而已,又当辨其体而通其意。"[③]郑樵《寄方礼部书》亦云:"秦始皇混一车书,然后天下之书皆用秦体。以其体有不同,故曰辨体。学者所以不识字书义,缘不知正义与借义也。……正体、借体,体者,本无所取义,但辨异其体耳。"[④]这里,辨体是根据书体的不同而辨别其同异及正体与借体。(2)辨体与史书的关系。浦起龙《史通通释》卷一云:"按此篇序也,史体尽此六家。其辨体也,一《尚书》,记言家也;二《春秋》,记事家也;三《左传》,编年家也;四《国语》,国别家也;五《史记》,通古纪传家也;六《汉书》,断代纪传家也。"[⑤]这是根据史书编纂体例之不同来辨析"史体"。(3)辨体与韵书的关系。《唐书·艺文志》载僧猷智《辨体补修加字切韵》五卷(已

① 胡震:《周易衍义》卷16,四库全书本。
② 阎若璩:《尚书古文疏证》卷7,四库全书本。
③ 曾巩:《元丰类稿》卷13,四库全书本。
④ 郑樵:《夹漈遗稿》卷2,四库全书本。
⑤ 浦起龙:《史通通释》卷1,四库全书本。

佚)。又宋丁度《集韵》卷一云:“韵主审音,不主辨体。”[①]佛教辨体也不乏其例。此外,辨体的学术渊源还可以追溯到中国古代目录书、史书、佛典等典籍的编纂。[②] 经过上述传统文化哲学的长久的濡染孕育,随着文体类目的日益增长,迎来了总集编纂和文体理论著述的高峰,文体分类和文体辨析及其思辨特征也因而突显起来。

最早真正文学意义上的辨体,即“文体辨析”,当是唐释皎然《诗式》之“辨体有一十九字”。在这里,“辨体”指辨别诗歌的风格特征。到了宋代,辨体渐成风气,正如祝尧《古赋辨体》卷八“宋体”所云:“宋时名公于文章必辨体,此诚古今的论。”[③]但直以“辨体”为名的惟严羽《沧浪诗话》。严氏屡言“辨尽诸家体制”、“于古今体制,若辨苍素”、“为能别得体制否”、“辨家数如辨苍白”等,[④]实开后世“辨体”先声,其后元明以来,不独以辨体为名的总集林林总总,如元祝尧《古赋辨体》,明许学夷《诗源辨体》,吴讷《文章辨体》,徐师曾《文体明辨》,贺复征《文章辨体汇选》等,即直以“辨体”批评也蔚为大观。如:

> 学《易》莫要于玩象,学诗莫要于辨体。……辨体不清则诠义不澈。[⑤]

---

① 丁度:《集韵》卷1,四库全书本。

② 傅刚:《昭明文选研究》,中国社会科学出版社2000年版,第52—69页。

③ 祝尧:《古赋辨体》卷8,四库全书本。

④ 严羽:《沧浪诗话》,清何文焕:《历代诗话》(下),中华书局1981年版,第685—708页。

⑤ 章潢:《图书编》卷11,四库全书本。

是以二南无分音，列国无辨体，两雅可小大而不可差异，三颂可今古而不可选列。[①]

诗文各有体，不辨体而能有得者，未之前闻也。[②]

作古诗先须辨体。[③]

文胡可以无体？抑胡可以弗辨也？[④]

文莫先于辨体——明人陈洪谟语[⑤]

上述严羽、许学夷及辨体总集著者重在辨是非、优劣、源流、古今、正变等，而罗列明代人诸如车大任、王世懋等则重在辨诗文体制同异。

综上所述，辨体范畴或命题无论从思维方式或概念的发展演变，都深深植根于中国古代传统文化哲学的土壤之中。同时，辨体的丰富内涵及理论形态和体系都与此息息相关，并因此显得极富张力。

第二节　辨体的文学方法论意义

辨体的辩证思维方式不但使辨体内涵显示了哲学思辨上的统一特征，而且在文学上具有方法论上的重大意义。这可以从与

① 刘绘：《答乔学宪三石论诗书》，黄宗羲：《明文海》卷160，四库全书本。
② 车大任：《又答友人书》，黄宗羲：前引书卷161。
③ 王世懋：《秇圃撷余》，四库全书本。
④ 余孟麟：《文章辨体序》，贺复征《文章辨体汇选》卷首，四库全书本。
⑤ 徐师曾撰，罗根泽校点：《文体明辨序说》，人民文学出版社1962年版。

辨体相关的诸如总集的编纂、文论体系的构建、文学思潮和流派的论争、创作批评鉴赏的依据等几方面来论证。

辨体是总集编纂的选文依据和取舍标准，总集编纂则体现着编者鲜明的辨体理念。傅刚先生在《文体辨析与总集的编纂》一文中总结到："魏晋六朝时期文学总集的编纂，以文体分类从而带有辨体的目的。"《文选》、《文章流别集》的编纂体例主要是通过"类聚区分"和"区判文体"来对作品进行分类归类，体现出"辨同异"的目的和思辨特征。这是总集编纂所遵循的最基本方法。如傅刚先生认为："《文章流别集》汇各体文章为总集，体例是'类聚区分'，这自然是对文体的辨析。萧子显《南齐书·文学传论》说'仲治之区判文体'，可见以总集编选文章来辨析文体，是挚虞的一大贡献。……总集具有辨析文体的目的，唐人殷璠在《河岳英灵集叙》中阐述得甚为明白。"[①]到了唐代，殷璠编选《河岳英灵集》的辨体意图更为明确，其序云："夫文有神来、气来、情来，有雅体、鄙体、俗体。编记者审鉴诸体，委详所来，方可定其优劣，论其取舍。"[②]这时总集的纂者通过审鉴诸体之"雅俗"，进而定优劣以定取舍。虽然对雅俗论有优劣之分，但是对"古体"、"新声"则不分轩轾。如其序云："璠今所集，颇异诸家，既闲新声，复晓古体。"既能对诗从古今体辨析又能兼收并蓄。而"颇异诸家者"云云，正说明当时的总集编纂者都有强烈的"雅俗、古今"辨体意识，并成为他们编集时取舍的标准和方法。

---

① 傅刚：《昭明文选研究》，中国社会科学出版社 2000 年版，第 94 页。

② 殷璠：《河岳英灵集序》，周祖譔编选：《隋唐五代文论选》，人民文学出版社 1990 年版，第 143 页。

到了宋代，随着印刷术的发明和统治者崇文重学政策的推行，诸如《文苑英华》、《唐文粹》、《宋文鉴》、《文章正宗》等大型官刻私人总集大量出现，体例上大多受《文选》影响，编选宗旨和标准则有很大不同。姚铉《唐文粹序》有鉴于唐代总集之"率多声律，鲜及古道"，乃"遍阅文集，耽玩研究"，编选出《唐文粹》，其体例"以类相从，各分首第门目，止以古雅为命，不以雕篆为工，故侈言蔓辞，率皆不取"。[①] 编纂时以"声律、古道"、"古雅、雕篆"，即"质与文"、"文与道"、"古今"、"雅俗"等为取舍标准。《文章正宗》也以"得源流之正"和"其体本乎古"[②]者为选文依据。

元明以来，直接以"辨体"为名的文体总集蔚为大观，使总集之"辨体"的功能愈加显豁。如元祝尧《古赋辨体》，明吴讷《文章辨体》、徐师曾《文体明辨》、贺复征《文章辨体汇选》、许学夷《诗源辨体》等，辨体内容上大多在"古今雅俗源流正变"之辨上。如《古赋辨体》序云："古今之赋甚多，愚于此编非敢有所去取，而妄谓赋之可取者止于此也。不过载常所诵者尔。其意实欲因时代之高下，而论其述作之不同；因体制之沿革，而要其指归之当一。庶几可以由今之体以复古之体云。"明确以"古赋、律赋"之古今辨体来进行编选和评论。辨古今体之外，也辨源流正变，如《古赋辨体》之《四库提要》云："其论司马相如《子虚》《上林》赋，谓问答之体，其源出自《卜居》《渔父》，宋玉辈述之，至汉而盛。首尾是文，中间是赋，世传既久，变而又变。其中间之赋，以铺张为靡，而专于词者，则流为齐梁

① 姚铉：《唐文粹序》，陶秋英编选，虞行校订：《宋金元文论选》，人民文学出版社1984年版，第37页。

② 真德秀：《文章正宗纲目》，陶秋英编选，虞行校订：前引书，第378页。

唐初之俳体；其首尾之文，以议论为便，而专于理者，则流为唐末及宋之文体。于正变源流亦言之最确。”[①]其以辨体名书及辨体理念都开明代吴讷、徐师曾、许学夷、贺复征等辨体总集的先河。

《文章辨体》、《文体明辨》两部重要文体总集，“和挚虞的《文章流别集》相仿，两书都是一方面分体选文，一方面即依体序说”，是继《文心雕龙》后“文体论的集大成之作”。[②] 因而如前傅刚所言，也属于“总集具有辨析文体的目的”的典范。《文章辨体》主要是辨文体的古今源流正变。一方面，有鉴于《文章正宗》虽“义例精密”，“然每类之中，众体并出，欲识体而卒难寻考”。[③]（《文章辨体凡例》）从而分体类59目，来辨析文体类别。一方面，辨古今正变。如《凡例》云：“四六为古文之变；律赋为古赋之变；律诗杂体为古诗之变；词曲为古乐府之变。西山《文章正宗》凡变体文辞，皆不收录；东莱《文鉴》，则并载焉。今遵其意，复辑四六、对偶及律诗、歌曲共五卷，名曰《外集》，附于五十卷之后，以备众体，且以著文辞世变。”可见，严分古今正变，并以内外集各50卷和5卷之悬殊来分文体正变。其书名为“辨体”，是指“辨体云者，每体自为一类，每类各著序题，原制作之意而辨析精确，一本于先儒成说，使数千载文体之正变高下，一览可以见，是盖有以备《正宗》之所未备而益加精焉者也”。[④]（彭时《文章辨体序》）可见，吴氏所

---

① 祝尧：《古赋辨体》，四库全书本。

② 吴讷著，于北山校点：《文章辨体序说》，徐师曾著，罗根泽校点：《文体明辨序说》，人民文学出版社1962年版，第1页。

③ 同上书，第9页。

④ 同上书，第7页。

谓“辨体”正是辨文体“正变高下”之意。徐师曾沿袭吴讷之辨体观而有所发明。如辨古今正变,则云“至如以叙事为议论者,乃议论之变;以议论为叙事者,乃叙事之变。谓无正变不可也。又如诏、诰、表、笺诸类,古以散文,深纯温厚,今以俪语,秾鲜稳顺,谓无古今不可也”。“盖自秦汉而下,文愈盛;文愈盛,故类愈增;类愈增,故体愈众,故辨当愈严”。[①] 即便古今文体和文体类别,也从叙事、议论之文体表现方式上来辨正变。此外,其“唯假文以辨体,非立体而选文”更成为古代文体总集选编分类和辨体的根本准则。郭英德先生对此有深入研究。[②]

在中国古代最具理论体系的几部文论典籍中,辨体理念都是构筑这些文学理论批评著作的核心和基础,这从六朝《文心雕龙》、《诗品》,到宋、明《沧浪诗话》、《诗源辨体》以及清代《原诗》等,都无一例外。傅刚先生认为,南朝辨析文体的专著主要是任昉的《文章缘起》和刘勰的《文心雕龙》。《文章缘起》原名《文章始》,即从书名已自能看出其追溯辨析文体源流之意图。关于《文心雕龙》,傅刚云:“文体是基础,辨清了各文体的特点、界限,也就辨清了各文体的风格要求,这就是《文心雕龙》必须先辨析文体的原因。……自汉魏以来,文体辨析到刘勰这里才真正地系统化,理论化,从而更具有指导意义。”[③]其文体辨析可从三方面来看。(1)文笔之辨。辨体史上的最大学案便是南朝的“文笔之辨”,这

① 吴讷著,于北山校点:《文章辨体序说》,徐师曾著,罗根泽校点:《文体明辨序说》,人民文学出版社 1962 年版,第 78 页。

② 郭英德:《中国古代文体学论稿》,北京大学出版社 2005 年版,第 75 页。

③ 傅刚:《昭明文选研究》,中国社会科学出版社 2000 年版,第 92 页。

以颜延之为最早，刘勰最为系统。如《文心雕龙·总术篇》云："今之常言，有文有笔。以为无韵者笔也，有韵者文也。"《序志》云："若乃论文叙笔，则囿别区分。……上篇以上，纲领明矣。"[①]在其文体论20篇中，自《明诗》至《谐隐》为有韵之文，自《史传》至《书记》为无韵之笔。"刘勰的这种区分，与当时的文体辨析是相合的。"[②](2)源流名实之辨。刘勰文体论的研究思路和辨析文体的基本方法是"原始以表末，释名以彰义，选文以定篇，敷理以举统"。其中，"原始以表末是追溯源流的工作；释名以章义是综核名实，分辨内涵外延的工作"。[③] 敷理以举统是指明大体，写作时如何"得体"以防"失体"的工作。(3)辨析相近文体之间的细微差异，即辨同中之异。文体论中如颂赞、祝盟、铭箴、诔碑、哀吊、论说、诏策、檄移、章表、奏启、议对等每一篇两两相论，其旨是在辨同异的，即辨析相近文体之间的细微差异。如《颂赞》云："原夫颂惟典雅，辞必清铄。敷写似赋，而不入华侈之区；敬慎如铭，而异乎规戒之域。"不但辨颂与赋铭的区别，而且说明"赞"与颂的细微差别，即赞乃"颂体以论辞……及景纯注雅，动植必赞，义兼美恶，亦犹颂之变耳。……发源虽远，而致用盖寡，大抵所归，其颂家之细条乎？"可以说是辨析毫厘，对相似文体的写作指导尤为重要。这种两两相对的相近文体之辨析和对举，当源自于曹丕《典论·论文》之四科八体之说，即所谓："奏议宜雅，书论宜理，铭诔

① 刘勰著，范文澜注：《文心雕龙注》，人民文学出版社1958年版，第655、725页。

② 傅刚：《昭明文选研究》，中国社会科学出版社2000年版，第88页。

③ 同上书，第92页。

尚实，诗赋欲丽。”

钟嵘《诗品》所选录品评者“止乎五言”，故而其辨体便没有《文章缘起》和《文心雕龙》之辨析文体体类的一面，其文体内涵主要指风格体貌。其辨体理念主要可从以下三个方面来分析。首先，辨析源流正变。钟嵘品第诗人，注重从作家的诗歌风格特点和体制之相似来判断历代诗人的源流继承关系。钟嵘辨源流以国风、离骚、小雅为源，对历代诗歌辨风格同异而附于其后。“钟嵘把五言诗的作者分成三系：源出《国风》的一系，源出《小雅》的一系，源出《楚辞》的一系。”①通过对历代诗人诗作的风格特征进行辨析，以上述三系为源流标准进行归类依附，从而见其继承关系。如云古诗“其体源出《国风》”，李陵诗“其源出于《楚辞》”，阮籍诗“其源出于《小雅》”云云，俱是。其次，辨彰清浊，显示优劣。钟嵘针对陆机《文赋》、李充《翰林论》、挚虞《文章流别志》等文论著作的文体观缺陷，即：“观斯数家，皆就谈文体，而不显优劣。至于谢客集诗，逢诗辄取；张隐《文士》，逢文即书；诸英志录，并义在文，曾无品第。”提出了自己的辨体理念是“欲辨彰清浊，掎摭利病”，“这里说明《诗品》与各家文论及诗文选集不同，即在于它的‘辨彰清浊，掎摭利病’”。② 第三，“三品升降”，辨高下尊卑。钟嵘根据对历代作家作品优劣得失的辨析评论，在源流、优劣、清浊、利病的思辨方法指导下，将 121 个诗人品第高下

① 王运熙、顾易生主编：《中国文学批评史新编》（上册），复旦大学出版社 2001 年版，第 160 页。

② 钟嵘著，吕德申校释：《钟嵘〈诗品〉校释》，北京大学出版社 1986 年版，第 101 页。

分为上中下三品。这种分品论人的作法,一方面受古代文化学术传统的影响,即《诗品序》所谓"昔九品论人,七略裁士"。这是指班固《汉书·古今人表》分九品论人和刘歆《七略》分流派来叙述介绍过去的学术。一方面受汉魏以来品评人物的时代风气影响。当然这种品第高下尊卑的做法,正是上文所述中国传统儒家礼制高下尊卑贵贱在辨体方面的体现。

《文心雕龙》、《诗品》两部文论巨著之"辨源流正变,第甲乙优劣"的辨体理念,清章学诚和四库馆臣都有所总结。如《诗品》之《四库总目提要》云:"磓究文体之源流而评其工拙,嵘第作者之甲乙而溯厥师承,为例各殊。"[①]章学诚《文史通义·诗话篇》云:"《文心》体大而虑周,《诗品》思深而意远。盖《文心》笼罩群言,而《诗品》深从六艺溯流别也。"[②]二书虽"为例各殊",但以辨体贯穿全书的理念则是相通的。

宋代严羽《沧浪诗话》以"辨白是非,定其宗旨"这一独特的辨体批评方法为主线,一脉贯穿于其整个理论体系。在"辨体"理念的笼罩之下,诸如"熟参、妙悟、兴趣、以盛唐为法、以禅喻诗"等重要概念范畴都被聚拢在它的周围,互为参照印证,从而使辨体批评成为理解这些概念范畴及整个理论体系的关键。严羽辨体理念有三:其一,"辨白是非,定其宗旨"。严羽辨体批评内蕴之一,便是"辨尽诸家体制","于古今体制,若辨苍素,甚者望而知

---

① 钟嵘著,吕德申校释:《钟嵘〈诗品〉校释》,北京大学出版社1986年版,第228页。

② 章学诚著,叶瑛校注:《文史通义校注》(上册),中华书局1985年版,第559页。

之”。认为“辨家数如辨苍白,方可言诗”。其二,尊体得体,本色当行。所谓尊体,是指无论评文作诗,都要“先体制而后文之工拙”。所谓得体,是针对苏、黄、江西“以文为诗”的宋诗之弊而严辨诗文界限,要求创作须本色当行,得诗之体,即《答吴景仙书》所云:“又谓盛唐之诗‘雄深雅健’,仆谓此四字但可评文,于诗则用‘健’字不得。不若《诗辨》‘雄浑悲壮’之语为得诗之体也。毫厘之差,不可不辨。”第三,风格之辨。根据时代、作者、风格的差异,分别从“以人而论”和“以时而论”之角度来辨析作家、时代、流派风格。

明代许学夷《诗源辨体》认为“诗有源流,体有正变”(《诗源辨体自序》),故以辨体名书,以“辨源流正变”为主线,让辨体理念贯穿全书。如《诗源辨体凡例》就反复申述:

> 此编以“辨体”为名,非辨意也,辨意则近理学矣。
>
> 此编以“辨体”为主,与选诗不同。故汉、魏、六朝、初、盛、中、晚唐,盛衰悬绝,今各录其时体,以识其变。
>
> 此编鲍照、谢朓、沈约、王融古诗渐入律体者录之,高适、孟浩然、李颀、储光羲古诗杂用律体者不录。盖鲍照诸公当变律之时,录之以识其变;高适诸公当复古之后,谓复古声,非复古体也。
>
> 此编凡六朝、唐代拟古等作不录。盖此编以辨体为主,拟古不足以辨诸家之体也。
>
> 此编或疑元和诸子纂录过多,不免变浮于正。然此编以辨体为主,元和诸子,一一自立门户,既未可缺,其篇什恒数

倍于初、盛，则又不可少，正欲学者穷极其变，始知反正耳。

此编唐人惟六言及七言排律不录，非正体也。[①]

明代辨体文章总集如吴讷《文章辨体》、徐师曾《文体明辨》、贺复征《文章辨体汇选》等集中出现，一时形成了一个以“辨体”为主流的文学思潮。许学夷《诗源辨体》以较为系统的辨体理念为这股思潮推波助澜，显得格外引人注目。

中国古代文学史上各种文学运动、文学思潮及文学流派的论争可以说都与“辨体”有关，或者说以“辨体”为依据。韩愈、柳宗元为代表的中唐“古文运动”，是政治运动下的文体文风改革。韩愈之提倡古文，是因为其“志在古道”（《答陈生书》），即在“文以载道”的文学思想指导下，提倡古文，反对骈文。这是在辨“文与道”和“古今骈散”的辨体理念指导下的文学运动。因为“古文不必严守对偶声律，用来说理叙事‘明道’，比骈体方便。这是古文家包括韩愈提倡古文的原因之一”。[②] 宋初古文运动虽与中唐古文运动有许多不同之处，但其在提倡古文，“力图藉以矫正西昆体片面崇尚骈俪与声律所产生的流弊”，[③]即严辨文体“骈散”和时文与古文这一点上是相同的。

北宋后期“江西诗派”是宋人“以文为诗”的代表。“江湖派”和“四灵”诗人反对“江西派”也正是着眼于诗文体制不同，各有

---

① 许学夷撰，杜维沫校点：《诗源辨体》，人民文学出版社 1987 年版，第 1 页。

② 王运熙、顾易生主编：《中国文学批评史新编》（上册），复旦大学出版社 2001 年版，第 228 页。

③ 同上书，第 288 页。

其艺术特征和写作特点的。所以,江湖派、四灵诗人对江西诗派的论争可以看作是诗文辨体理念下的文学论争。这种例子很多,如南朝“文笔之争”、“文学与非文学之争”,中唐“新乐府运动”与汉魏古题乐府之相对,宋代词学“豪放”与“婉约”风格之争,汉京都大赋与抒情小赋之别,明代拟古与反拟古运动,清代桐城派古文与骈文派之争以及近现代文言与白话、现实主义与浪漫主义之争等,都是在“辨体”理念指导下的文学运动、文学流派的论争。

自宋元以来,小说戏剧等俗文学的繁荣,在中国文体史上与诗文等雅正文体分庭抗礼,“雅俗之辨”遂愈演愈烈。闻一多说:“中国文学史的路线南宋起便转向了,从此以后是小说戏剧的时代。”[①]对此,王水照云:“而宋代文学正处于由‘雅’向‘俗’的倾斜、转变时期,在整个文体盛衰升降过程中,处于一个承前启后的阶段。……也就是说,小说和戏剧冲破了士人们忌俗尚雅的审美取向,从南宋勃然兴起,延至元明清时代,逐渐取代了传统诗词文的正统地位,以新的人物、新的文学世界和美学趣味,正式登上了中国文学的神圣殿堂的论断,还是很精辟的。”[②](《雅、俗之辨》)

此外,“传统的文学创作与批评十分重视‘辨体’”。“先体制后工拙是传统文学批评的一条普遍原则”。[③] 这“于宋为烈,甚至发展成一桩桩的文学公案”。[④] 如:

---

① 闻一多:《闻一多全集》第1册,三联书店1982年版,第201页。

② 王水照主编:《宋代文学通论》,河南大学出版社1997年版,第50—61页。

③ 吴承学:《中国古代文体形态研究》,中山大学出版社2002年新1版,第429页。

④ 王水照主编:《宋代文学通论》,第64页。

荆公评文章,常先体制而后文之工拙。盖尝观苏子瞻《醉白堂记》,戏曰:“文词虽极工,然不是《醉白堂记》,乃是《韩白优劣论》耳。”

诗文各有体,韩以文为诗,杜以诗为文,故不工尔。

论诗文当以文体为先,警策为后。

文章以体制为先,精工次之。失其体制,虽浮声切响,抽黄对白,极其精工,不可谓之文矣。(同上)

吴承学《文体学源流》一文说:“文学批评史上许多重要的论争都和文体学有直接的关系。比如诗学中的诗文之分、唐宋诗之争,词学中对‘豪放’派、‘婉约’派的轩轾,等等,无不与论争双方持不同文体观念相关。所以抓住文体学,对理解文学批评史,在某些方面可以起着纲举目张的作用。”[①]这可以说是对本节观点的一个精辟总结。可参见王水照《尊体与破体》和吴承学《辨体与破体》之研究。

① 吴承学:《中国古代文体形态研究》,中山大学出版社2002年版,第390页。

主要参考文献及征引书目

顾实:《汉书·艺文志讲疏》,上海古籍出版社 1987 年版。

刘熙著,王先谦疏证:《释名疏证补》,上海古籍出版社 1984 年影印本。

姚振宗:《隋书·经籍志考证》,中华书局 1955 年版。

刘勰著,范文澜注:《文心雕龙注》,人民文学出版社 1978 年版。

颜延之著,王利器集解:《颜氏家训集解》(增补本),中华书局 1993 年版。

任昉著,陈懋仁注:《文章缘起注》,《丛书集成初编》本。

萧统编,李善注:《文选》,中华书局影印本 1977 年版。

苏天爵:《元文类》,上海古籍出版社影印本 1993 年版。

蔡邕:《独断》,上海古籍出版社 1990 年影印本。

程敏政:《明文衡》,上海书店 1989 年版。

姚鼐:《古文辞类纂》,上海古籍出版社 1998 年版。

永瑢等:《四库全书总目》,中华书局 1965 年版。

陆机著,张少康集释:《文赋集释》,人民文学出版社 2002 年版。

钟嵘著,陈延杰注:《诗品注》,人民文学出版社 1961 年版。

皎然著,李壮鹰校注:《诗式校注》,人民文学出版社 2003 年版。

司空图著,郭绍虞集解:《诗品集解》,人民文学出版社 1963 年版。

严羽著,郭绍虞校释:《沧浪诗话校释》,人民文学出版社 1961 年版。

黎靖德编,王星贤点校:《朱子语类》,中华书局 1986 年版。

遍照金刚著,王利器校注:《文镜秘府论校注》,中国社会科学出版社 1983 年版。

欧阳询等:《艺文类聚》,中华书局 1965 年版。

虞世南:《北堂书钞》,中国书店 1989 年影印本。

李昉等:《文苑英华》,中华书局 1990 年版。

李昉等:《太平御览》,中华书局 1985 年影印版。

李昉等:《太平广记》,四库全书本。

姚铉:《唐文粹》,浙江人民出版社影印杭州许氏园本 1986 年版。

吕祖谦:《宋文鉴》,中华书局 1992 年版。

真德秀:《文章正宗》,台湾商务印书馆四部丛刊广编本。

王应麟:《玉海》(附《辞学指南》),江苏古籍出版社、上海书店 1987 年影印本。

王应麟:《小学绀珠》,中华书局 1987 年版。

马端临:《文献通考》,台湾新兴书局 1965 年版。

晁公武:《郡斋读书志》,四库全书本。

陈振孙:《直斋书录解题》,四库全书本。

祝尧:《古赋辨体》,四库全书本。

吴讷著,罗根泽点校:《文章辨体序说》,徐师曾著,于北山点校:《文体明辨序说》,人民文学出版社 1982 年点校本。

贺复征:《文章辨体汇选》,四库全书本。

许学夷撰,许维洙点校:《诗源辨体》,人民文学出版社 1987 年点校本。

李兆洛:《骈体文钞》,四部备要本。

何文焕:《历代诗话》,中华书局 1981 年版。

丁福保:《历代诗话续编》,中华书局 1983 年版。

吴文治主编:《宋代诗话全编》,江苏古籍出版社 1999 年版。

《唐宋史料笔记丛刊》,中华书局 1981 版。

丁福保辑:《清诗话》,上海古籍出版社 1978 年版。

刘师培:《中国中古文学史讲义》,中国人民大学出版社 2004 年版。

王运熙:《中古文论要义十讲》,复旦大学出版社 2004 年版。

徐复观:《中国文学精神》,上海书店 2004 年版。

蒋述卓等:《宋代文艺理论集成》,中国社会科学出版社 2000 年版。

唐圭璋:《词话丛编》,中华书局 1986 年版。

刘大杰:《中国文学批评史》,中华书局 1964 年版。

詹瑛:《〈文心雕龙〉的风格学》,人民文学出版社 1982 年版。

王运熙:《文心雕龙探索》,上海古籍出版社 1986 年版。

蒋伯潜、蒋祖怡:《体裁与风格》,世界书局 1946 年版。

傅刚:《昭明文选研究》,中国社会科学出版社 2000 年版。

郭英德:《中国古代文体学研究论稿》,北京大学出版社 2005 年版。

吴承学:《中国古代文体形态研究》,中山大学出版社 2000 年版。

吴承学:《中国古典文学风格学》,花城出版社 1993 年版。

褚斌杰:《中国古代文体概论》,北京大学出版社 1990 年版。

汪小洋、孔庆茂:《科举文体研究》,天津古籍出版社 2005 年版。

陈望道:《修辞学发凡》,世纪出版集团、上海教育出版社 2006 年版。

程毅中:《中国诗体流变》,中华书局 1992 年版。

韦勒克、沃伦:《文学理论》,三联书店 1984 年版。

鄢化志:《中国古代杂体诗通论》,北京大学出版社 2001 年版。

李士彪:《魏晋南北朝文体学》,上海古籍出版社 2004 年版。

贾奋然:《六朝文体批评研究》,北京大学出版社 2005 年版。

童庆炳:《文体与文体的创造》,云南人民出版社 1994 年版。

陶东风:《文体演变及其文化意味》,云南人民出版社 1994 年版。

黄金明:《汉魏晋南北朝诔碑文研究》,人民文学出版社 2005 年版。

周振甫:《文学风格例话》,复旦大学出版社 2005 年版。

何文汇:《杂体诗释例》,中文大学出版社 1986 年版。

韩高年:《诗赋文体源流新探》,巴蜀书社 2004 年版。

许嘉璐:《古代文体常识》,北京出版社 1980 年版。

金振邦:《文体学》,东北师范大学出版社 1994 年版。

吴调公:《文学分类的基本知识》,长江文艺出版社 1982 年版。

徐召勋:《文体分类浅谈》,安徽教育出版社 1986 年版。

钱仓水:《文体分类学》,江苏教育出版社 1992 年版。

朱艳英:《文章写作学文体理论知识部分》,东北师范大学出版社 1991 年版。

蒋伯潜:《文体论纂要》,正中书局 1942 年版。

薛凤昌:《文体论》,商务印书馆 1934 年版。

施畸:《中国文体论》,北平立达书局 1933 年版。

秦秀白:《文体学概要》,湖南教育出版社 1986 年版。

郭绍虞:《宋诗话辑佚》,中华书局 1980 年版。

李长徽:《〈文心雕龙〉文体论研究》,山东大学 2001 年博士论文。

陈必祥:《古代散文文体概论》,河南人民出版社 1986 年版。

方师铎:《传统文学与类书之关系》,天津古籍出版社 1986 年版。

胡道静:《中国古代的类书》,中华书局 1982 年版。

凌朝栋:《文苑英华研究》,上海古籍出版社 2005 年版。

张智华:《南宋的诗文选本研究》,北京师范大学出版社 2002 年版。

吴怀祺:《中国史学思想史》(宋辽金卷),黄山书社 2002 年版。

任继愈等:《宋明理学史》(上),人民出版社 1984 年版。

祝尚书:《宋人总集叙录》,中华书局 2004 年版。

祝尚书:《宋代科举与文学考论》,大象出版社 2006 年版。

钱钟书:《管锥编》,中华书局 1979 年版。

钱钟书:《谈艺录》,中华书局 1984 年版。

熊十力:《体用论》,中华书局 1994 年版。

王瑶:《中古文学史论集》,上海古籍出版社 1982 年版。

王运熙、顾易生主编:《中国文学批评通史》(1-7),上海古籍出版社 1995 年版。

余嘉锡:《目录学发微》,巴蜀书社 1991 年版。

张涤华:《类书源流》(修订本),商务印书馆 1985 年版。

胡才甫:《诗体释例》,台湾中华书局 1969 年版。

周振甫:《文章例话》,中国青年出版社 1983 年版。

朱子南:《中国文体学辞典》,湖南教育出版社 1988 年版。

刘叶秋:《类书简说》,上海古籍出版社 1980 年版。

吴曾祺:《文体刍言》,《涵芬楼文谈》,商务印书馆 1913 年版。

罗根泽:《中国文学批评史》,上海古籍出版社 1984 年版。

郭绍虞:《中国文学批评史》,百花文艺出版社 1999 年版。

郑樵:《通志略》,上海古籍出版社 1990 年版。

邓国光:《挚虞研究》,香港学衡出版社 1990 年版。

章学诚著,叶瑛校注:《文史通义校注》,中华书局 1985 年版。

郭茂倩:《乐府诗集》,中华书局 1982 年版。

詹瑛:《文心雕龙义证》,上海古籍出版社 1989 年版。

黄侃:《文心雕龙札记》,中华书局 1962 年版。

刘永济:《文心雕龙校释》,中华书局 1962 年版。

吕德申:《钟嵘〈诗品〉校释》,北京大学出版社 1986 年版。

张伯伟:《钟嵘〈诗品〉研究》,南京大学出版社 1993 年版。

曹旭:《诗品集注》,上海古籍出版社 1994 年版。

吴兆宜:《玉台新咏笺注》,中华书局 1985 年版。

郭英德、谢思炜等:《中国古典文学研究史》,中华书局 1995 年版。

汪涌豪:《范畴论》,复旦大学出版社 1999 年版。

刘熙载:《艺概》,上海古籍出版社 1978 年版。

陈国球:《胡应麟诗论研究》,华风书局有限公司 1986 年版。

简锦松:《胡应麟〈诗薮〉的辨体论》,中国古典文学研究会编《古典文学》第 1 集,学生书局 1979 年版。

敏泽:《中国文学理论批评史》,人民文学出版社 1981 年版。

敏泽:《中国美学思想史》,湖南教育出版社 2004 年版。

敏泽、党圣元:《文学价值论》,社会科学文献出版社 1999 年版。

程千帆、徐有富:《校雠广义》,齐鲁书社 1998 年版。

张伯伟:《中国古代文学批评方法研究》,中华书局 2002 年版。

莫砺锋:《江西诗派研究》,齐鲁书社 1986 年版。

莫砺锋:《古典诗学的文化观照》,中华书局 2005 年版。

蒋寅:《古典诗学的现代诠释》,中华书局 2003 年版。

蒋寅:《大历诗人研究》,北京大学出版社 2007 年版。

罗宗强:《读文心雕龙手记》,三联书店 2007 年版。

张宏生:《江湖诗派研究》,中华书局 1995 年版。

张宏生:《宋诗融通与开拓》,上海古籍出版社 2001 年版。

胡大雷:《诗人·文体·批评》,人民文学出版社 2001 年版。

张明非:《唐诗在变革中走向辉煌》,人民文学出版社 2001 年版。

沈家庄:《宋词文化与文学新视野》,人民文学出版社 2001 年版。

力之:《楚辞与中古文献考说》,四川出版集团巴蜀书社 2005 年版。

韩经太:《诗学美论与诗词美境》,北京语言文化大学出版社 2000 年版。

蒋寅:《金陵生小言》,广西师范大学出版社 2004 年版。

童庆炳:《文学理论教程》,高等教育出版社 1992 年版。

钱钟书:《宋诗选注》,人民文学出版社 1958 年版。

田浩编:《宋代思想史论》,社会科学文献出版社 2003 年版。

钱穆:《宋代理学三书随劄》,三联书店 2002 年版。

朱自清:《朱自清说诗》,上海古籍出版社 1998 年版。

张毅:《宋代文学思想史》,中华书局 1995 年版。

许总:《宋明理学与中国文学》,百花文艺出版社 1999 年版。

李春青:《宋学与宋代文学观念》,北京师范大学出版社 2001 年版。

李春青:《诗与意识形态》,北京大学出版社 2005 年版。

敏泽:《文化·审美·艺术——论文三辑》,山西人民出版社 2002 年版。

黄天骥主编:《中国古代戏曲与古代文学研究论集》,中华书局2001年版。

罗宗强:《隋唐五代文学思想史》,中华书局1999年版。

龙榆生撰,钱鸿瑛导读:《中国韵文史》,上海古籍出版社2002年版。

章太炎撰,陈平原导读:《国故论衡》,上海古籍出版社2003年版。

代迅:《断裂与延续——中国古代文论现代转换的历史回顾》,西南师范大学出版社2002年版。

杜寒风:《会通精神》,北京广播学院出版社2002年版。

李泽厚:《美的历程》,天津社会科学院出版社2001年版。

李泽厚:《美学四讲》,天津社会科学院出版社2001年版。

莱辛:《拉奥孔》,人民文学出版社1979年版。

亚里士多德:《诗学》,商务印书馆2003年版。

丹纳著,张伟译:《艺术哲学》,北京出版社2004年版。

布封:《论文体》,见《布封文钞》,人民文学出版社1958年版。

王元化译:《文学风格论》,上海译文出版社1982年版。

伍蠡甫:《西方文论选》,上海译文出版社1979年版。

格拉汉、霍夫著,何欣译:《文体与文体论》,台北成文出版有限公司1979年版。

徐兴华等:《中国古代文体总览》,沈阳出版社1994年版。

刘世生:《西方文体学论纲》,山东教育出版社1998年版。

姜涛:《古代散文文体概论》,山西人民出版社1990年版。

刘跃进:《玉台新咏研究》,中华书局2000年版。

麻守中:《中国古代诗歌体裁概论》,吉林大学出版社 1988 年版。

张岱年:《中国古典哲学概念范畴要论》,中国社会科学出版社 1987 年版。

杨仲义:《中国古代诗体简论》,中华书局 1997 年版。

王水照主编:《宋代文学通论》,河南大学出版社 1997 年版。

邹云湖:《中国选本批评》,上海三联书店 2002 年版。

朱迎平:《古典文学与文献论集》,上海财经大学出版社 1998 年版。

朱迎平:《宋文论稿》,上海财经大学出版社 2003 年版。

陈元锋:《北宋馆阁翰苑与诗坛研究》,中华书局 2005 年版。

贺严:《清代唐诗选本研究》,人民出版社 2007 年版。

曾枣庄:《宋代文学与宋代文化》,上海人民出版社 2006 年版。

王国维:《宋元戏曲史》,百花文艺出版社 2002 年版。

梁昆:《宋诗派别论》,商务印书馆 1938 年版。

孙耀武:《〈论学绳尺〉与南宋论体文及南宋论学》,中山大学博士论文。

唐磊:《汉晋文体变迁及其机制考察》,中国社会科学院研究生院 2006 年博士论文。

姚爱斌:《中国古典文体论思辩》,首都师范大学 2006 年博士后工作报告。

于雪棠:《先秦两汉文体研究》,北京师范大学 2002 年博士后工作报告。

史伟:《南宋的诗歌辨体理论》,浙江大学博士后工作报告。

邓新跃:《明代前中期诗学辨体理论研究》,中山大学 2004 年博士论文。

杨东林:《汉魏六朝文体论与文体观念的演变》,中山大学 2004 年博士论文。

陈志扬:《清代中后期文体学研究》,中山大学 2006 年博士论文。

郭勉愈:《唐文粹研究》,北京师范大学 2003 年博士论文。

周祖譔编选:《隋唐五代文论选》,人民文学出版社 1990 年版。

闻一多:《闻一多全集》,三联书店 1982 年版。

陶秋英编选,虞行校订:《宋金元文论选》,人民文学出版社 1984 年版。

张利群:《辨味批评论》,广西师范大学出版 2000 年版。

徐中舒主编:《汉语大字典》(缩印本),湖北辞书出版社、四川辞书出版社 1992 年版。

王大亨、欧阳恒忠:《刘熙载〈书概〉签注》,广西师范大学出版社、漓江出版社 1990 年版。

胡应麟:《诗薮》,上海古籍出版社 1958 年版。

许志刚:《严羽评传》,南京大学出版社 1997 年版。

张少康、刘三富:《中国文学理论批评发展史》,北京大学出版社 1995 年版。

顾易生、蒋凡、刘明今:《宋金元文学批评史》,上海古籍出版社 1996 年版。

章太炎撰，陈平原导读：《〈国故论衡〉导读》，上海古籍出版社2003年版。

汪习波：《隋唐文选学研究》，上海古籍出版社2005年版。

杨亿口述、黄鉴笔录、宋庠整理：《杨文公谈苑》，上海古籍出版社1993年版。

胡仔：《苕溪渔隐丛话》，人民文学出版社1981年版。

陆游：《老学庵笔记》，中华书局1979年版。

骆鸿凯：《文选学》，中华书局1989年版。

屈守元：《文选导读》，巴蜀书社1993年版。

冈村繁：《文选之研究》，上海古籍出版社2002年版。

舒芜等编：《近代文论选》，人民文学出版社1959年版。

林聪明：《昭明文选研究》，文史哲出版社1986年版。

王水照等编：《首届宋代文学国际研讨会论文集》，复旦大学出版社2001年版。

杨庆存：《宋代散文研究》，人民文学出版社2002年版。

郁沅、张明高编选：《魏晋南北朝文论选》，人民文学出版社1996年版。

郭英德：《中国古代文人集团与文学风貌》，北京师范大学出版社1998年版。

闻一多著，傅璇琮导读：《唐诗杂论导读》，上海古籍出版社1998年版。

王运熙、杨明：《魏晋南北朝文学批评史》，上海古籍出版社1989年版。

侯外庐等主编：《宋明理学史》，人民出版社1984年版。

李培浩:《中国古代史纲》,北京大学出版社1985年版。

汉许慎撰,清段玉裁注:《说文解字注》,江苏古籍出版社2006年版。

宋周密:《武林旧事》,西湖书社1981年版。

宋张邦基撰,孔凡礼点校:《墨庄漫录》,中华书局2002年版。

宋周煇撰,刘永翔校注:《清波杂志校注》,中华书局1994年版。

元脱脱:《宋史》,中华书局1977年版。

宋李心传:《建炎以来系年要录》,中华书局1956年版。

杨伯峻:《论语译注》,中华书局1980年版。

钱穆:《朱子学提纲》,三联书店2002年版。

李壮鹰:《禅与诗》,北京师范大学出版社2001年版。

王镇远、邬国平编选:《清代文论选》,人民文学出版社1999年版。

郭绍虞、王文生主编:《中国历代文论选》,上海古籍出版社2001年新1版。

蔡景康编选:《明代文论选》,人民文学出版社1993年版。

周密撰,张茂鹏点校:《齐东野语》,中华书局1983年版。

袁行霈主编:《中国文学史》,高等教育出版社1999年版。

复旦大学、上海师范大学中文系选编:《鲁迅杂文选》,上海人民出版社1973年版。

上海艺术研究所、中国戏曲家协会编:《中国戏曲曲艺词典》,上海辞书出版社1981年版。

马兴荣、吴熊和、曹济平主编:《中国词学大辞典》,浙江教育出版社1996年版。

王炳照、阎国华主编:《中国教育思想通史》,湖南教育出版社1994年版。

陶文鹏等:《唐诗三百首新译》,北京出版社1993年版。

游国恩等:《中国文学史》,人民文学出版社1963年版。

王运熙、顾易生主编:《中国文学批评史新编》,复旦大学出版社2001年版。

王国维著,傅杰编校:《王国维论学集》,中国社会科学出版社1997年版。

司空图著,郭绍虞集解:《诗品集解》,袁枚著,郭绍虞辑注:《续诗品注》,人民文学出版社1963年版。

莫砺锋编:《第二届宋代文学国际研讨会论文集》,江苏教育出版社2003年版。

余英时:《朱熹的历史世界》,三联书店2004年版。

彭亚非:《中国正统文学观念》,中国社会科学文献出版社2007年版。

周振甫:《中国文章学史》,江苏教育出版社2006年版。

郭建勋:《辞赋文体研究》,中华书局2007年版。

周裕锴:《宋代诗学通论》,上海古籍出版社2007年版。

杨晓霭:《宋代声诗研究》,中华书局2008年版。

方孝岳:《中国文学批评　中国散文概论》,三联书店2007年版。

钱中文:《体裁:审美特性,规范与反规范》,《文艺理论研究》1989年第1期。

吴秉杰:《文体,它的三种意义》,《小说评论》1988 年第 1 期。

智少云:《浅谈文体的分类》,《牡丹江师范学院学报》1982 年第 1 期。

邓国光:《〈周礼〉六辞初探——中国古代文体原始的探讨》,《汉学研究》1993 年第 1 期。

李建中:《辨体明性:关于古代文论诗性特质的现代思考》,《华中师范大学学报》2001 第 2 期。

罗宗强:《刘勰文体论识微》,《文心雕龙学刊》第六辑,齐鲁出版社 1992 年版。

颜昆阳:《论文心雕龙辨证性的文体观念构架》,《文心雕龙综论》,台湾学生书局 1988 年版。

何诗海、刘湘兰:《〈文心雕龙〉的文体学思想》,《江淮论坛》2005 年第 3 期。

高黛英:《〈古文辞类纂〉的文体学贡献》,《文学评论》2005 年第 5 期。

党圣元:《论汉魏六朝的赋体源流批评》,《延安大学学报》1989 年第 3 期。

党圣元:《钱钟书的文化通变观和学术方法论》,《中国社会科学》1999 年第 4 期。

党圣元:《传统文论诠释中的视界融合问题》,《中国社会科学院研究生院学报》2006 年第 6 期。

吴承学、沙红兵:《中国古代文体学研究展望》,《中山大学学报》2005 年第 3 期。

钱志熙:《再论古代文学文体学的内涵与方法》,《中山大学学报》2005 年第 3 期。

郭英德:《中国文体分类学刍议》,《中山大学学报》2005 年第 3 期。

蒋寅:《关于中国古代文章学理论体系》,《文学遗产》1986 年第 6 期。

蒋寅:《一代有一代之文学》,《文学遗产》1994 年第 5 期。

张海鸥、梁穗雅:《北宋“话”体诗学论辨》,《中山大学学报》2005 年第 3 期。

刘跃进:《〈独断〉与秦汉文体研究》,《文学遗产》2002 年第 5 期。

邓新跃:《论宋代的诗学辨体理论》,《江淮论坛》2005 年第 1 期。

韩启超:《宋代乐语名实考辨》,《南京艺术学院学报》2006 年第 1 期。

谷曙光:《宋代翰林学士撰教坊乐语考论》,《中国文化研究》2005 年第 3 期。

沈金浩:《文体学研究的学术空间》,《学术研究》2001 年第 4 期。

史小军:《论复古者的文体意识及其影响》,《学术研究》2001 年第 4 期。

黄卓越:《传统文论的研究:途径与规范》,《文艺争鸣》1996 年第 4 期。

郭绍虞:《提倡一些文体分类学》,《复旦学报》1981 年第 1 期。

赵逵夫:《中国文章分类学研究序》,《西北民族学院学报》

2000 年第 1 期。

党圣元:《中国古代文论的范畴和体系》,《文学评论》1997 年第 1 期。

党圣元:《中国古代文论范畴研究方法论管见》,《文艺研究》1996 年第 2 期。

党圣元:《传统文论范畴体系之现代阐释及其方法论问题》,《文艺研究》1998 年第 3 期。

党圣元:《苏轼的文章理论体系及其美学特质》,《人文杂志》1998 年第 1 期。

吴承学、沙红兵:《中国古代文体学学科论纲》,《文学遗产》2005 年第 1 期。

吴承学:《文体形态:有意味的形式》,《学术研究》2001 年第 4 期。

吴承学:《生命之喻》,《文学评论》1994 年第 1 期。

钱志熙:《论中国古代的文体学传统》,《北京大学学报》2004 年第 5 期。

蒋寅:《作为批评家的严羽》,《文艺理论研究》1998 年第 3 期。

蒋寅:《论清代诗文集的类型、特征与文献价值》,《河北师范大学学报》2004 年第 1 期。

程国斌:《二十世纪严羽〈沧浪诗话〉研究》,《文献》1999 年第 2 期。

陶礼天:《严羽悖论:艺术直觉的运思特征》,《学术论坛》1989 年第 6 期。

党圣元:《评郭英德〈中国古代文体学论稿〉》,《文学评论》

2007 年第 4 期。

党圣元、陈志扬:《读吴承学〈中国古代文体形态研究〉》,《文学评论》2004 年第 5 期。

陈志扬:《阮元骈文观嬗变及历史意义》,《文学评论》2008 年第 1 期。

刘成国:《宋代学记研究》,《文学遗产》2007 年第 4 期。

许逸民:《论隋唐“〈文选〉学”兴起之原因》,《文学遗产》2006 年第 2 期。

赵国强:《教坊“致语”考述》,《音乐研究》2007 年第 1 期。

后　记

到了该写后记的时候了，这意味着充实而难忘的博士生活接近尾声。这一刻，既感到一身轻松，也不免有些许怅然。就如十月怀胎一朝分娩，欣喜万分的同时总会伴随着一丝淡淡的失落。学生生涯结束了，只代表再次告别了某种纯粹和宁静，读书会继续下去，那是一生的事。

回想6年前负笈南下桂林，已过而立之年。当立未立，是自己放浪人生、庸碌度日的结果。北京3年下来，又届不惑，不惑却愈加困惑，当然是指困于学而惑于识。一直认为这6年是自己生命中最充实的一段日子，不但让自己摆脱了长达十几年醉生梦死的空虚落魄，重新在读书中找到乐趣，而且真正地懂得了肩上的责任和生命的意义。

3年来，清茶淡酒，细细地品味和体会着家的温馨。不像学生，倒是地道的一个家庭主夫，是丈夫，是父亲。平淡的日子里，洗衣、洗碗、买菜、烧菜，饭桌上聆听儿子放学后笑说学校的故事，和儿子手拉手一起跑步，眼看着他由稚嫩到强壮。多年来跑步是每天必作的功课，一个半小时，或早或晚，雷打不动风雨无阻，就像多年的老朋友一样，形影不离，陪伴了自己十几年。快走慢跑中可以什么都想，什么都不想，日复一日，年复一年，大自然的变迁中，真切地感受花开花落春去秋还，感受时间的节奏和生命的脉动。无风的日子，与妻子在门前那片林间空地打上半个小时的羽毛球；夕阳西下，并肩漫步在那条熟悉的小径上，思绪也信马由缰，闲话儿时的趣事和忆念故乡的亲朋。合适的季节，领着家人收拾行装去郊游，去颐和园、去圆明园、去天坛、去天安门、去长城、去香山……有选择地看一些电视，看京剧、看NBA、看星光大道、看青年歌手大奖赛，看乔家大院、贞观长歌、康熙王朝、亲兄热弟、金婚、戈壁母亲，看半边天、看夕阳红、看东方时空，感动自己也让自己感动，浪费了不少时光，却收获了无数快乐。从此知道，生活中最重要的不全是学术和论文，略显单调枯燥的写作过程，需要这些简单平常的快乐作点缀。

感慨是随意的，感谢则发自内心。入学之初，党师圣元先生从我硕士时研究宋代文学考虑，建议我做宋代文体学研究，并给出了初步的阅读方向和大体写作框架。同时告诫不要写成文体学史或文体概论，要一篇一篇地作为单篇论文来对待，有新意，有创造，并一再提醒要多动笔，免得眼高手低，心手不一。这些我都铭记在心，并努力去尝试训练。最初的几篇论文，经过先生的指点、修改和推荐，先期予以发表，这给了自己很大的鼓舞和信心。先生平日里不断地鞭策和鼓励，让自己不敢稍有懈怠。而每次见面讲学，先生的点拨都启发和矫正着自己的写作思路和方向。由于很早便明确了论文选题和写作方向，有相对较为充足的时间来酝酿和修改，这样便使论文的写作过程略显轻松，轻松自然快乐。但由于自己资质驽钝和不够勤奋，论文的结果与导师的要求和期望相去很远，深感惭愧。不过，路正长，深知静心沉潜，只争朝夕，当是报答师恩的最好方式。入学以来，导师和师母对自己不但在学业上严格要求，而且对平日生活包括孩子入学等时时过问关心，所有这些都让我们全家感到暖融融的。

永远不会忘记，是硕士导师沈家庄先生对自己最初几篇青涩的课程论文的肯定，让自己大受鼓舞，满怀信心走上学术研究的道路。母校张明非、胡大雷、力之诸位先生的高风亮节、道德文章都令人倾慕不已，感念终生。怀念漓江，怀念独秀峰，怀念七星公园，月圆的夜晚和桂花飘香的季节，桂林都会悄然入梦。

父母快乐的心情、健康的身体以及豁达的生活态度，都让自己能安心在外求学，无后顾之忧。岳父母及内弟多年来的支持鼓励和时时问询，让人总是浑身漾着暖意。多年在外，爱人陈志荣以柔弱的身体边工作边操持家务照顾孩子，从无怨言，十几年来心心相印，相濡以沫。

同门张炳尉君、陈志扬君、顾宝林君、郁玉英君，北大张学君君、苏晓威君以及老友魏传业君、孙瑞君等几年来时相过从，或狂歌纵酒，或论棋谈天，相得甚欢。

任竞泽

记于 2008 年 5 月 12 日

时逢四川汶川里氏 8 级特大震灾

再　　记

本书是在我的博士论文的基础上修改而成。

2008 年 6 月，我在中国社会科学院文学所通过论文答辩。答辩委员会由胡明、李春青、蒋寅、黄卓越、彭亚非教授和导师党圣元教授组成。各位老师在对论文一致肯定的同时，也提出了许多建设性的批评意见。2008 年 9 月，我进入陕西师范大学文学院跟张新科老师做博士后研究工作。3 年来，教学科研之余，我不断地对论文进行打磨和修改，论文各章先后发表在《文学评论》、《文学遗产》、《中国文化研究》(2 篇)、《云南社会科学》等学术期刊上，其中有 4 篇分别为人大复印报刊资料、《高等学校文科学术文摘》、《中国社会科学文摘》全文转载或摘编，深表谢忱！

博士生导师党圣元先生在我毕业以来一直关心着我，并在繁忙的工作之余欣然为本书作序；硕士导师沈家庄先生已于去年退休，在全家移居加拿大前夕，欣然为本书题写书名；博士后导师张新科先生在本书的出版过程中时时督促过问。在此，向三位恩师表示衷心的感谢！

本书的出版，得到了陕西师范大学“211 工程”重点学科建设基金资助，得到了陕西师范大学人文社会科学重点项目基金资助，深表谢忱！本书的出版，商务印书馆丁波老师、中国人民大学曹世睿博士付出了辛勤的劳动，深表谢忱！

本书的出版是对我多年学术研究的一个总结和检验，是鼓励，也是鞭策，学无止境，我将在今后的学术研究的道路上继续踏实地走下去。

2011年9月